本书是山东省人文社会科学课题“《新时代中国文化自信对高校外语教师教学信念和实践的影响研究》（项目编号：2021-JCJY-05）”的最终研究成果。
本书是鲁东大学 2023 年教学成果奖培育项目“创新课程思政，推进新文科建设——外语类专业人才培养模式改革（项目编号：2023CG12）”的阶段性研究成果。

文化自信视域下英语教学中文化意识与教师信念培养研究

王文倩 著

新华出版社

图书在版编目（CIP）数据

文化自信视域下英语教学中文化意识与教师信念培养研究 / 王文倩著 .
—北京：新华出版社，2023.7
ISBN 978-7-5166-6900-6

Ⅰ . ①文… Ⅱ . 王… Ⅲ . ①英语－教学研究－高等学校 Ⅳ . ① H319.3

中国国家版本馆 CIP 数据核字（2023）第 133851 号

文化自信视域下英语教学中文化意识与教师信念培养研究

作　　者： 王文倩

责任编辑： 蒋小云　　**封面设计：** 中尚图

出版发行： 新华出版社
地　　址： 北京石景山区京原路 8 号　　**邮　　编：** 100040
网　　址： http：//www.xinhuapub.com
经　　销： 新华书店
新华出版社天猫旗舰店、京东旗舰店及各大网店
购书热线： 010-63077122　　**中国新闻书店购书热线：** 010-63072012

照　　排： 中尚图
印　　刷： 天津中印联印务有限公司

成品尺寸： 240mm × 170mm，1/16
印　　张： 16　　**字　　数：** 245 千字
版　　次： 2023 年 7 月第一版　　**印　　次：** 2023 年 7 月第一次印刷
书　　号： ISBN 978-7-5166-6900-6
定　　价： 68.00元

前言

英语语言的学习具有特殊性，人们必须警惕英语教学中的文化失语现象，要重视文化信念培育与素质培养的契合，从而在英语教学中逐渐增强文化意识。而教师信念的建立则是在进入学校后，依靠自身的专业理念和实际工作的结合来实现。从教育实践环境来看，从教师自身的知识更新，以及其所处的社会性环境等方面入手，可以为教师树立正确的教学观。因此，探索文化自信视域下英语教学中文化意识与教师信念的培养方法和策略十分重要。

本书共分为十一章。第一章主要进行文化与语言理论概述，分别介绍文化和语言的概念、文化和语言的关系、跨文化英语教学。第二章主要进行文化自信视域下中国文化融入高校英语教学的研究，主要介绍文化自信视域下中国文化融入高校英语教学的必要性、机遇和挑战，以及路径。第三章主要研究文化自信视域下大学英语基本技能教学的策略与路径，分别介绍文化自信视域下大学英语听力教学、口语教学、阅读教学、写作教学和翻译教学的策略与路径。第四章主要研究文化自信视域下英语教学中文化意识培养的路径，分别介绍文化自信和文化意识、文化自信视域下英语教学中文化性缺乏的表现和主要原因，文化自信视域下英语教学中文化意识培养的意义、原则、现状与策略。第五章对文化自信视域下英语词汇、语法教学中的文化意识培养进行研究，分别研究文化自信视域下英语词汇教学、语法教学中的文化意识培养。第六章主要研究文化自信视域下英语听力、口语教学中的文化意识培养。第七章研究文化自信视域下英语阅读、写作和翻译教学中文化意识的培养。第八章研究文化自信视域下英语教学中的教师信念培养，包括教师信念概述，文化自信视域下英语教学中的教师信念培养价值、现状和问题，以及培养策略。第九章研究英语教学中“中国文化失语”现状和对策，分别介绍中国文化与“文化失语”，英语教学中“中国文化失语”的现状分析、问题的成因与有效对策。第十章研究文化自信视域下英语教师专业能力和素质的发展，分别介绍文化自信视域下英语教师的角色定位、英语教师的专业能力和素质要求、英语教师专业能力和素质的发展途径。第十一章研究文化自信视域下大学英语教材与教师教学评价的改革，分别介绍文化自信视域下大学英语教材的多维度开发，文化自信视域下大学英语教师教学评价的多元化发展，文化自信视域下大学英语教师文化意识和信念培养的评价方法。

笔者在撰写本书的过程中，参考了大量的文献和资料，在此对相关文献资料的作者表示由衷的感谢。此外，笔者由于时间和精力有限，书中难免会存在不妥之处，敬请广大读者和各位同行予以批评雅正。

目录

第一章　文化与语言理论概述

第一节　文化和语言的概念

美国语言学家萨丕尔（Sapir）于20世纪20年代，在他的著作《语言论》中，给语言下了精辟的定义：“语言是纯粹人为的、非本能的、凭借自觉地制造出来的符号系统来传达观念、情绪和欲望的方法（1985）。”他清楚地表明，语言并非天生的直觉成果，它只是用来描绘人们在漫长的社会活动中所得到的体验。在长期的人类发展过程中，相同的群体成员逐步建立起共同的、系统的信念和观念体系，从而确立并用文字表述社群架构。所以，语言与文明不是孤立的、独立的，它们是相互关联的。可以说，语言是一种社会文化的积累物，这是一种有特定含义的一种文化，有一套固定的象征和符号，能够传达出不同的文化；透过文字，我们可以领略到悠久的文化。萨丕尔直截了当地指出了语言的特征，也就是它的文化作用。很明显，不管是对语言的学习，还是对文化的学习，都要把二者有机地联系在一起，以了解它的实质。

一、语言的内涵

瑞士著名语言学家索绪尔（F · de Saussure，1980）认为，言语是象征着同一群人的想法的一个象征体系。每个符号包括“能指”和“所指”两部分，这些象征体系和符号系统彼此间存在着某种内在的关联。他还区分了语言（Langue）和言语（Parole）的功能，深刻地影响了当代语言的发展。乔姆斯基（Chomsky，1957）提出的“转换—生成语法”认为一种语言是由一个团体中的人们用来表述自己的想法和按照语法规律构成的一种自然的能力。哈里斯（Harris，1951）的功能语言学认为语言只有具备和发挥功能时才起作用，即语言起源于社会，其意义在于对其所生存的社会、文化和语意体系进行阐释。在语言学的界定之外，在其他的一些领域也有自己的诠释：“人类学家认为语言是文化行为的形式：文学家认为语言是艺术媒介；社会学家认为语言是社会集团的成员之间的相互作用：哲学家认为语言是解释人类经验的工具；语言教师认为语言是一套技能；文化语言学家则认为语言是记录文化的符号系统，是人类社会最重要交际工具和思维工具。”（张鑫友，2000：13）由此可见，语言是一个象征体系和系统符号，是源于社会的一种手段。随着时代的变迁，语言也随之产生和发展。语言与文化密不可分，其深厚的文化意蕴可以从任何一种文字中得到体现。不学习语文，不学习文化，就谈不上精通语言。长期以来，英语教育注重学生的语言素质而忽视了文化素质的提高。其实，语言与文化是息息相关的，如果我们对英美的文化一无所知，那么英语技能也会变得很差。以文化为基础的英语教学，才是真正有效、有意义的。

二、文化的内涵

对于“文化”这个词，国内外学术界对它的界定也有许多不同的看法，它的内涵之丰厚，其外延之广，可见一斑。在美国文化学家克罗伯（Kroeber）和克鲁克洪（Kluckhohn）合著的《文化：概念和定义的批评考察》（1952）中有，全世界的语言学家对文化的定义有160余种。英国人类学家泰勒（Tylor），是第一位给文化下定义的学者，他认为：“文化是一个复合的整体，它是人作为社会的一员时，所学习而得到的所有事物；其中包括知识、信念、艺术、道德、法律、风俗以及人们作为社会成员而获得的任何其他的能力和习惯。”（泰勒，1992：1）他认为文化是人类共有的，因为处于不同的历史时期，所以每个国家的文化都存在着差异。他注重的是精神上的，而忽视了对物质表面的理解。当代的学术界一般都相信，“文化”既包括物质的，也包括内心的。有“现代文化学之父”之称的美国人类学家克鲁克洪（1986）对文化的定义是：“文化是历史上所创造的生存式样的系统，既包括显性式样又包括隐性式样，它具有为整个群体共享的倾向，或是在一定时期中为群体的特定部分所共享。”他认为，文化是由特殊的社会条件所产生的，是由各种不同的人群所呈现的具有自己特点的生存成果。20 世纪 90 年代以来，更多的学者认为：“文化是社区交际的手段，以及人们在互相交流中约定俗成的意义总和。”人们普遍认为：“文化是社会群体（而不是个人）的行为，它与交际密切相关，受社会准则的制约，是一整套约定俗成的社会生活方式的体系（而不是零星的社会现象），由有形与无形两种形式构成。”（左焕琪，2002：251）文化，我们可以翻译为 culture，该词语源自拉丁语，之后经过了不断演变，一开始被翻译为耕作。我国古代中国对农业文化进行了剖析，我国很早就已经出现了“文化”这个概念和理念。新编《说文解字》（1991）中提道：“文，錯畫也，象交文。”一开始的时候是相互交错的相关纹理，而“化”是指变化和发展趋势，根本含义是变易、生成，在不断引申之后，意味着改造、培育等。结合这样的分析可知，无论是西方国家还是东方国家，内部“文化”发展都含有人为创新和变革引申，也凸显出“以人为之”的核心要素和特点。我国大自然当中最初不存在什么文化的说法，但有了人，开始了农业，开始了文明的旅程，如今它已经变成了社会的一种生存形式，一种人们的行为。文化是一种重要的语言，二者有着密切的联系，不同的民族和社会环境导致不同的语言和文化产生。由此可见，在英语课堂上，老师绝对不能将学生恰当地使用语言作为单纯地掌握知识。在外语学习过程中，英语的教学必然要结合文化的内容分析。

第二节　文化和语言的关系

关于语言和文化之间的联系，学术界普遍认同二者是密不可分的。邢福义先生自己的所作《文化语言学》（2000：1）当中指出：“语言是文化的符号，文化是语言的管轨。好比镜子或影集，不同民族的语言反映和记录了不同民族特定的文化风貌；犹如管道和轨道，不同民族的特定文化，对不同民族的语言的发展，在某种程度、某个侧面、某一层次上起着制约的作用。”基于这种说法，我国往往可以站在两大角度探索语言与文化的关系。

一、语言是文化的载体

语言作为一种文化的媒介，它是人们思考的手段。人们在头脑中产生想法，然后用文字传达想法，而人们的想法则是靠着言语来实现的。语言其实也是记载和发展人类传统文化的一大形式。语言属于发展文化的前提和根本，就像美国著名人类学家萨丕尔（1985）在其《语言论》中所说：“语言有个底座，说一种语言的人是属于一个种族或几个种族的，也就是说，属于身体上具有某些特征而又不同于别的群的一个群。语言也不能脱离文化而存在，这就是说，不脱离社会流传下来的、决定我们生活面貌的风俗和信念的总体。”因此，一方面，语言是文化的奠基和载体，而语言本身也受到了不同的文化因素的制约，体现了不同的文化意蕴。语言学习显示，人类能通过一门外语来了解其深厚的文明。不同民族丰富多彩的社会和文化生活也通过他们的语言生动地表现出来，也展现出这个民族的历史变化。正如马林诺夫斯基（1987）所说：“外语可持续必须基于其民族传统文化、社会经济发展情况和民族风俗爱好等。”例如：对于 slave 这个词语，一开始代表家中充当佣人的奴隶，之后在美国南北战争结束以后，奴隶制消失，这一概念也随之消失。又如：drive-in 这个英语单词其实代表的是美国人民日常生活的具体反映。汽车工业经济不断发展，人们的生活节奏加快、生活要求加大，基于网络信息化的多元便捷服务设备和体系开始出现。之后 drive-in restaurant，drive-in cinema，drive-in bank 等词汇接连产生并投入使用，意味着美国民众的日常生活模式是快速化、高效性的，且始终严格遵循以人为本的原则和理念。从这里可以看出，每种语言都有其特有的潜在文化，而各种不同的用法也是这个国家的文化特征。语言是文化的象征，是文化的载体。也就是说，正是由于文化是人们的物质与心理的统一体，因此，人的一切社会行为都归入了文化的范围。不同的民族因其地理环境、自然环境和人文环境的差异，其生存模式也会不同，其文化也就具有浓厚的民族性。一个国家和民族的语言往往是在长时期的物化发展历程中产生并得到创新性发展的，最后形成的语言也肯定属于文化范畴内的语言（language in culture），我们也可以换一种说法，即语言中的文化（culture in language）。

二、文化制约语言

一方面，语言能折射出不同的文化，另一方面，它又受到不同的文化和思想的影响。所以，不同民族的语言具备差异性，有各自特点和侧重点。语言可以说是文化的一大载体，也是社会生活的载体，是人类思维的载体，就是我们通常说的“文化负载词”（culturally-loaded words）。比如成语、谚语等词语中蕴涵着不同国家深厚的文化底蕴，在语法和篇章结构方面，也有这个国家特有的思考模式。在交流过程中，译者在翻译过程中若缺乏目标语的文化，那么对其文化作用的发挥将会产生很大的冲击。语言在一定意义上从属于文化领域，如果人们无法掌握文化学习技巧和准则，往往无法真正有效掌握语言表达技巧。学外语，只学其一，不学其二，只有对这种语言的潜在文化有深入的了解，才能真正了解它的含义，从而实现跨文化交流。每个民族都有自己特定的文化，而语言与文化又是一个有机的整体。

第三节　跨文化英语教学

语言和文化是相互依存和不可分割的。在科学技术飞速发展的今天，使用中、英文沟通将是当今国际社会发展的主流。不同地域、不同文化背景的人们之间的交往，也是全球化潮流的一个重要组成部分。但是由于文化的差异，以及各种文化之间的矛盾，导致了各种文化之间的交流和沟通受阻。英语学习与跨文化交流是紧密联系在一起的，因此，在英语课堂上要加强学生之间的跨文化交流。

一、文化与跨文化英语教学

随着国际社会交流的不断深入，不同国家的不同民族人们之间的交流也逐渐变得越来越重要。文化教育是指在不同文化之间的异同之处，进行文化阐释，促进针对不同文化的理解与沟通，提高人们接受不同语言、文化与观念的能力，并与他人进行有效沟通。

（一）文化教学的概念

语言具有一个国家深厚的文化价值观和特有的文化内涵。语言是一种文化象征，它受文化的熏陶，而它自身又是一种精神层面的文化。语言与文化不但相互制约，而且相互促进，关系密切。外国著名语言学家 Sapir 指出："语言不能脱离文化而存在。"外国著名语言学家 Kramsch 也曾指出："语言教学就是文化教学，文化从学习者开始学习外国语的第一天起就始终渗透在整个学习过程中。"从这里可以看出，所谓的第二语言掌握，也即所谓的第二文化掌握。我们学语言理论知识的过程，其实就是学相应民族文化知识的过程，老师在教授一种语言时，也在传达一种思想，一种语言的教学就是一种文化交流过程。在这种背景下，文化学习是外语教育和跨文化交流的重要内容和目的。

在理论上，文化教学理念和定义的产生源于对语言的新的理解，以及对语言与文化关系的新的研究，在实践上，它是从国外，尤其是从一些发达国家丰富的教学经验下，以及创新性的教育模式探究中获取的。从 20 世纪 60 年代开始，很多学者就开始关注文化在教育领域，特别是在外语教学领域发挥的价值和阐述的作用，他们也通过专业研究得出了自己的研究结论，发表了个人见解。例如，美国学者 E.D.Allen 和 R.M.Valette 曾经对文化做出了专业性的划分，分为两种，第一是大写文化（Culture），第二是小写文化（culture）。大写文化不仅涉及文学理论，还涉及艺术和哲学理论等；小写文化更像是民族发展中形成的民众生活习惯、模式和人们的言行举止准则，以及民众的文化环境适应情况等。自 20 世纪 80 年代开始，人们就从英语教学理念、内容和模式等方面做出了创新，取得了发展，我国人民在学习外语文化知识的时候，通常以小写的 culture 为主。外国学者 Kluckhohn 和 Kroeber 也对文化做出了区分，第一是外显文化，第二是内隐文化。外显文化包括我们日常生活当中的吃穿住行，还包括所有的社会交往行为等；内隐文化是人们无法从表面上看透的文化，不仅包括人们的日常行为习惯，还有人们日常语言下隐藏的三观和意识形态等。同时这两位外国学者还认为，只有对“内隐”文化有了深刻的认识，才能真正认识到“文化”的实质。文化盲点、文化知识的隐含往往是文化教学的重要组成部分。

（二）文化教学在英语教学中的作用

Byram 认为，如果我们想对语言教学知识和其实践运用进行分析，那么必须对语言和文化之间的关系进行研究，两者不可分离。英语文化教学本质上是一种语言与文化交流相结合的过程。要想掌握英语，首先要了解其背后的文化。英语教学的目标在于实际运用，不同国家的不同文化具有不同的特点，尤其是中西文化之间存在着巨大的差异。英语教学和文化教学是密不可分、互为补充的。作为大学英语专业教师，必须强调对于大学生语言理论知识的讲授，且要鼓励和引导大学生掌握英语知识学习技巧和方法，把英汉两国的文化融合起来，注重语言能力之外的素质培养。只有使学生具备多种文化知识，才能在交流中灵活地使用自己的语言。当今世界，跨文化交际已成为一种潮流，英语教学应重视英语文化的内涵研究，从根本上增强大学生的英语交际和跨文化合作能力，这也是大学英语教学的最终目的。

（三）文化教学的主要内容

我国文化教学内容具有一定的结构层次，具体分为三大结构，第一是表层结构，第二是中层结构，第三是深层结构。我们研究文化教学相关内容的时候，也必须严格遵循由表及里、由浅入深的原则和方法。我们要依据 Chastain 所谓的十四项文化，以及 Charles Morrins 的语言三分原理，对大学生初级时期的英语文化学习内容做出分类，具体内容涉及人们的礼貌用语、日常生活习惯、业余休闲生活、情感关系等。大学生学习的高级环节则涉及一些法律法规和相关制度，人们的三观、生活态度、社会合作关系，以及一些科技类的成果等。

外国学者 Valette 针对文化教学目标做出了科学分类，主要分为四大类，第一是培养文化意识，第二是解释目标语文化，第三是剖析本国文化，第四是分析目标语文化。我国学者和研究专家也针对文化教学目标做出了深入研究，将目标划分为两种，第一是增强大学生的语言文化理解技能，第二是增强大学生的文化咨询获取技能。总之经过大学生专业的英语文化知识教学，可以帮助大学生快速获取和记忆英语文化知识，满足大学生多元化的英语文化学习需求。

（四）当前我国跨文化英语教学的现状

由于我国长期以来对应试教育的重视，以及对高分的追求，致使英语教学中文化内容大量缺乏，而在英语教学中，一些教师仍然只限于句型、词汇、句法等方面的教学。在语篇分析中，英语文化的教学也一直没有得到足够的关注。传统的大学英语教学仅侧重于单纯的学生语言能力培养，主要还是以语言知识输入为主，对学生文化知识的传授较少，跨文化意识的培养也较少，忽略了学生社交能力的培养。学生在背诵大量的单词时，并未真正地了解和理解英语的含义，从而导致语言表达的失误和能力不足。我们忽略了文化这一学科的重要作用，往往将其视为普通的课堂教学的辅助手段，而只是为了确保课堂教学模式多元化，切实激发大学生的英语文化学习积极性才将文化引入教学。在外语教学中，一些教师也没有将文化教学作为一个重要的教学目标，这必然导致学生忽视文化知识学习。

1. 教学观念偏误，忽视了语言的文化背景

有的老师觉得，如果能把词汇和语法都掌握好，考试能取得好分数，就算不错了。一些教师认为是否了解背景资料不重要，对课堂上的教学文化语境也不太清楚。

2. 教学大纲滞后

如今还存在语言模式和文化结构相分离的语言学理论体系，其不利于高校英语教学大纲和教材的确定。例如，最新的《大学英语教学大纲》（高等学校本科用），其单纯包含针对基础语言教学知识及相关技能的规定内容和标准，没有针对文化教学的专门要求，大概率地简单表述英语文化教学，没有具体化的文化教学标准，也没有进行具体的教学，没有规定其教学原则和内容。很明显，在我国，文化课教学仍然被忽略。

3. 教学方法仍然停留在传统的听说法和语法教学

一些教师在实际的英语教学过程中，仍旧采取以往那种听说教学方法和语法翻译教学方法，单纯强调语言形式研究，不注重语言功能研究，使得很多大学生单纯注重英语词语、语法和写作方面的知识学习，不关注中西方文化差异，也没有关注自身跨文化交际能力的提升和发展。最终在真实性的跨文化沟通当中，大学生理所当然就会紧张、不知所措。

4. 部分学生对英语文化持排斥态度

不同种类文化知识带给人们的三观、理念和思想都是不一样的，所以在英语教学中，有些人会表现出对外来文化的轻蔑，甚至敌对心态，拒绝接纳与自己不同的文化、习俗和传统理念。当他们碰到与外来的国家文化有关的东西时，由于不了解对方的文化，所以总是出于对本国的了解而下意识地去理解对方的文化，从而导致误解。例如，在中国，我们拜访许久未见面的朋友，为了让彼此感到惊讶，常常是没有事先告知，就上门拜访。但是，在英美，如果不事先预定，就会被视为失礼。

5. 教师本身英语文化知识欠缺

部分英语老师缺乏英语文化素养，且在文化教育中，只注重对文化知识的传授，忽视了其实际意义的讲解。

6. 缺乏对英语文化知识全面评估的方法

在对文化知识学习效果的评价上，我们现在还仅仅注重对学生的文化知识素质、常识记忆力进行测试，这个办法无法让学生了解外国人的人生态度、价值观和心态。

（五）跨文化英语教学的实施

1. 强调文化教学，养成正确的文化学习习惯，增强大学生的文化差异意识

在课堂上，教师要自觉地将文化教学与语言教学相结合。教师要掌握好英语的文化教学方法，特别是要明晰教学中需要注意的问题。英语知识学习方式，因其所处的环境、生活方式、所接受的教育等因素而异。因此，在此背景下，老师必须改变学生偏颇的文化观念，使其意识到文化是一种社会产

品，必然要体现社会的信念、价值、习俗、传统、制度等。我们学英语的目的并不在于完全地接纳别人的思想和价值观，相反，我们要通过对别人的文化和知识学习来完善自己对世界的理解，这样才可以和其他国家的人展开正常、高效的沟通。

2. 完善教学大纲，加强教材建设

我国高校英语教学教材和大纲已经针对大学生的语言文化应用素质和文化技能等提出详细的标准要求，也对相应的文化教学观念做出了更新和调整，尤其在教学目标模块制定出了能够契合大学生跨文化交际能力培养的目标。基于教学大纲和教材规定下的语言教学目标来决定教师教学模式的抉择和使用，这里的教材是一大教学载体。教学大纲、教学目标、选材内容和练习方式是影响教学效果的关键因素。因此，在选择材料时，不要选择“中文思维+英文”模式，而要选择具有实践意义的语文教材。在英语教育中，要增加英语民族文化的选修课，以便于学生对西方文化的深入理解。

3. 选择合适的文化教学材料

在实际选用语言文化教学材料的过程中，教师不应单纯考虑母语是英语者的语言材料这一点，因为若教师在教学中过多讲解此类资料，会导致大学生出现错觉，认为这就是英语文化，而忽视了对国家文化的学习。此外，在选择教材时，教师要兼顾所学国家的观念和价值观，有些不适合用来教学。另外，我们应该认识到，学习国外文化要适度，过分地输入外国文化，也会造成对自我民族文化的淡忘，甚至鄙夷，因此教师必须指引大学生在实际的语言文化学习当中正确理解背后的语言文化。我们往往强调在教学中融入和语言国家文化相关联的信息和资料，是由于促进语言文化多样性发展是大学生正常交流的一大因素。Nault 指出：“最好的选择教学材料的办法是让学生根据自己的实际需求去涉及以文化为导向的材料。”

4. 进一步改进教学方法

人们往往通过合理借鉴和运用社会经济学理论、教育学理论以及心理教育理论等，进行实践操作和验证，得出科学合理的英语文化教学方法。具体来说，在实际教学当中，教师必须结合语言文化教学模块、学生的实际学习情况等选用合适的教学模式和方法。

（1）文化讲座

讲座是一种有效的知识传授方式，在文化教学中也是不可或缺的。培养跨文化交流的能力，要求学生对相关文化知识、文化本质特征、文化功能、文化内容等有一定的认识和把握。在课堂上，我们可以从文化的角度对学生进行文化知识素质的培养。然而，这种教学方式应用只会带来一些间接的体验，学生会逐渐厌烦，因此，必须通过其他方式来加强教学内容讲解。

（2）开展文化讨论

可以采取定期组织学生参与活动、教师指导等多种形式展开文化教学。可以对特定的文化主题展开小组讨论，也可以进行人物模仿。根据不同的文化背景，教师要做出科学判定和鉴别，并组织课堂小组探讨，使得大学生在小组游戏中扮演角色，体会学习，并完成场景模拟任务。在这一轻松愉悦的教学氛围下，教师可以把某一语言融入特定的文化语境中，使学生能够恰当、轻松地运用英语，更好地了解西方的礼仪、社交等方面的特点，进而提高学生的跨文化意识和交际能力，让学生自觉地置身于西方的氛围之中，并在不知不觉中感受到西方文化的魅力。通过开展"文化研讨"活动，能够切实提升大学生的语言文化学习兴趣和主动性，让他们从英语文化中汲取营养，从而有效地解决跨文化交际中的问题。

（3）典型案例分析

教师从具体的跨文化交流活动中的典型事例入手，对其产生的原因进行解释，有助于学生理解两种文化某些方面的差异。具体来说，首先，教师要针对多种文化背景下交际和沟通中出现的误解和问题作出剖析，创设良好的教学情境，分析误解产生和消除的原因，让大学生结合个人理解做出合理的选择。在这种案例教学的模式应用下，往往可以激发大学生的英语文化学习兴趣，并使得大学生在选择过程中进行反思，有助于培养学生跨文化交际的敏感性。

（4）文化包（culture capsules）和文化群（culture clusters）

教师可以告诉学生自己民族和目标文化的某些基本差别，并通过多媒体展示这种差别。教学内容的选择具有很大的弹性，教师可以根据自己的需求，从风俗习惯、日常语言交流、非语言交流等角度来进行，也可以在一个抽象的思维模式或一个价值观下来进行。然而，如何为老师们提供一个恰当的“文化课”，却又是一个非常耗费时间和精力的问题。使用“文化群”的方式对学生创设全面、系统地学习和理解目标语言的语言环境非常有益，然而，它也带来了一些耗时耗力的问题。

（5）模拟游戏（simulation games）

模拟游戏是一种切实可行的实践，可以通过想象来拓宽视野，掌握技巧。在学习过程中，学生能够体验到以前从未体验过的情景，从而获得知识和体验。以文化碰撞为例，在跨文化交流中，文化碰撞是一种常见的现象。受过不同文化碰撞的人，其文化敏感度更高，也更乐于接受不同文化的训练。因此，要营造一个文化碰撞的环境氛围，让学生体会到因文化碰撞而产生的困境。

文化学习是一个潜在的、逐步的过程。通过不断交流和认识，学生可以逐渐理解和接纳其他文化。文化输入要从浅到深、循序渐进，首先要让学生了解表面的文化，再逐渐发掘其深层次的文化意蕴，若输入太深，会加重学生的学习负担，使他们失去学习的兴趣。这些方法旨在探讨如何在英语教学中培养学生的跨文化交流能力，将其与英语教学相融合，可以形成一种现代化跨文化外语教学模式。

5. 文化知识输入和交际实践相结合

大学英语教学的目的在于培养学生的语言技能、语言知识素质和情感态度。在发展英语教学的过程中，加强学生外语教学，可以加强学生的人文素质，加强实际应用。在文化语境中，英语教学中最主要的目标之一就是使大学生的英语交流能力得到有效提升。在交际中，交际者要根据不同的话题、不同的语境、不同的文化背景、不同的文化，恰当地使用自己的语言来表达。在课堂上，除了讲解重点词汇、语法外，还应对不同的文化背景进行探讨，并对中西不同的文化进行比较，拓展和延伸一些西方的内容。比如，在介绍西式节俗的时候，可以从节俗的起源、人物、庆祝方式等几个角度加以说明，然后让学生们自己去搜集相关的材料，把它们和中国的节俗进行对比和区分，然后由老师进行归纳和总结。

6. 拓宽渠道，利用多种资源来增强学习跨文化交际知识

随着我国对高校的关注和资金投入的不断增加，我们要在英语教学中使用各种现代化的教学设备，如多媒体设备、网络教室、远程教学辅助系统等。多媒体可以提供文字、声音、动静态图像的综合界面，并能在教学过程中自由地转换教学所需的各种信息，从而使教学更加充实、逼真、生动。学生可以在线阅读或下载有关文化材料，并透过影像材料更直观、形象地了解抽象而深刻的文化意蕴，其信息之丰富，实非一般的教学所能及。在教学方式上，要充分发挥科学技术所提供的优势。在教学中，老师们可以利用各种形式的影片和录像带，培养学生对不同国家、不同语言、不同文化的认知能力。生动、逼真、有趣的视频、音画、文本等内容的综合运用，可以使他们的各种感觉展现出来，获得最真实的文化认识材料，并能激起他们的无穷激情和永恒动力。教师还要引导学生积极参加和探究各类活动，以形成最优的课堂结构和提高教学品质。许多错综复杂的社会现象，通过影片、视频和语音的讲解，可以清楚地看到电影中所发生的一切。语言教学专家 Stempleski 和 Tomelinda 认为，与其他教育媒介相比，视听一体化的多媒体电教方式能够更充分、更真实地呈现出英语的内容。它为传统的教学方式提供了一个纯粹的语言学习氛围，使文化的学习效果得到了极大的改善。在此基础上，多媒体技术在时间和空间上不受约束，学生能够在课余时间内使用各种资源进行学习、咨询和研究，极大地拓展了学习空间，增强了学习效果。

影片和录像是最直观、最方便的方式，可以更好地理解异域文化。然而，老师们在挑选电影或录像带时，一定要谨慎，因为录像带要传达的是与国家有关的文化背景，而不是与国家的传统与价值观相违背的内容，同时，也要让学生有更多的学习乐趣，因此，在教学中，教师不仅要选用英美电影，更要选用能体现各种族文化特色的影视。

另外，大学生们还可以学习和其他讲英语的人进行高效沟通，比如发电子邮件、网上聊天等。在英语课堂上，老师可以指导学生们读各种类型的英文书籍，拓宽他们的阅览范围，使他们能够全方位地了解西方世界的各种文化。多读外国语言，这样才能更好地了解不同的文化。

7. 探索创新合适的文化评估方式

当前，我国对英语教学质量的评价尚无一套统一的评价方法和评价体系。现在的评估方式主要是测试考生的文化课学习情况和记忆力，但这还远没有达到培养学生跨文化交流的目的。所以，在文化测验中，应该注重实践，比如可以利用某个特定的文化话题进行探讨，让大学生们进行分角色的演出，为培养学生英语学习和跨民族语言交流能力提供一个好的环境。

8. 延伸教学空间，拓宽学生学习和运用英语的渠道

在授课之外，老师们还要经常组织有关英语文化的专题演讲，如中西文化比较、英语文化概况分析等，并邀请著名的学者、专家给大学生们讲解英语国家的历史、风俗、人文风情等。无论是通过与外国教师的沟通，还是通过实际的教学活动开展，都有助于提高大学生对英语的认识，使其更好地了解英语的规律和行为模式，更好地了解文化背景。教师要充分进行课堂英语教学，使学生更好地理解英语语言知识和民族文化。在课堂上和课后，教师都要积极开展英语角的教学活动，帮助学生们在学习外语的同时克服语言障碍，提高英语交流水平。此外，还要采取播放英语歌曲、名人演讲、举办英语节目等方式，使学生能够深入了解英语中的语言和文化；还可以展开英语沙龙、英语角等英语交流会，定期邀请外籍教师和留学生参加，因为他们最能反映自己国家的特色，这也是中国教师最大的优点。所以，学生们应该主动寻求与外籍教师沟通，或者通过网上找到合适的英语沟通对象，亲身体会他们的思想和表达，才能真正地体验到英语的魅力，真正地与英美的文化相融合。只有这样，学生的跨文化交流能力才会得到切实的提升。简而言之，沟通是一种好方法，它能使学生深入浅出、潜移默化地掌握英语文化知识。

9. 培养教师的文化教育综合素质

教师要培养和提升学生的跨文化交流技能，必须从提高自己的理论素养、更新教育理念入手，确立英语教学是一种文化教育理念，并且将这个想法传达到学生中间。老师不但要熟练掌握英语教学技巧，还要了解西方的文化。在跨文化交流中，英语老师的跨文化交流意识与能力起着举足轻重的作用。在课堂上，教师要自觉地将外国的语言和中国的语言进行比较，这样学生才能更好地理解英汉语言之间的差异。所以，教师要加强自身的跨文化认知，

可以采取大学生自我学习、大学生专业培训等多元化的模式来增强大学生的英语综合能力，在教学过程中主动地把自己的英语文化背景和文化内涵结合起来。

教学和学习的具体执行，在很大程度上是由师生双方来完成的。在这种情况下，要想培养学生的跨文化交流能力，必须从教师授课、学生考前突袭的教学模式转变成以学生和教师指导为主的教育模式。教师要主动引领大学生收集相关学习资料，获取和内化中西方文化能量。教师要从以往的主导者转变为如今的引导者，促使大学生参与双重文化学习。在实际的大学英语教学活动组织和开展中，教师也要充分发挥好自身的引领作用，注重激发学生的学习兴趣和积极性，使得大学生高效参与课堂学习活动，主动发现问题、解决问题，提升文化素养。为了实现全面的双向交互，语言学习是一个文化的学习与沟通过程，是一个生动的实践活动。与此同时，高校要增加英语老师出国进修、交流的机会，不断更新教师的英语教学知识库，增强他们的理论能力。英语老师自身是否具有广泛的文化视野，将直接关系到文化交际开展。因此，英语老师在进行跨文化教学时，必须自觉拓宽自己的知识领域。同时，教师还要积极运用现代教学方法，拓宽英语教学的文化视域。

当前，中国正处于一个快速发展、国际交往频繁的时代，迫切需要更多具有英语专业素养和深厚外语底子的复合性高素质人才。必须加强高校英语文化教育，提高学生的跨文化交际水平，这是目前高校英语课程发展的一种潮流。

二、跨文化交际英语教学

（一）跨文化交际的内容

文化，若从广义方面来分析的话，其说的是人们在长时期社会历史和经济发展历程中形象的物质精神财富的整合；若从狭义方面分析的话，其实质是我们日常生活的模式，是我们人类生存、思想、发展和交际的环境体系，也是密切人与人关系的黏合剂。总的来说，我国跨文化交际包含的内容较多，可以总结为五种。

（1）语言交际，不但包含英语单词、短语等内容，还涉及英语段落、文章等内容。

（2）非语言交际，不但涉及交际双方的神态和表情，而且涉及交际双方的言行举止等。

（3）交际习俗与礼仪，不但涉及人们日常交际中的相互称谓，而且涉及交际者之间的交流交往等行为。

（4）社会结构及人际关系，不但涉及亲属、好友关系，而且涉及同事、邻里关系等。

（5）价值观念，具体包括人们的思想、观念和价值信念等。

总的来说，如果我们想进行完整高效的跨文化交际，必须首先对关于目的语文化的相关内容和文化知识进行了解和掌握。

（二）跨文化交际英语教学的步骤

Morgan 认为："一个人的母语文化认知图式是自然形成的，而目的语文化的认知图式必须有意识地对待，因为这是一种特定的思维模式。"所以，在实际的英语文化教学过程中，教师必须激发自我想象力和创新思维，组织开展多元化的英语教学活动，提升大学生的学习积极性，使得大学生全面掌握英语文化知识。以下是课堂教学的具体操作。

1. 准备阶段

在教学准备阶段，教师要结合课堂教学和需要讲解的教材内容及相关理论知识做出备案，并掌握学生的实际学习情况，进而合理选用知识直接讲授、问卷调查和评估、问答式教学、联想教学、多媒体教学等方法，使得学生大体上了解和掌握课程内容。

2. 讲解阶段

教师要结合实际教学内容和知识点采取相应合理的教学方法，确保教学效率和学生效率最大化。

（1）对比法

和语言跨文化交际相关的内容比较丰富，例如我国传统汉语"像老黄牛一样勤恳"，或者是"力大如牛"，英文最后译为"work as a horse""as strong as a horse”。我国农民耕地一开始用牛，而英国人耕地是用马。但是，马在我国也有不好的意指，比如“害群之马”，英语翻译为“black sheep”。

在传统和礼节上，中国人喜欢在餐桌上相互敬酒，但在西方国家看来，这是一种强迫行为；在中国，子女随意叫父母的名字是一种不尊重的做法，而国外并不这么认为；在国外，朋友约会吃饭经常 AA 制，但在我国，很多人会觉得这样不讲朋友情面和义气。

在价值理念上，外国往往围绕以个人为核心，而我国则是以组织和团体为核心。

（2）翻译法

学英语的学生普遍会遇到一个问题：在进行译文训练时，虽然目标语言中没有新单词，但是由于英汉语言在词汇、语法和句式结构上都有较大差别，因此，译文与目标语言的表达方式并不一致。因此，通过对英语中的代表性语句进行英汉互译，可以帮助学生更好地理解英语中的语言。例如：

我很想你 I very think you.

你怎么去上学啊 You how go to school.

你给我站住 You give me stop.

给你点颜色看看 Give you some colour see see.

这就是刚开始学习英语时，学生们经常会出现的一些错误，这也是因为他们不熟悉英语的语言文化造成的。

（3）互动法

英语教师和学生在课堂上进行交互学习，可以使学生联想到具有相似文化背景的汉语背景下的各种语言现象，切实保证英语教学效率和整体质量。

3. 习得阶段

跨文化差异学习的终极目标就是要让学生了解不同的文化，以便在交流中更好地进行交流。这种差别的认识与技巧的掌握，也是在课堂内外的各种实践中学到的。例如，通过角色表演，为学生提供与外国人交流的机会。在编写过程中，尽量采用部分外国原创教科书，尽量增加教科书的现实性；运用现代教育方法，充分发挥外籍教师的作用；引导学生多读外国文学作品、报刊文章，并向同学推荐反映文化背景、风土人情、社会风俗等方面的影片；

通过组织文化讲座、知识竞赛等多种形式的课外活动，逐步培养学生主动接受各种文化的学习态度。

（三）跨文化英语教学阶段框架

在英语教学过程中，从小学到中学再到大学，直至大学毕业，每一个时期都有自己的特征。小学英语的主要目的是要提高小学生对英语语言的兴趣和对异域语言的了解，提高小学生的语感，掌握基本的语音和语调，并以此为基础进行英语交际。因此，对小学生进行英语语言的研究具有重要意义。高中英语教学旨在让学习者全面、系统地掌握英语知识，理解其文化背景，运用其进行日常交流，培养学生多民族间相互了解与跨文化沟通的能力。大学英语的目标是通过学习专业英语或者基于英语的内容学习，使学生在英语的基本知识和运用技能上得到更好的锻炼，培养学生具备良好的跨文化交流和独立的专业学习能力。毕业后的英语课程实施，其目的是增进英语交流，促进跨文化交流，促使大学生参加各种社会性就业活动等，并形成终身的教育理念。这不但对英语教育有重要意义，而且对新时期的跨文化交流有重要意义，应该受到广大英语老师和学生的广泛关注，并将其作为一项重要的英语教育与学习基础工作。

三、跨文化英语教学的原则及策略

（一）跨文化英语教学的原则

无论是国内还是国外，很多学者都对关于语言教学的相关准则和原则做过研究，比如在实际的文化导入过程中，我们不仅要严格遵循实用原则，还要严格遵循阶段原则和适合原则。基于外语教学课堂开展文化教学活动，也需要遵循四大原则，分别是认知原则、同化原则、比较原则和宽容原则。基于双向文化导入和发展的教学形势，我们必须在交际中做到相互理解和遵循，还要严格遵循求同存异和去粗取精的核心准则。外国学者 Hammerly 曾经提出文化教学的几大目标：第一是掌握生词以及英语短句的真实含义；第二是掌握日常所见的人类行为准则；第三是激发大学生学习目标文化知识的积极性，促进他们对目标文化理论知识的掌握和学习；明晰跨文化交际背景下不同民族文化的差异性；研究和分析文化内部体系蕴含的风俗文化和差异性内容；研究和科研相关的课题内容；站在综合分析的角度上研究目标性文化；培养自身的目标文化分析、论述和评价技能；用心对待每一种目标文化，以及目标文化背景下的交际人民；掌握探讨目标文化的技能和学术研究技能。

由于语言自身所具有的丰富文化内涵，以及语言的运用与其所处的文化情境密不可分，因此在英语课堂上，教师不可避免地要进行文化教学。在英语课上加强文化知识传授，有助于我们更好地理解英语的内涵，增强英语教学的实用性，提高学生的跨文化交流水平。在大学英语文化教学过程中，教师应遵守以下几个方面的基本原则。

1. 文化平等原则

不同的国家有着不同的历史、不同的文明、不同的生活环境、不同的发展水平，我们要一视同仁。各个国家的文明都是世世代代传承、积淀而形成的一种历史根源。在这种情况下，双方的文化平等感是进行文化交流的前提。跨文化交往是指两种不同的语言之间的沟通，也就是在相互平等、公正的环境条件和标准下，严格遵循相互理解和尊重的原则。德裔美国文化人类学家 Franz Boas 曾经提出了文化相对论，他认为无论是什么种类的文化，都会在一定程度上促进人们的日常生活质量提升和全面发展，进而满足人们的物质和精神需求，所以不能基于单一的优劣标准评估和判断。中西文明各有其自身的特征，对于中西不同的民族文化，我们不应该有任何的偏见。只有互相尊重、互相学习，方能实现双方的共赢。因此，在双方进行文化交流时，必须遵守互相尊重的基本准则。

我们在看待中西文化时，不能谦虚，也不能盲目，要以一种不歧视、不偏见的态度看待外国的文明。只有相互尊重和学习，方能实现双方的成功发展。

2. 吸收原则

从历史的发展教训来看，无论是完全目的文化还是完全的本位文化，都是不能接受的，在进行跨文化交流时，我们不能用本国的文化规范去评判他人的思想和行动，也不能用自己国家的标准去评判别人的是非。唯有基于彼此尊敬，方能以一种平静的心态去审视、吸收其他国家优秀的文明。所以，在英语课堂上，要培养学生的“文化均衡感”，要做到“同一性”和“均衡性”，不管是赞美还是批评，我们都应该用一种中性的心态来了解西方的文明，并通过英语交流来传播中国辉煌的文明。一种国家的文明要想在世界上获得更好的生存，必须要有独特的国家特征。中西方在发展历史的进程中，受政治、经济、科技等因素的影响，一定程度上存在一定的时代性和与科学发展背道而驰的现象。在英语课堂上，我们要抛弃那些过时的、不健康的文化讯息，注重正面和积极的文化讯息，吸取英语文化的精华，使之为己所用。

“求同”是一种易于掌握和运用的方法，而“存异”则是我们所要强调的一个领域。对于不同于自己国家的文化，我们必须要理解，区别出哪些是可以接受的，哪些是不能接受的，以及怎样处理有关问题。在中国人看来，“龙”是一种神圣的、代表着祥瑞的动物，但在西方人看来，它则代表着罪恶、残忍，代表着魔鬼。由于不同国家历史的不同，因此交流中难免会出现语言上的失误。

3. 有效性原则

我们进行英语文化知识学习的核心目标是增强大学生的跨文化交际素质和能力。对于那些有效的跨文化交际，不但要实现语言系统的共享，还必须保证交际者对交际环境、交际要求、交际情境、交际规范等全面掌握和切实了解。成功的跨文化英语交际离不开宽泛的交际环境，这里的交际环境不仅涉及文化教育环境、生态自然环境，还涉及心理环境等。而所谓的交际环境—情境因素，则包括交际者所处的社会地位、双方扮演的角色特点、交际的具体场合，以及交际当中的主要话题等。规范系统代表的是交际成员规定的行为规范，确保这种行为能够被他人理解。要想实现有效的跨文化交际，交际双方必须实现上面这些内容和要点的共享。所以，在实际的英语教学过程中，教师选择文化内容，必须全面考虑价值观文化内容、生态地理性文化内容、情境性文化内容和社会规范类文化内容，确保内容全面、有效。

4. 适度原则

语言教学并非单纯的文化教学，教师要遵循“语言教学为主，文化知识为辅”的原则，不要为了引入文化而讲解文化，要注重对课本内容的讲解，强调适度性。

5. 循序渐进原则

在文化导入的过程中，教师要注重对英语知识的传授，重点、难点都要符合学生的实际情况，要考虑到他们的语言水平、接受能力和理解能力，还有他们思维的层次和连贯性，从最简单到最深刻，遵循逐步递增的原则。比如，自然地理文化、情境文化分别是表层文化和中产阶级文化，它们的内容比较明确、易于理解，可以首先将这一类型的教学内容进行编排，使学生们能够对这两种类型文化之间的差别有比较多的认识，然后在这个过程中，将这些知识引入文化的深层部分——社会规范文化和价值观文化。要以学生的语言水平、接受和理解能力为基础，来决定他们的文化课程，从而提高他们对目的语言的学习兴趣，从表面到深层，从单纯到复杂，从表面到实质。

总之，由于语言和文化之间存在相互作用，所以，了解一门外语就是理解一门外语文化知识。理解文化就得理解语言。在英语教学中，要加强学生的文化意识，这也是促进学生跨文化交流的当务之急。

（二）跨文化英语教学的策略

在实际操作过程中，教师可以采取如下措施。

1. 从词汇方面入手

要重视词汇的含义和价值，英汉词汇的含义并非一一相符，发掘词汇的含义有助于我们更好地了解词汇背后的文化。比如，white，翻译成汉语是“白色，白色的”，代表着干净、纯洁。然而，white elephant 却并不是指汉语中“白色的大象”，实际上是指“昂贵而无用，但又不易处理的物品”。再如，white horse，我们翻译成汉语是“海上的白浪头”，而 white lie 则是“善意的谎言”，white-haired boy 是指汉语中的“大红人”。一样的道理，汉语“白费事”“白花钱”中所谓的“白”，也无法和英语单词 white 相契合。从字面上入手，可以使学生不至于望而生畏或者产生误解。

2. 从习语方面入手

以习语为切入点，开展文化教学活动，效果显著。由于习语是一种语言发展过程中的一个成果，它带有很强的文化色彩，因此，通过习语的教学，我们不仅可以了解语言，还可以了解文化，可以通过丰富的语言素材分析，认识语言和文化之间的紧密联系，这样，我们就可以更好地理解英语国家和自己国家的文化，增强我们的语言交流能力。英汉两国有大量的成语，这些成语反映了各自的民族特色。例如，“掌上明珠”，翻译为英文是 the apple of someone’s eye；而“手气好”翻译成英文是 have the Midas touch。这里所谓的 have the Midas touch 最早来自希腊神话。传言说神赐给一个叫 Midas 的人一大力量和本领，无论什么东西只要被他的手摸到，就会瞬间变为黄金。之后，Midas touch 就被人们翻译成汉语“有发财的运气或技能”。汉语中的“说话兜圈子”，我们可以做出 beat about the bush 的英文翻译；而“心怀叵测”“没安好心”，我们可以翻译为英文 have an ax to grin。汉语中的“厚着脸皮去干”，我们可以翻译为英语 have the gall to do。在这中间，gall 意味着胆量，我们可以直接翻译为“有足够的胆量去做”。外国医学研究者研究得出，若人的胆汁分泌过量的话，则整个人会变得没脸没皮、极度傲慢。汉语中的“没骨气”，我们可以翻译为英文 have no guts，其中的 guts 是指汉语中的内脏，代指人类所具备的一种“勇气或力量”。针对此问题，老师要引导大学生们在此领域中做好材料的搜集和对比研究工作。

3. 从社交礼节及习俗方面入手

社会礼仪是一种社会文化，是一种社会群体规范，是人们在社会交往过程中所遵循的一种社会规则，由于英汉两种社会礼仪都受到不同文化因素的影响和限制，因而在社会礼仪方面也有一些不同。例如，男士和女士一起出门的话，则要先请女士走，男士要礼貌地说“lady first”。西方人在被他人赞扬的时候，往往会表现得很开心，且要说“Thank you”。收下礼品时，应亲自打开，向送礼人表达谢意。学习西方社会的基本礼仪和风俗习惯，不仅可以让大学生们认识到西方的风俗习惯，还可以让他们对英语产生浓厚的兴趣。

四、外语教学中跨文化交际能力的培养

（一）外语教学与学生跨文化交际能力的培养

对于跨文化交际学的研究，不但能帮助我们更好地预测和解决实际生活

中的各种问题，而且能加深对不同国家文化的认识。这既是理论上的需要，也是外语教育的实际需要。对该课题的进一步研究和探索语言交流问题，提出了新的观点和意见，并进一步丰富了英语教育的内涵。在英语学习中，跨文化交流和英语学习有着千丝万缕的联系，这是因为英语学习者既要掌握英语学习的内容，又要重视对英语学习技能的训练，特别是在跨文化交流中灵活、高效地使用英语。基于此，我们认为，把外语教学视为跨文化的一个环节更为合适。随着中国经济的快速发展，经济全球化的进程加快，社会对大学生英语应用能力的需求也越来越大。然而，在这一领域，我们的教育显然落后了。这既是因为应试教育的普遍性所造成的消极影响，也是因为传统的外语教学观念仍然对教师的思维造成严重的制约。当前，我国大学英语教学面临着三大问题。首先，就像学一门语言一样，要学会掌握语言文化知识。这种方式造成的结果，不仅是学生传递信息的能力非常差，还导致了学生对信息的接受能力非常差，综合交流能力非常低。其次，教学手段落后。在汉语传统教学模式下，学习者在词汇和句子的理解方面对语篇的关注相对不足，常常把消息接收看得很重要，而忽视了消息的传递。尽管学生的整体英语水平很高，但他们的跨文化理解水平很低，社交技巧也很欠缺。言语上的错误可以被另一方原谅，但是，语用上的错误、文化上的误解，却可能引起冲突，并最终导致交流失败。

（二）跨文化英语教学与传统英语教学的区别

长期以来，在英语教学中，教师注重“听”“说”“读”；在对英语基本知识的培训中，笔者相信，要想理解英语，就必须掌握语音、词汇、语法等方面的基础知识。运用英语进行交流，而忽略了对文化素质的培养，特别是对学生进行跨文化交流能力的培养。然而，在英语教学过程中，英语学习者在学习过程中，往往会因为对所处的文化环境以及中西两种文化之间的不同缺乏了解而产生一些模棱两可的错误，从而造成一些语用错误。例如，在被其他人赞美的时候，美国人会非常认可和开心接受，而我国人往往会很虚心，觉得受之有愧；我国人希望别人靠近并做出呼唤的时候，往往做出手心向下、手指向内连续弯曲的手势，而美国人用四指弯曲食指，向内勾动。针对 freeze

这个英语单词，我国会翻译成汉语“结冰、冰冻”，但是美国人代指“站住、不许动”。

由于跨文化英语教学的目的、内容等方面的差异，导致了两种英语教学在原理、方式、手段等方面的差异。在英语教学中，教师既要注重语言文化的掌握，又要注重学生的社会性、人文性、应用性等技能培养，因此，在教学理念、教学方式等方面，必须与传统的外语教育有着很大的不同。

1. 语言教学与文化教学有机结合，语言与文化互为目的和手段

英语学习是文化学习的一种方式，而文化学习则是以文化为目标进行交流。文化学习为英语教学提供了丰富多彩、真实、生动的教学材料和教学环境，对英语交流的培养起着不可替代的作用。在英语的各个阶段和各个环节中，都存在着语言和文化的联系。

2. 跨文化英语教学重视调动学习者的学习潜能和机制，多层次、多渠道地进行教学

外语文化学习是终生的学习，不能总是依靠老师来完成。在跨文化英语中，学生的学习自主性和文化学习方式的探索是非常必要的，因此，学生的跨文化交流能力培养必须与学校教育和社会实践紧密联系在一起，而跨文化英语的教学更注重激发学生的多种学习潜力和机制，并充分运用多种教学手段，多层次、多渠道地开展相关活动。在这种情况下，学生的认知、情感和行为都会发生改变，这就要求学生积累知识、改变态度、调整行为、发展技能。而日益发展的多媒体网络技术，则为这个目的的实现开辟了新的道路。

3. 跨文化英语教学重视学习者本族文化的作用，并将认识、反思和丰富本族文化作为教学目的之一

为了达到这个目标，学生在学习英语文化时，往往会把自己的文化同其他的文化进行比较，从而对自己的文化进行重新理解。

4. 跨文化英语教学体验探索式的教学方法的作用非常明显

尽管跨文化英语教学者采用了“讲授”和“探究性”相结合的模式，但是“探究性”的效果更为显著，因此，高校英语教学应在强调“语言”的同时，也应重视对“文化”的认识。光看语言文化，忽视语言的含义，是不可能学好语言的。笔者认为，高校英语教育应重视文化知识的传授（文化背景、

文化差异、文化对比）。在学习外语文化知识的过程中，通过了解和掌握与自己国家不同的事物、现象和文化，可以增强对文化的敏感度，促进英语教学目标的实现。英语教学者应注重文化背景、社会价值观、思维方式的差异性。教师要通过多种途径，强化语言文化的导入，将文化和语言联系在一起，不仅可以使学生熟练地运用语言，也能熟练地运用文化知识，有效地进行跨文化交流。

（三）跨文化交际英语教学策略

外语教学的基本目标是让学生与各种文化背景的人进行沟通，从而达到有效的跨文化交际目的，综合提升英语教学的整体水平，使学生在英语实践中的运用能力得到提升。这不仅是当前中国社会发展所迫切需要解决的问题，而且也是进入新的一年，中国的高教事业发展必须面对的重大问题。要达到这一目的，我们必须认识到，在跨文化的英语教学中，英语教学是一个十分关键的组成部分，它将语言视为与文化和社会密不可分的一个总体，并将其充分地体现在教学大纲、教材设置、课堂教学、语言测试和第二课堂中。

人们的交流不仅是一种言语行为，而且是一种多元化的文化行为。英语的目的是交流，但在现有的教学体制下，在英语教育中，人们常常把重点放在了语言文化知识的灌输上，而忽略了学生的跨文化交流能力培养。老师应该转变自己的观念，真正意识到文化冲突的危害，培养学生的跨文化交流能力，在此基础上，采用有针对性的方法和手段。

1. 转变观念

目前，国内大部分的英语教学都是以英语为母语的，在英语教学中，教师处于绝对的主导地位。如果仅仅是对英语中的语法、词汇进行简单讲解，不仅会影响到英语知识的使用，而且会影响到交流效果。所以，在教育实践中，教师要转变自己的教育观念，真正意识到文化冲突的危害，培养学生的跨文化交流能力。在强化学习、不断更新知识、提高整体文化素质的同时，对英语文化知识的数量和程度、具体的教学步骤和方法进行全面的掌握；强化学生之间的交流，营造良好的课堂气氛，注重课下指导，使英语的整体水平得到全面的提升，实现人们所期望的教育目标。

2. 改进传统的教学方法

长期以来，英语教学中的重点在于教授给学生语言知识，而忽视了学生的跨文化交流。要改变这一现状，必须改变传统的教学方式，从质、量两个层面进行文化教学，运用先进的电影、网络等先进的现代教育手段，充分发挥学生的主体性作用。同时，还可以通过开设专题讲座来激发学生的学习兴趣，为培养高层次的跨文化交流人才提供一个平台。

3. 引导学生广泛接触西方文化知识

大学生的自由支配时间很多，因此，单纯地依赖于老师的课堂授课，很难有效地进行跨文化交流，教师要在课余时间通过大量的英语文学作品、报纸、杂志等来获取文化的精髓，来提升文化素质，帮助学生拓展文化眼界，增强其与不同国家人的交往和沟通。此外，也要鼓励学生与外籍教师进行直接的沟通，让外国老师做专业讲座，有助于学生在交流中提高自身的跨文化交流能力。

（四）跨文化英语教学的原则

跨文化英语教学不同于传统英语教学，其目的、内容等方面都存在较大差异，因而其教学方式、教学原理等也应有所区别。以英语为世界语言，以培养学生的跨文化交流能力为终极目的，对学生进行跨文化英语教学能力培养具有重要意义。因此，英语课堂的教学内容远远超过了交际英语课堂中所规定的目标语言以及与其相关联的目标文化范围。尽管在跨文化英语教学中，目标语与文化依然是其重要的组成部分，但仅以目标语与文化为中心的教学方式，已经无法适应英语成为一种国际性的、具有跨文化交流能力的发展要求。跨文化英语的教学是把教育范围扩展到世界范围的，既有英语为本族语的国家，又有英语为外族语的国家。因此，在英语教学中，要想取得好的效果，必须要有针对性地指导学生，使学生学会运用各种语言、文化学习方式，并在此基础上使学生掌握适合自己的思维创新方式，取得良好的学习效果。

一般来说，在英语教学过程中，教师起着主导作用，但是教师要突出学生的核心作用，必须遵守以下几点。

1. 以学习者为中心，以引导学习者进行自主学习为主要教学模式

在教学活动中，学生才是真实、重要的主体，教师的讲授、教材的编写、教学方式的选择，都要以学生的真实需求为导向。在进行跨文化英语教育时，教师不但要关注学生的英语学习，而且要关注学生对自己母语和民族文化的体验和理解，对目标文化和其他文化的态度，对个人综合素质的提升的看法，对三维思考模式的养成，对跨文化交流的能力培养，乃至对生活的态度等，许多都与学生过去、现在和将来都有着紧密联系的话题，都是进行教育和反思的时候要加以考量的。对于教师来说，带领大学生积极、自主学习是核心工作，虽然在这样过程中离不开理论知识讲解和规则传授，但应该让大学生成为主角，鼓励大学生自主、独立学习和探索，注重对大学生自主学习能力的锻炼。这一点在跨文化英语教学中显得尤为重要，原因一方面就是当前社会上的信息大爆发，知识不断地进行着更新，培养学生的终身学习意识和学生的自主性，已经成为教育领域的一大潮流。另一方面，由于与传统的语言教学相比，跨文化英语的教学目标与内容已大大扩展，但教学时间基本保持不变，不会有太大的增加，学生在学校里有大量的教学内容是不能接触和学习的。因此，在离开学校后，英语与文化的学习也会被纳入整个教育系统中。

2. 语言教学与文化教学有机结合

在英语教学过程中，语言和文化之间存在着一种互动关系。英语之所以能成为世界上最流行的语言，一个重要原因就是由于文化间的交往越来越频繁，来自世界各地、不同民族、不同文化群体的人都对这种语言产生了需求，在不同的语言环境下，进行高效的跨文化交际，是英语教育的一个重要目的。同时，因为英语的学习也是一种文化学习过程，所以，我们有必要把英语作为一门“文化课程”来看待，并把“文化”发展作为英语的教学目的。同时，在英语教学中，通过学生学习可以了解到，我们的英语教学不仅是一种英语享受过程，同时也是英语交际能力提升的一个重要保证。笔者认为，在英语教学中，语言与文化是相互补充、密不可分的。所以，英语的每一个阶段、每一个环节，都应将语言与文化相结合。尽管在不同的阶段、不同的课程中，由于学习者的认知能力和学习需求不一样，其语言与文化也会有所差异，但在跨文化英语教学中，并没有单一的语文或文化课，只要有这样的觉悟，就

能发现两者之间的联系。

3. 注重思维方法，遵循交际规则

文化决定了一个人如何看待这个世界，在不同的文化背景下，思维模式也会有很大的差别。思考模式是一种文化和语言之间的联系点。西方人的思考方法侧重于逻辑思维和分析，而东方人的思考方法注重直观整体。中国人的语言是含蓄的，他们的思维模式是多元化的，而外国人更直接，更多的是靠直觉。作为一种文化，思维模式在人类社会中无处不在。在不同的层面上，由于个体的思维模式与目标之间存在着一定的矛盾，从而出现了各种跨文化沟通的障碍。由于中西方的思维模式存在着差异，因此，在进行跨文化交流时，要遵循一定的原则，同时要尊重对方的文化背景。

4. 激发学生学习潜力和学习机理，多层次、多渠道地开展教育

遵循该原则，往往要明白相应的三大前提：第一是学习者要具备一定的潜能和健全的发展机制；第二是进行跨文化英语教学，离不开交际双方的态度、知识基础和言行举止等多个方面；第三是教师可以基于多元化的渠道方式开展教学。结合外国学者 Gardner 的分析可知，我们每个人都具备三大方面的八大智能机制。

（1）个人智能（Personal Intelligences）。包括内省智能（Intrapersonal/Introspective-Self Smart）、社交智能（Interpersonal/Soc：ial-People Smart）、音乐智能（Musical/Rhythmic-Musir Smart）。

（2）学习智能（Academic Intelligences）。包括逻辑智能（Logical/Mathematical-Logic Smart）、语言智能（Verhal/Linguistic-Word Smart）。

（3）表达智能（Expressive Intelligences）。包括身体语言智能（Bodily/Kinesthetic-Body Smart）、视觉空间智能（Visual/Spatial-Picture Smart）、自然主义智能（Naturalist-Nature Smart）。

在传统的英语教学中，教师往往只重视学生的智力开发，也就是学生的逻辑思考、语言的理解与表现，而忽视了其他智力的功能开发。其实，稍微进行一下简单的剖析就可以看出，如果运用得当，这些智慧的机理都能够作为一种行之有效的学习手段，特别是在文化学习方面，个人的、情感的和自然的机理更是达到教育目的的不可或缺的因素。各个层次的机理很难各自独

立发挥功能，而常常是相互补充和协调，从而使整个教学过程得到最大程度的改善。外国学者 Lange 针对 Gardner 的智能机制研究成果做出了评述，认为合理运用这些学习机制，往往可以促进大学生的个别化学习，确保大学生对个人学习情况负责到底。只有确保大学生内在学习机制和外在学习条件的有效结合，才能从根本上刺激和促进大学生高效学习。科学技术飞速发展，社会、文化环境不断变迁，为这种潮流的兴起提供了良好的契机。随着多媒体和网络技术的发展和应用，多媒体和网络技术日益成熟，视听资料的开发也日益引发人们的关注。与此同时，丰富的社会和文化环境以及持续发展的国际和国内旅游和文化交流，都为学习者提供了充分发挥个人、学术、情感和自然等学习机制作用的良好条件，让他们不仅可以利用感觉来学习一门语言和一种文化，还可以得到语言交往和文化交流的亲身经验。因此，在跨文化英语教学中，需要多种不同的学习机制、多种外在条件与手段，并将内外因素有机地结合起来，以取得外语与文化教学的最佳效果。

在英语教学中，跨文化的教育要求学生在认知、情感、行为等多方面协调发展。因此，在制订课程计划和设计教学活动方案的过程中，教师必须同时兼顾这三个方面的需求，才能培养好学生的跨文化交际能力，改变他们的学习态度，提高他们的综合素质。

5. 掌握大学生认知发展情况和语言文化掌握规则，实现实用主题到抽象意识形态的有效转变

由于学生在学习过程中的认知水平、情感发展及经历等方面存在较大差异，因此，学生在学习过程中所遇到的问题不同，相应的解决方案也不同。外国学者 Egan 针对教育发展四大过程做出了分析，教学研究参考价值比较显著。通常，低年级学生可以选择一些与其学习密切相关的具体而直观的教材。由于学生的认识水平不断提高，心理承受能力不断提高，生活经验不断丰富，因此，英语教育在内涵和范围上也逐步扩展到了一些需要抽象思考的、间接的、复杂的思想领域。在英语的文化教育中，这种关联性与适用性至关重要。外语学习者在接受外来语言教育的时候，始终处在一个自我认识、自我反思、自我批判、自我提高的阶段，脱离其自身的实际生活和认识水平的改变，偏离了以“自我”和“他人”为参照的文化学习原理。

（1）平衡教学内容，使之向学习者提出挑战的同时，给予他们适当的支持和帮助

任何一种教育都有其自身的特点，因此，在课程设置和课程设计上，都要充分考虑到学生所面临的困难和对学生的帮助。理想的教学应当是挑战与支持之间能够很好地结合起来，如果内容比较复杂、难度比较大，那就应当在教学活动开展过程中适当地降低难度，给予学习者更多支持。反之，对于内容简单、难度小的课堂教学，则应是富有挑战性的。唯有如此，学生才能获得最大的收益。如果把较难的知识置于较难的知识环境中，会使学生感到恐惧，降低他们的学习热情；如果课程内容单一、缺乏挑战性，则不利于学生发挥自身潜力，同时也会产生厌烦情绪。在英语教育中，如何正确把握好“内容”与“过程”、“挑战”与“支持”的辩证关系，是一项非常有意义的工作。J.M.Bennett 在建议培训者借用 Sanford 有关挑战和支持的思想时指出：教师应该根据他们的发展水平来确定什么样的学习情境能够给他们带来帮助或者挑战。如果他们得到了足够的支持，那么学习目标是能实现的。当一个任务过于艰巨时，学习者将会放弃。因此，教育工作者必须了解学生的需要，并尽可能地在学生的学习中找到合适的挑战与支持，从而取得学习的最佳效果。

（2）说教式的知识传授法（didactic approach）与体验探索式的教学方法（experiential approach）相结合

说教式和体验式作为两个相对的概念是由 Gudykunst 和 Hammer 提出的。说教式指的是以讲座、讨论等形式展开的一种知识传递方式，其作用是对学习者深入认识和了解，对学习者学习和掌握语言和文化相关知识的能力进行分析，了解不同语言和文化之间的不同之处，其作用与逻辑推断中的推演法相似。笔者认为，在传统的“说教”模式下，学生更多地是以“听”为主，以“教”为辅。在这种英语教育模式下，不促进学生的态度与行为的发展，就很难达到跨文化英语教学的目的。因此，跨文化研究者提出了一种与归纳相似的经验教学方法。这种方法是以学生为中心，通过营造一个现实或仿真的跨文化交流情景，使学生在认知、情感、行为等方面得到充分的发展，从而弥补传统的说教式教学法的缺陷。

（3）培养跨文化意识和敏感性，探索文化学习方法

跨文化英语教学的目的与内容十分宽泛，若将其视为一门学科，学生不可能在其有限的学习时间内将其完全掌握。因此，在英语教学中，教师要重视对学生的英语学习，提高其英语水平。文化教学中的另一项重要内容是要强化文化学习的效果。文化学习的目标并不在于让学习者成为人类学家或社会学家，而是要学会一些文化的研究与学习方式。在教学中，教师要自觉地指导学生分析和解释文化现象，探究陌生的文化内容，并不断地进行自我反省和总结，这就是所谓的元认知学习过程（meta-cognitive learning）。文化学习的方法有很多，其中文化人类学所采用的参与观察法（ethnographic method of participation-observation），以其体验式、探索式的优点而成为一种广泛推崇的方法。

（4）教学内容和过程情境化（contextualized）与个人化（personalized）

跨文化英语的一个重要特征就是把语言与文化的学习与学生自身的经验与发展需求相联系。这不仅对学生的综合素质培养有直接的影响，还与学生的个体一起成长，并在一定程度上促进学生的自我态度、行为、价值观和人生观的形成。跨文化英语教学在个体综合素质的培养中发挥着重要的作用，其目的在于将其放在特定的环境中，使其具有生命力，从而体现其对社会、个人的调控与引导作用。只有这样，学生才能真正体会到文化的影响，激发学生的各种学习机制创新。只有把教学的内容、程序和学生的亲身体验相结合，才能使学生在学习目标文化和其他文化时产生兴趣，从而使他们能够比较自己的民族和其他的文化，这样，就能促使他们反思自己的态度、行动、价值。另外，在外语教学中，情景化与个性化是必不可少的。换句话来说，情景外语教学将语言教学内容放在了真实的社会和文化背景中。在学习过程中，学生不但可以获得语言知识，还可以了解其具体应用规律、交际规律和作用发挥情况。

（5）对比本族文化与目的文化，不断反思本族文化

跨文化英语教学的一个显著特征就是在语言环境中强调母语文化，并在与其他文化的对比中营造出一种跨文化的气氛（interculturality）。这种跨文化的氛围有三方面的好处：一是把自己的民族文化与自身经历结合起来学习外

语，既可以激发并维持学生的学习热情，又可以使学生对所学知识有更深的印象、更深刻的了解、更灵活的运用；二是通过对不同文化之间的交流，使学习者能够更好地理解两种文化之间的不同；三是加强对本土文化的自觉与思考，有助于学生排除或削弱自己的种族优越感，对自身的价值观与行为习性有一个客观的认知，从而形成一种开放灵活的思维模式。在英语教学中，最重要的一项工作就是加深学生对自己国家文化的理解。

（6）尊重学习者，注意因材施教

在英语知识的学习过程中，个体的文化体验与价值观、世界观与思想等对外语的影响是不可忽视的，因此，要想培养出一批具有跨文化交际技能的人才队伍，就需要在原有的语言环境下，通过对比本国语言与目的语言等不同的语言环境来培养他们的跨文化交际技能。所以，在英语教育过程中，老师要对他们的个人经历、文化背景，以及他们的价值观念给予足够的重视，不能轻视、否定和批判地对待学生和学生的思想情感。而且，每一个学生都有他自己的学习方法，因此，在跨文化英语教学中，因材施教是十分必要的。另外，教师也可以依据他们的习性，为学生提供适合的其他的学习方式，使学生认识到不同的学习方式的优缺点，拓宽学生的学习范围，提高学生的学习弹性。

（五）外语教学中学生跨文化交际能力提高的方法

1. 采用对比法，介绍不同背景知识

由于所处的地域、生态环境、政治体制、历史背景、风俗习惯、价值观念、行为方式等的差异，每个民族都具有各自的特色。只有在比较中，我们才能找到自己的民族和目标民族的差异，并在此基础上培养出一种跨文化交流的文化敏感度，并进一步了解中国和国外的文化，增强文化意识。老师可以讲解有关的典故、风俗、风土人情等内容，抓住中西文化的不同之处，借由比较，加深对两国文化的认识，在此基础上，进一步理解和掌握目标口号所蕴含的民族文化，培养学生的语言能力。具体内容包括：1）体态语对比，即对比中国人与英语国家人喜怒哀乐时的手势与表情、交谈时的体距差距以及体态语的表意异同；2）称谓语、问候语和告别语的差异；3）对称赞的反应不同；4）家庭成员之间称呼习俗的差别；5）行为举止、待人接物等方面的异同；6）思维与观念的差异。用对比法可提高学生对中西方文化背景知识差异的敏感度，使学生所学的外语更地道。

2. 窄式阅读法

Krashen 的“窄式阅读法”理论是一种对文化了解有益的阅读方式，它的含义是将注意力放在对同一个主题的多个篇章上，用篇章中的那些显式和隐式的文化信息进行理解，从而提升自己的文化素养。Krashen 认为，一般来说，这样的读数被称为狭窄文化输入。这在外语的学习中很有用，该课程将重点放在特定的文化主题和文化背景上，让学生能够更快地了解文化主题的词汇、主题、风格和文化内涵。该教学法有助于学生全面掌握目标语言国家的文化背景知识，拓宽视野。

3. 营造文化氛围，体验异国文化

英语教师的工作开展就是为学生创造一个真实的、逼真的语言交流环境和情景，创造语言交流的空间，使学生们在运用英语时，能自如地表现自己的思想与情感。通过课堂上的教学，可以让学生在课堂上进行英语口语的转换，让他们能够亲身体验到英语文化，从而使学生在阅读过程中，能够发掘出具有重要价值的文化细节，从而提高自己的文化敏感性，提高自己的文化意识。其中包括恰当地使用诸如问候、感谢、称谓等习语，以及恰当地使用委婉语、禁忌语等。

大学英语教学的课时非常有限，要培养跨文化交流的能力，不仅要靠老师讲授，还要充分利用课余时间大量阅读英语文学作品、报纸杂志、时事评论等资料，汲取文化知识，提升自己的文化修养，开阔自己的文化视野，提升自己的跨文化交流水平。

4. 教学中导入文化背景知识

语言是文化的载体。透过学习一种语言，可以使学生更好地了解不同国家的文化和社会，为维护世界的和平与稳定，谋求合作与发展打下基础。语言是一种文化的形象，它既能反映出一种文化的形式，也能影响到人们对这个世界的认识。语言与文化是紧密联系在一起的，人类通过语言来记录和评估客观事物，而语言的使用也会受到不同文化系统的影响和限制。所以，要想精通这门外语，就得精通两种文化。跨越语言国家的文化壁垒，实现恰当的交流。加强语用能力是实现素质教育目标的重要途径。相反，由于语意、语用、思维方式、文化习俗等方面的不同，学生在进行语言交流时，往往会产生一些错误和不当的现象。在外语教育中，“文化”主要是指一个国家的历史、地理、风土人情、传统习俗、生活习惯、文学艺术、行为准则和价值观等内容。了解英语国家的文化，有助于我们更好地理解和运用英语，有助于我们更好地研究自己的文化，有利于增长对世界的认识。在教学过程中，教师要根据不同的年龄段和不同的认知水平，逐渐拓展英语的领域，让他们认识到不同的文化和不同的地方特点。英语教学中所包含的民族文化知识应该与学生的生活紧密联系在一起，调动学生对英语的学习积极性。应该深化他们对异国文化的认识，拓宽他们的眼界，增强他们对中国文化差异的敏感度和辨识度，从而增强他们的跨文化交流素质。

5. 语言教学中的跨文化导入

基于语义理论，我们将词语分为两大类，第一类是概念含义，第二类是联系含义。在这里，“词义”代表的是“语义学”。英语词语所蕴含的文化内涵是具有“联想”性的，属于文化领域的事物评估体。针对词语的语义，英汉对应的解释不一样，但也存在比较多的相似性，但是存在较强联想、比喻性的词语，比如 blue（蓝色），在固定用法领域的意义是不一样的。

6. 语言教师的素质提高和角色转换

作为教育实践的主体，英语教师的素质在很大程度上决定了他们的教学水平。在我国现行的英语教育体制下，大部分的英语教学都是在课堂上进行，而教师则是主导性的。如果教师着重讲语法和词汇知识，那么，学习者将不能真正地使用英语知识，也不能实现跨文化的交流目标。因此，在教学中，教师要改变自己的思想观念，真正意识到文化冲突的危害，着重培养学生的跨文化交流能力，增强学生的理论知识和文化素质，教师从在教学中占据主导地位，机械地传授知识，变成了帮助和指导学生学习的指引者。

实现跨文化交际是大学外语教学的根本目的。中国跨世纪教育的一个重要课题就是要从整体上改善教学效果和教学质量，增强学生的语言运用能力。将跨文化的内容引入英语教学中，可以开阔学生的视野，创新他们的思维，增强他们的整体素质，使其获得一定的艺术素养，并受到中西文化精华的影响，形成一种新的文化自觉。这对培养学生的动手能力、创新意识、降低语用失误具有重要意义。作为一名教师，必须充分认识到跨文化交流在外语教学中的作用，使其充分体现在课堂和课外辅导中。高校也必须继续致力于培养具备跨文化交流能力的优秀人才。

第二章 文化自信视域下中国文化融入高校英语教学的研究

第一节 中国文化融入高校英语教学的必要性

大量的教育实践表明，通过在我国大学生英语教学过程中合理引入中国文化知识，往往效果良好。主要表现在以下几大方面。

一、促进我国文化的全面发展

高等院校是新时代培育高素质接班人的主要阵地。英语教育是培养世界一流人才的摇篮。中国要与世界接轨，就必须更好地将中国文化与英语的教学结合起来，一方面，通过英语学习，我们可以更好地认识到发达国家的技术和文化力量；另一方面，也可以利用中国文化进行跨文化的交流与沟通，增强中国文化的影响力，推动文化教学的全面发展。

二、语言共通性促进学习正迁移

中国文化对学生的一生都有很大的影响，也就是说，中国文化在他们心中占有不可取代的位置。在英语教学过程中，如果能把中国的传统文化融入英语语言讲解中，并把中国的语言习惯融入英语知识讲授中，将会对大学生英语的学习起到很好的推动作用，实现语言的共同发展。同时，让学生在学习中国文化的同时，也能感受到中国文化的精华，增强自己的国家荣誉感和使命感。

第二节　中国文化融入高校英语教学的机遇和挑战

如今，我国综合国力越来越强，生产总值（GDP）也稳步增加，在世界上占据的比重也不断提高，习近平总书记提出的“一带一路”倡议，得到了世界许多国家的拥护和支持。截至 2019 年 4 月 18 日，中国已与 125 个国家和 29 个国际组织签署 173 份“一带一路”合作文件，中国的世界强国地位日益凸显，文化的发展与兴盛离不开经济基础的巩固，而日益兴盛的文化，更是经济发展的强劲推动力。习近平总书记在《习近平谈治国理政》第二卷中指出：“文化是一个国家、一个民族的灵魂．文化自信，是更基础、更广泛、更深厚的自信，是更基本、更深沉、更持久的力量。”在《习近平新时代中国特色社会主义思想三十讲》中，习近平总书记强调：“要不忘本来，吸收外来，面向未来，着眼扩大中华文化影响，推进国际传播能力建设，讲好中国故事，向世界展现真实、立体、全面的中国。”在树立文化自信、建设文化强国的时代背景下，英语是在世界上应用范围相对广泛的一大语言，英语在中西两国间的交流起着举足轻重的作用。通过英语学习，我们能更好地理解西方的政治、经济和文化；在军事、技术等各方面，也能把中国的形象展现给世人，传播中国文化。大学英语是开设时间最长、影响最广泛的一门公共基础课程，它不能仅仅是介绍西方的思想与文化，更要承担培养学生的文化自信，让全世界都认识中国，倾听中国的故事和中国的声音，把中国的文化传播出去。同时，大学英语应该在一定程度上发挥其隐性作用，使其与思想政治理论课产生协同作用，成为其重要的辅助手段。因此，如何将民族文化与大学英语教学结合起来，培养出具有跨文化交流能力的技能人才，是当前大学英语教育亟待解决的问题。

第三节　中国文化融入高校英语教学的路径

一、以“学习中华文化，增强文化自信”为宗旨，以“文化交流”为主题，在大学英语课堂上讲好中国故事，培养文化自信

Kramsch 指出，语言和文化是紧密相连的。语言表达承载着一种文化的真实性，同时也是一种符号。他还指出，要想了解一种异域文化，就一定要将其与本国文化相比较，英语教学中的文化切入包括对口号和母语的重新认知。英语及其所携带的文化，使高校英语教育者既要承担使外国优秀文化“走进来”的重任，又要担负使中华优秀传统文化“走出去”的重任。

（一）深入挖掘现有大学英语教材关于中华文化的内容

当前，我国高校英语教科书的文本主要是从国外的原文中选取的，这种做法过于注重对英语及来自国外的社会和文化知识的导入，而对中华文化在英语中的推广，则有所欠缺。为此，在教学过程中，老师要充分利用现有教材，运用事例、比喻、对比等手段，让学生感受到中华优秀传统文明的韵味，并用英语把中国文明传播出去，从而提高大学生的民族身份意识，树立起大学生的文化信心。例如，高校英语教材《新视野大学英语》第三册第四单元的课文内容是《美国文化的五大象征》（*Five Famous Symbols of American Culture*），该课程实施的目的就是让大学生掌握这些文化象征。基于这一教学目标，教师要采取科学合理的语言教学方法，组织大学生进行创造性、真实性的角色模仿，创作出可以象征我国传统代表性文化的文章。这样，不仅可以提高学生的外语学习能力，还可以激发他们对国家文化的热爱，从而提高文化自信。

（二）在大学英语教学资源中增添中国故事、中国形象、中国旋律

作为一种自然的语言和文化载体，英语教学给人们带来了希望、信念、

喜悦和安慰，同时也是对人类文明的一种很好的探索。把人类命运共同体融入文学创作中，可以让不同国家的人们在这种文化氛围中进行交流，从而更好地理解并解决人类面临的共同问题。将中国的故事、中国的形象、中国的主题曲融入高校的英语教材中，使高校英语教材具有独特的表现与色彩，呈现出独特的诗意与意境，这是高校新时期英语课程教学所要追求的主要目的。毕竟，一堂课的时间就那么多。然而，互联网＋的时代背景下，教育可以扩展到课堂之外。教师应鼓励学生多渠道获得知识，并强化中国传统文化的渗透。例如，教师组织学生去聆听中华优秀传统文化的讲座，参与以英语为基础的中国传统文化的多种活动；阅读英汉译本，通过观看中英文新闻节目、新闻、电视、电影，学习中华优秀传统文化。在课后的听力、阅读、观看等活动中，大学生们可以了解并感受到中华优秀的传统文化，加深对中西两种文化的了解，学会了用英语进行交流，增强了对文化的信心。从而为继承与弘扬中华优秀的传统文化奠定了一个良好的基石。

二、以“教育强国”为目标，以“培育时代新人”为初心，以“文化使者”为使命，打造一支“学贯中西”的教师队伍，展现文化自信

教师是教育事业发展的引导者，是教育事业兴旺的源泉。老师又是人类文化的接班人，在高校英语教师的教学过程中，英语文化课的授课质量直接关系到学生的学习质量和效率。我们国家的传统文化是非常丰富的，很少有教师能够同时掌握我国传统文化和西方文化，并进行英语教学。培养一支具有中西方文化背景的教师队伍是当务之急。

（一）教师应深入学习中外文化的精华，不断提升业务素质

在新的历史条件下，高校英语教学已不再仅仅局限于教师教授所掌握的语言，更多地涉及中西两种不同的文化。一个老师的文化素养积淀及其对中西文化的理解程度，直接关系到他们对文化的兴趣与态度。就像老师要赠予学生一桶清水，就首先必须创造一条源源不断的河流，才能更好地承担起培养新一代的责任。所以，英语教师应积极地学习、积累中国文化知识，并与有关专业的老师进行沟通，加深对中西文化的认识，在中西文明知识的汪洋

大海中“从而游之”，提高大学生的文化自信心。

（二）大学英语教师要担负起传播中国文化的重任

在马克思看来，“交流”这个词是最广义的，它包括了所有的社会关系，并提出了“无论何种形式的社会”的定义。是人类互动行为的结果。在这一过程中，以物质的生产交流为根本，以文化交流为辅助形式。但是，不管是生产交流，还是文化交流，都在共同的作用下对世界的历史进程起着推进作用，并为各国人的“世界”意识增强打下基础。没有文化跨国交流，人类文化的自信就无法成熟。高校英语老师是具有跨文化交际能力的高素质专业人员，他们不仅要担负着“文化”“传道”的使命，更要担负着中华优秀传统文化“走出去”的“文化使者”的使命。作为高校英语教师，可以基于自己深厚的内在英语文化基础，透过英汉翻译、组织讲座、播放视频等方式，让其他国家的人了解“舌尖上的中国”“学术领域的中国”“艺术领域的中国”“哲学社会科学领域中国”“宽容开放状态下的中国”等，大范围宣传中国传统优秀文化，增强民族文化自信心。

（三）以“传承”为目的，以“开放”的态度达到“超越”的目标，做到文化自信

提倡文化自信，并不意味着中华文明是唯一的“优良”文化。《礼记》早就告诉我们：“学然后知不足。”《尚书》的说法是：“满招损，谦受益，时乃天道。”在英语教学中，学生们要学会对世界各个角落的不同文明抱着一种乐观谦虚的心态，但更要对自己的文明怀有绝对的信心。

1. 重视、珍惜中华文化长久而丰富的历史

美国政治学家汉斯·摩根索曾说过，“别人对我们的看法同我们的实际情形一样重要。正是我们在他人‘心境’中的形象，而不是我们本来的样子，决定了我们社会中的身份和地位”。中华优秀传统文化是中国古代先贤们在漫长的岁月里总结出来的一种科学和精神，它是中国古代历代先贤们的共同智慧和不懈的探索总结出来的成果。所以，在英语教学中，我们要让学生们了解：随着经济的一体化发展，西欧和北美等国家在人类文明中占有一定的主导位置，我们应该对自身的文明成果，以及中华文明对我们的文明进程为何

有如此重大的影响这一问题进行自我反省。

2. 引导学生树立文化交流的平等意识

“远人不服，则修文德以来之。”自古以来，中国人在国际上的位置与影响，不是因为侵略，而是因为中华文明所具有的巨大魅力与吸引力。中国在与西方国家的交流和沟通中，以“他者”的姿态出现，不断地充实和扩大“自我身份”的内容，并逐步建立起自己的民族精神和民族认同感，从而建立起牢固的民族自信心。所以，在英语教学中，我们不仅要坚持中华优秀传统文化的传承，更要与时俱进、推陈出新。大学生要面向未来，用积极的心态去看待异质文化，广泛吸收和运用各种优秀的外国文化成果，使中华传统文化在与外国文化的互动交流中不断发展，从而促进中华文化的繁荣昌盛，做到文化自信。

第三章　文化自信视域下大学英语基本技能教学的策略与路径

第一节　大学英语听力教学的策略与路径

一、大学英语听力教学简述

（一）听力的内涵

在学者罗宾（Rubin，1995）看来，“听是一个包含主观能动性的过程，它涉及听者对信号的主动选择，然后对信息进行编码加工，从而确定正在发生的事情以及发话人想要表达的意图”。外国学者理查兹和施密特(Richards&. Schmidt，2002）针对“听力理解”这个概念做了专业性研究，指出听力理解包括的对象不仅有第一语言，还有第二语言，我们必须理解和掌握这两大语言。但是，我们必须明白这两大语言文化是存在很大差异性的。其中，我们针对第二语言做出听力理解和分析的时候，必须大力关注语言结构、语言交际情境、交际话题，还有交际者原本的预期等。著名学者林奇和门德尔松（Lynch&.Mendelssohn）也针对“听”和“说”两者的关联性进行了分析，指出要想高效地“听”，就要大力地“说”，但是在“听”的过程中，我们必须注意避免被别的声音信息和画面限制所影响。倾听者必须根据个人经验和要求，结合实际交际预警，有效把握交际话语。此外，“听”并不属于单一的过程，而是一种不间断的过程，涉及以下内容。

（1）如何将语音进行划分？

（2）如何对语调形成一种认识？

（3）怎样给语法做一个详尽的解释？

（4）如何把握语境？

大部分时间，以上的这些都是在潜移默化中完成的。此外，两位学者针对“听”和“读”的相关性和差异性做了分析，指出与“读”相比，“听”的价值和作用更明显，具体设计以下几点内容。

（1）让人感受到一种韵律的美。

（2）给人一种迫不及待的感觉。

（3）信息处理和反馈的过程都是以最快的速度进行的。

（4）这需要很少的时间，而且经常是不需要反复的。

“听”和“读”都是对知识的一种投入，然而，在英语的听力课上，老师们绝不能把“听”看成是一种语音版本，而是要根据“听”本身的特点来进行课堂的授课，这样才能培养出学生新的能力。

（二）大学英语听力教学的现状

虽然英语教学得到了广泛的关注，但在不断深化的过程中，仍然存在很多学生不懂、不会说的问题。因此，分析目前高校英语听力教学中的一些问题，可以更好地解决相关问题，从而推动英语教学的进一步发展。

1. 课程设置处于弱势地位

在英语专业的整体课程教学中，英语听力课是比较弱的一环，一直未得到人们的关注。在大部分高校，英语周学时都是 4 个小节，而老师们往往把注意力集中在精读上，一些高校甚至把听课和口语课结合起来，把听课改为听说课，这样会冲淡听课的学时，使听课时间不能保证。同时，在英语教学中，学生的听力水平也很难得到保证。

2. 教学目标有所偏离

英语四六级考试在大学英语中很常见，其目的是提高学生英语水平，但一些教师在英语考试时，往往将其当作“测验”，从而使英语考试变得更难。忽视了对英语听说和跨文化交流能力的培养。因此，在有限的课堂上，往往把听力教学沦为“题海分析”，让学生觉得枯燥无味。这样的情况下，真正地提升学生的听力是非常困难的。

3. 教学模式僵化

由于目前我国高校英语教学中的专业设置不合理，教学目标偏离，教师对其缺乏足够的重视，导致了目前高校学生的听力教学出现了“死板”现象。很多老师都只关注如何顺利地达到自己的目的，而忽视了对课本内容的整体掌握，对学生们缺乏正确的指导，有些老师连一个清晰的学习目的都没有，只是在课堂上一遍又一遍地重复着，而学生们只能被动地、盲目地听，这样就导致了英语听力课陷入了“听录音、对答案、老师讲解”的单调模式之中。这种方法不仅造成了课堂氛围的单调乏味，也使学生对英语的兴趣降低，听力能力难以提高。

4. 学生基础知识积累不足

目前，虽然英语听力越来越受到学生的关注，但许多英语学习者的英语听说能力较差。一方面，由于学习者对音节、连读等基本知识，以及词汇量和语法的匮乏；另一方面，由于英语教学的条件较差，学生对英语音调、韵律等的敏感度较低。由于缺乏基本的知识积累，所以学生的听力水平难以提高。

5. 学生对听力缺乏兴趣

在英语教学中，由于英语教学方法的单一，以及英语听力的复杂性，使英语学习者对英语听力失去了兴趣，甚至产生了排斥。这种抗拒心理会使学生在参加英语听力活动中的积极性下降，从而导致英语听力教学效果不佳。

6. 学生学习形式单一

在传统的英语教学方式下，学生对英语听力的理解主要依靠老师、学校的计划和课程安排，这会造成学生的自主学习能力下降、英语听力缺乏成就感、学习兴趣下降、整体学习成绩下降。而且，如果让学生一味地听课，就会影响英语的个性化知识结构和系统构建，从而影响到学生学习自主性。

7. 学生缺乏英语文化知识

语言和文化是紧密联系在一起的，许多听力资料都是通过文化知识学习来获得的。英语学习者对英语听力的理解不够透彻是因为他们对英语的基本文化背景知识缺乏。因此，在英语教学中，学生要学会的不仅仅是听力技巧，还有文化、历史、思维等方面的知识。

8. 缺乏英语听力环境

我国的英语听力教学是在汉语的背景下进行的，英语听力知识主要是从教科书和教室里学来的，学生在教科书中所学的英语都是标准英语，老师在教学中也是为了让学生更好地了解，经常会让你的语速变慢，让你的语流变得不自然。但是，英美两国人民在日常生活中所说的方言，经常采用口头语。在课堂上，口语化的语言很少见，英语的使用不够纯正地道，英语的听力水平也难以得到有效提升。

9. 学生不善于利用课余时间

课堂教学时间有限，如何充分利用学生的空闲时间，是学生英语听力水平提高的一个关键因素。然而，在实践中，学生对课外活动的利用并不充分。许多学生没有制定自己的学习方案，仅仅依赖于课堂上的授课，但是，课堂上的老师面对的却是全班学生，老师的目标是提升学生的平均水平，不能完全适应学生的个人需要。制定一套适合自己的英语教学方案，并充分利用业余时间，把英语听力和日常生活紧密联系起来，对于学生英语听力水平的提升将会有很大的帮助。

二、大学英语听力教学中的文化因素

在初中，或者是小学，学生都经过了英语技能长期训练，对语音、词汇、语法、句式都有了相当的了解，所以，许多同学，乃至老师，都觉得只要把这部分知识背熟，就能把他们的听力练好。然而，其实不然，因为即使有大量的语音、词汇、语法、句型等方面的知识，也不一定能够理解所听到的内容。这是由于，听力理解的好坏不仅取决于听者的语言基础，还和听者对题目的熟悉程度、文化背景知识的多寡、听者心理品质的好坏等都有关系，而文化背景知识的累积是一个很关键的因素。只有具备一定的文化知识，学生才能在课堂上充分增强自己的学习信心。英汉两种不同的文化背景使语言沟通变得十分困难，严重影响了学生的听力和英语教学。所以，要真正地提升英语的听力水平，并在跨文化交流中应用这种技巧，就必须进一步理解和掌握西方的文化，加强英语的深度听说教学。

（一）词语文化内涵差异层面

许多学生在听力教学中发现，有些听力资料看起来不那么复杂，而且没有生词，语言结构也比较简单。但是，在聆听的时候，却总是感觉到深奥，难以领会其中的含义。这一现象的产生，很大程度上是因为人们对词汇背后所蕴含的深刻文化意蕴认识不足所致。根据心理语言学的观点，听者大脑中储存的文化背景知识和所听到的信息是一个动态的、相互影响的关系。例如：

Wendy: What do you think of Vicky?

Chad: She is a cat.

Question: Does Chad like Vicky?

对于学生而言，上述对话没有任何陌生单词，理解起来并不难，但是在回答的过程中往往会答错。这主要源于中西方文化的差异。在中国，猫是可爱温顺、讨人喜爱的动物，但在西方国家，猫有着另外一层文化含义，指心存险恶的女人。上述对话中的“She is a cat.”实际上是说 Vicky 是一个狠毒、心怀叵测的女人。由此可以看出，许多理解困难并非由于语言本身，而是由于缺乏对西方文化的认识。因此，在英语听力课上，老师应重视对学生进行某种文化性的教育，以提升其文化水平，这样才能真正提高学生的听力水平。

（二）社交差异层面

英语听力知识的学习主要是为了开展社交活动，对中西社会的不同认识会对交流过程造成不良的影响。中西社会交往的不同表现在不同的层面，尤其是俚语。英语俚语属于汉语领域一大典型歇后语，其背后蕴藏的内涵非常丰富。例如，fill someone 的真正含义是“告诉某人，让他了解一些状况”。因为我们的学生并不熟悉英国社会文化，所以他们很可能会从字面上来解读这个词语，并将它解读为“discovery”，这样势必会对我们的英语学习造成一定的干扰。这就要求教师在英语教学过程中，了解中国和西方的社会文化，并对学生进行适当的教育，以提高学生英语的听说能力。

除此之外，英、汉人之间的思维方式差异、历史背景差异、地理环境差异也会对英语的听力教学产生很大的作用，在特定的课堂教学过程中，教师要尽可能地使学生的文化知识更加全面，同时也要增强他们的文化素质，消除他们的文化障碍。

三、大学英语听力教学中文化意识的培养

（一）文化导入法

1. 通过词汇导入

词汇是语言的基本要素，因此，要理解西方文化，必须从词汇研究入手。将文化知识引入大学英语听力课堂，在英语教学中，不仅可以加强对语言的理解，还可以充实词汇，为今后在英语教学中更好地运用英语知识，可持续开展英语教学奠定坚实的基础。比如，在中国文化里，“狗”这个生物多带有贬义，“狗腿子”“狗拿耗子”等词语都可以说明这一点；而在西方，狗却是很受欢迎的，是大家的好朋友。在进行英语听力课教学时，教师要有意识地提高学生的词汇量、充实他们的语言、丰富他们的文化，这样有利于提高他们的听力水平。

2. 通过习俗导入

交际中必然会涉及习俗文化，如打招呼、称呼、感谢等，理解这种风俗习惯，对于培养听力素质有很大的帮助。在具体的听力教学中，教师可以通过设置情景会话或安排学生进行角色扮演等方式，使学生在英语环境中体会到英汉风俗文化的不同，聆听纯正英语，培养英语听力能力。

3. 通过网络多媒体导入

现代资讯科技的飞速发展，使得网络在许多方面都得到了广泛应用。在信息社会，教师可以通过多媒体、网络技术把文化知识灌输给学生。具体来说，教师可以利用多媒体手段将文化知识展现给学生，并指导他们进行广泛的听力学习。另外，老师还可以鼓励大学生们利用网上的听力材料来进行练习，从而提高他们的英语听说能力。

（二）电影辅助法

英语影片播放为学生创造了一种真实生动的听力教学情境，通过对中西文化的深入理解，加深对中西文化的认识，从而促进跨文化交流。英语影片在大学英语听力课中的应用，可以有效地激发学生的学习主动性，提高他们的英语听力水平和能力。具体来说，可以采取如下措施来开展教学。

1. 观赏影片前

请师生们做好心理准备，以便更好地了解影片的内容。在选择好的影片后，老师要安排与电影主题有关的作业，并在课堂上鼓励学生利用网络收集有关电影的资料，通过这种方式，能够帮助大学生们更好地了解影片的内涵。在观看影片之前，老师要向他们详细地介绍一下电影的有关内容，并向他们提问可以扩展他们思路的问题，比如在电影中有什么成语、主人公的喜好是什么等，这样就可以让他们在疑惑的同时对电影产生浓厚的兴趣。在做好了充分的准备工作后，通过对电影的理解，可以使学生在看电影时掌握英语知识，更好地解决实际问题。

2. 观赏影片中

在英语教学中，老师可以选取一些经典的片段，并利用这些片段来引导学生进行精听。听力训练需要学生们能准确地听到文章中的每一个单词、短语、句子，并能清晰地理解文章的内容。在听力教学中，教师能更好地指导学生对视频内容深入理解。在精听的同时，老师也可以用广泛性的方式让学生理解电影中的情节。另外，在播放电影时，老师会根据英语水平及电影中的相关内容，适当地暂停，并让学生们留意到电影中的重要对白。通过对一些俗语、委婉语和禁忌语的讲解，并对中西文化的差异进行分析，使学生能更好地把握语言的精髓，深化对跨文化的认识。

3. 观赏影片后

在电影结尾时，老师可以有目标地进行知识拓展，比如挑选出电影中的经典场景，组织大学生们进行角色表演，强化学生的听力，训练他们的语言表达能力，提高他们的发音和语感，建立学生的自信心和团队合作意识。此外，老师还可以鼓励学生们讨论电影的主题和含义，并指导他们写影评。

总体来说，英语电影语言丰富、情节生动，深受学生的喜爱，把它应用到大学英语的听力教学中，可以为学生创造一个良好的学习环境，提高他们的听力水平。但是，在进行大学英语听力课教学时，应注重选题，选用语音纯正、用词规范、内容健康的经典影片，使学生掌握英语的原汁原味，从而提高听力水平。

第二节　大学英语口语教学的策略与路径

因为中西两种文化之间存在着巨大的差别，因此，我们必须具备较强的语言表达能力以及对西方文化的深入了解。因此，为了提高大学生的语言表达水平，使得他们更好地适应社会发展的需要，高校英语语言教育者必须从“文化自信”的角度来进行教学。在文化自信视域下，大学英语口语教学者应探寻适合学生的教学策略与路径。

一、大学英语口语教学简述

（一）口语的内涵

对于那些学英语的人来说，如果他们要用英语来表达自己的想法，那么他们必须有一定的英语基本常识，比如英语的节奏感、语音、语调等，所以要想把这些东西练好，并不容易。一个人要学会一种语言，不仅要学会其语音，更重要的是要学会其所蕴含的社会习俗、文化背景、交际方式、社会礼仪等。我们可以看到，语言交流是一种貌似简单，实则十分复杂的过程，它是以上各方面因素的综合反映。英语是一门随着时间的推移而变化的语言，其学习理念也随之变化。在过去，英语的教育思想是培养学生的语言技能，使他们学会基础的语音、词汇、语法、句法，以为当他们学会了这些后，就会自动地把他们所学的东西拿来进行交流。然而，现实往往和人们的理想相去甚远，在这种理念的引导下，教育成效的缺失愈来愈明显。20 世纪 70 至 80 年代，外国出现很多移民，不仅在美国和新西兰，加拿大等国也是这样，受此影响，无论是语言学界的学者，还是教学第一线的老师，都对这种传统的教学方式提出了不同的看法，并在教学观念上有所改变。他们相信，仅仅是掌握了一种语言的发音、词汇和语法知识，是不可能学习英语的，更不要说讲一口流利的英语了，也不必说用所学的语言去交际和生活了。后来，许多学者和老师都把英语作为交流技能的一部分来看待。

有些学者认为，交际能力是指学生和别人通过语言作为媒介进行的信息交互作用，从而产生意义的能力，这与做语法和词汇知识选择的问题有很大的不同。但是，英语学习者要获得较高的交际水平，就要求我们对它所在的社会、文化背景有一个较为深刻的了解。社会语言能力通常是说，在各种情况与背景中，使用语言的人，其所涉及的层次素质。第一层次是语域，即正式语言或非正式语言的使用。第二层次是用词是否恰当。第三层次是语体变换与礼貌策略等。

（二）大学英语口语教学的现状

口语能力是英语领域的一种主要能力，它是一种实用性很强的能力。对当代大学生而言，英语口头表达是提高其交流水平的一个主要手段。但是，当前我国大学英语口语教育现状并不理想，其中存在着“口吃”等诸多问题。在此基础上，结合英语口语课的特点和要求，探讨解决问题的方法和途径，以期改善当前的外语课堂教学现状，帮助解决学生在学习过程中遇到的问题十分重要，可以有效提高学生的口语表达水平。目前，我国高校英语口语课教学中存在着诸多问题。

1. 教学模式缺乏创新

与其他英语技能教学相比，口语教学更具有实践意义，所以，要实现这一目标，就必须合理采用交际法。这就要求教师在教学目标上进行创新，以提高学生英语口语的实际应用能力。然而，从当前大学英语口语课的教学现状来看，教师仍采取了“先讲，后练，再用”的传统教学方式。这是一种很好的教学方法，但同时也限制了学生的学习热情。在这样的教学方式下，学生只能被动地接受、机械地训练，而不能独立思考、自主学习。如今的学生们已经习惯了新的东西，他们已经不能适应这种单调而又没有创意的教学方式了，这样的教学方式不但会影响他们的语言能力培养，还会让他们失去学习的积极性。

2. 课堂缺乏互动

在大学英语课堂上，教师和学生之间的交流和沟通是关键，也是教师和学生互动的关键。然而，在目前的英语教学中，教师仍然是课堂教学的核心，教师是主导者，课堂教学缺少交互和协作，学生们没有说话的机会，也没有主动说话的动力，缺乏自主学习的能力，最后导致了英语口语教学的停滞不前。

3. 教师忽视口语实践训练

目前，英语教学越来越受到老师们的关注，老师们也在不断地探索提高学生口语水平的方法。然而，如今一些英语教师在英语口语方面的培训一直停留在课堂上，忽略了课外口语能力的强化，同时也没有为学生提供相应的口语培训平台。

4. 学生思路不明确

思路模糊是英语口语教学中经常出现的问题。在英语口语训练中，学生会将一定数量的信息储存起来，并将其运用到实践当中。但是，在实际的语言表达中，往往会使学生的思维能力发展受限，特别是在某些新单词出现的情况下，使他们难以准确地判断所要表达的词语和所要表达的内容，无法在短期内找出恰当的句子来表达自己的想法。所以，在学习过程中，思维的模糊也会对学习语言的发展产生一定影响。

5. 学生存在心理障碍

当前，高校英语教学中一些学生出现了心理问题，影响了他们的学习。其主要特点是缺乏自信和焦虑。这一焦虑的出现，势必会影响英语学习者的口语学习效果。

6. 学生口语练习手段单一

当前，对大学生进行英语口头表达能力的培养很重要，教师一般都是在教室里照本宣科地讲英语，或是请外教来练口语，这样做对学生的口语能力培养没有好处。其实，在这个时代，伴随着人类的进步，越来越多的口头应用程序和网络软件应运而生，并且得到了越来越多的应用。目前，国内各大院校均已开设英语自学平台，为大学生进行口语训练提供了良好的环境。在不受传统教学模式影响的情况下，学生可以充分利用这些资源进行英语口语训练。

二、大学英语口语教学中的文化因素

（一）词汇内涵差异的影响

人们在写作和口头表达思想时，都离不开词汇，要正确地传达信息与情绪，就必须要有丰富的词汇量，翻译这些词义时，既要彰显基本的意义，也要有深刻的文化内涵。词汇中蕴藏着深厚的文化意蕴，在大学生口头表达中起着举足轻重的作用。英汉两种语言在语言体系中表现出明显的不同，了解并掌握其所蕴含的不同的内涵，并在实际生活中加以应用，将有助于提高学生的英语语言水平。例如，在交际中当对方说“Paul was in blue mood.”这句话时，如果不理解 blue 的文化含义，将很难顺利进行交际。在这里，blue 并不指其基本含义“蓝色”，与 mood 搭配表示的是“沮丧的，忧郁的”。理解这种文化的含义，沟通就会变得顺畅。这样的例子还有很多，如在汉语文化中，“马（horse）”被人们视为朋友，属于积极进取、奋发图强、吃苦耐劳、勇往直前的正能量代表，如“马到成功”“龙马精神”等都表达了这一象征意义。但在英语文化中，horse 常用来做普通的喻体，和马毫无关系，如 white horse（泡沫翻腾的浪峰），horse of another color（完全不同的另一回事）等。对此，在进行英语口语课教学的过程中，教师不仅要使大学生更多地使用英汉语的词汇，更好地理解其背后的不同之处，而且，用这样的方式，可以让学生对英语学习有一个更深层次的理解，并能够有效地促进英语口头交流。

（二）语用规则差异的影响

言语交流存在着某种规律，这就是语用规律。若不懂得使用英汉语的规律，将会在交流中产生不良的效果。比如，中国人在问候语上常问一句“吃过了吗？”以示关切。这个问句并不单纯代表“吃饭”，它更像是一种打招呼的语言，它的意义和“你好”差不多，相当于英语中的 hello。但是在西方国家，如果听到“Have you eaten yet ？”时，会被理解为对方想请他吃饭，然后会做出回应：“Thank you，it is very kind of you.”针对这种情况，笔者认为，在英语的口头教育过程中，要使学习者了解英汉语之间的语用规律，以及英汉语用规律之间的区别，避免学习者产生误会，从而对语言交流产生不利的作用。

（三）地理环境和气候条件差异的影响

由于地域上的差异，不同地方的气候条件会对不同的文化发展产生不同的影响，并在语言上体现出来。举例来说，英国是一个四面八方都被大海包围的岛屿国家，它处在一个四季如春的温带海风地带。因为地形和气候的原因，英国经常会出现雨水，所以大家都会随身携带一把雨伞。因此，在日常的生活中，我们最好不要和英国人讲有关气候的笑话，以免造成交流上的失误和矛盾。

（四）思维模式差异的影响

英汉语国家之间人们的思维方式有很大不同，这种不同必然会给英语口语教学带来冲击。比如，许多学生总是会犯“中式英语”的错误，是因为他们受到了母语的影响，所以，这种表达方式与英语的语法格格不入，会阻碍学生的沟通。另外，思维方式的不同也会对语言交流的流畅程度有一定的影响。许多大学生已经养成了用汉语思考的习惯，当他们使用英语进行表达时，往往会出现英语中的停顿、迟疑等问题，影响沟通效果。

三、大学英语口语教学中文化意识的培养

（一）文化对比法

英汉两种语言之间的文化差异是造成口头交流效果好坏的主要原因，因此，英语口头教学中，老师要把中国传统与当代的文化元素相融合，使之融入语言教学中，以体现中西文化的不同。从餐饮的角度来看，西方人在招待客人时，会更多地顾及客人的口味和爱好，所以菜肴往往是比较经济的。中国人在招待客人时，往往会多做几个菜，以显示他们的殷勤和好客。通过对不同语言间的比较和分析，可以增强汉语语言的适应性，同时也可以降低其

消极作用，从而促进其跨文化交流。

（二）创境教学法

英语教学的目标是实践、交流，大学生要想提高口语水平，就必须在现实生活中敢于开口说英语。因此，英语口语教学者应采取情景化的方法，即创造出现实的情景，使学生在现实生活中学会说。在英语教学中，教师可利用“角色扮演”“配音”等方式，营造良好的情景，培养学生良好的英语语言表达能力。

1. 角色表演

教师可以在课堂上安排学生进行角色扮演，并把主动性留给学生，让学生自己分工、排练，最后再进行表演。这样不但能缓解枯燥乏味的课堂氛围，而且能使学生在现实生活中参与交际，提高语言表达能力。在学生完成表演之后，教师不应轻率地判断学生的好坏，而应向学生提供建议，并对他们进行评论和总结。

2. 配音

配音是一种有效锻炼学生口语能力的方式，通过配音教学，可以有效地促进学生英语口语的学习。具体来说，老师可以选择一段英文影片，让学生们先听一遍，然后再给他们讲解一些重难点单词、语句；让大学生们读第二遍的时候，就把影片的声音调到静音状态，让学生们自己去试着发音。这样既可以提高学生说英语的兴趣，又可以在欣赏电影的过程中锻炼学生的语言表达能力。

（三）交际教学法

交际式教学方法产生于20世纪80年代，旨在提高学生的交际能力，强化学生的语言运用效果，提高学生的交际水平。在英语教学中，最根本的目的是提高学生的交际能力，所以，一切语言知识与技能教学方案，都应该是为了提高学生的交际能力而设计的。互动教学突破了“一言堂”的传统教学模式，实现了以“观众”为主体、以“学生”为主体的互动教学目标。在交际法教学中，教师应发挥自身的长处，充分尊重学生的主体性，合理安排自己的课堂活动，让学生在实际的语言环境中进行多种交流。交际教学方法在英语口语教学中是一种非常有效的方法，它设计语音训练、会话技巧和交际技巧等，但其核心是语言表达。

（四）课外活动教学法

由于英语教学中的学时非常少，单靠上课的时间老师可能完不成自己的教学任务，因此，老师要在教学中主动地引导学生们充分运用各种机会进行口语训练。在课后，学生可以通过课后活动来弥补课堂上的不足，这样一来，就显著改善了英语课堂上的学习效果。比如，老师可以组织同学做英语演讲，开展英语作文比赛，组织英语小话剧，让学生们展现自己，并将表演过程录下来，在多媒体教室中播放，让学生们发表自己的观点，这样就能使学生们的英语口语能力得到很大的提升。此外，如果条件允许，还可以在课外请一位外籍教师给大学生们上一堂课，或者办英语杂志，建立英语广播电台，让学生们在英语学习中获得乐趣。并对英语交流产生浓厚的兴趣。

（五）美剧教学法

在高校校园里，美剧是比较受欢迎的。其实，看美剧不只是为了娱乐，还是为了让学生们学习和运用英语，培养他们的英语表达和交际能力。为了改进英语口语教学，提高大学生的英语口语水平，要着重培养大学生的语言技能。

1. 选择合适的美剧

美剧通常使用纯正的英语，有生动的故事情节，生活题材的美剧是一种很好的教学材料，能有效提高学生对英语的兴趣。美剧种类繁多、主题多样，对提高学生的英语口语水平起到的效果也不尽相同，所以，老师要对美剧进行合理选择，考虑生活化的同时，也要注重权威性，比如发音纯正、地道。另外，老师也要注意，不能一味地追求美剧的故事感，而忽略了美剧中的语言和文化背景，要带着更多的理由和目的去看美剧。

2. 开展层次性的反复训练

在使用美式英语练习口语时，教师要坚持循序渐进、反复训练的方式，逐渐提高大学生的英语听说水平。比如，第一次看电影时，老师要指导学生把注意力集中到故事情节上；在第二次看的时候，老师可以指导学生揣摩语言的表述和语法等；在第三次看的时候，老师可以指导学生发掘并分析角色的语气，还有台词所隐藏的内容。这样分层次进行教学，能够使学习者更好地掌握英语知识、增强记忆力，从而获得更好的教学效果。

3. 关闭字幕，自主理解

许多学生在看美剧时，都有看字幕的习惯，一旦离开了字幕，就不能正常地理解剧情，这实际上是对英语学习的一种负面影响。在看美剧时，教师要培养学生对台词的听力与理解能力，摆脱字幕，同时又不脱离故事的核心，促进大学生良好的英语交际思维能力的培养。

4. 勇于开口模仿

如果要真正地用一部美剧来提升口头交流能力，那么就需要学生在听懂台词、了解剧情的前提下张嘴说出来，也就是要学生对片中角色的台词展开模拟。通过反复地说，可以使大学生的英语语感得到发展，积累更多的知识，获得良好的口语交流效果。总的来说，美国英语口语教学中使用美剧教学法，能使英语听说读写的水平得到很好的提升。

第三节 大学英语阅读教学的策略与路径

在英语教学中，阅读是一个必不可少的技巧，也是衡量英语能力的一个重要标准。通过阅读，学生可以获取大量的知识，并能获得丰富的经验，从而体会到语言所带来的独特的文化魅力。然而，阅读并非单纯地接受信息，而是一种既受语言能力制约，又具有较强的交流和思考能力的综合过程。同时，也会被文化因素左右。所以，在阅读教学中，应注重文化知识的传授，并把跨文化的知识与英语的阅读活动相结合。这样，学生的阅读理解和运用能力就会得到提高。下面就对文化自信视域下大学英语阅读教学的策略与路径展开分析。

一、大学英语阅读教学简述

（一）阅读的内涵

1. 阅读活动

阅读是一种很重要的社交和学习活动，它是伴随着文本的出现而出现的。由于文字的存在，人类可以把语音信息转化为可视化信息，并加以存储。当今世界，阅读活动不仅是学习者的学习过程，还涉及整个社会生活的方方面面。阅读活动的性质可从以下四个方面理解。

（1）阅读是以书面材料为中介的特殊的交际过程。阅读是一种社会现象，也是一种交流手段，“作者—文本—读者”三极是组成该交际过程的三大元素。在此过程中，阅读的人不但可以从文本中发现和理解作者所要表达的世界观，还可以在与作者进行情感、理性的对话和沟通中达到分析文本的目的，从而研究文本的含义，并建立或重建自身的学习系统。

（2）阅读是一种认识活动，是一种通过文字来了解和理解事物的过程。通过阅读，通过将外在的言语讯息转换为内在的言语讯息，将文字所包含的意念化为自身的意念，可以使得大学生自身的认知结构得以不断完善。

（3）在生活中，读书是一种交际活动。阅读是主体对文本的感知和理解，是对文本的建构和创造。

（4）阅读是一个十分繁复的思维发展过程。在阅读的时候，首先要利用图像来感受文字符号，之后，通过分析、综合、概括、判断、推理等思维方式来处理所感受到的物质，将经过理解、鉴别和重构得来的内容与原来的认识框架相结合，而这样的思维方式，必须贯穿于阅读的全过程，需要通过心理活动和特殊的知识技巧来进行。

2. 阅读理解

在外语教学中，阅读是一项很重要的工作，因此很多国家都对此给予了高度关注。例如，美国曾经发布过“阅读动员报告”，而英国曾经组织开展了“阅读是基础”的相关运动，且这两个国家都致力于民众阅读能力和素质的培养。中国的英语教学也十分重视学生阅读技能的训练。学界对“阅读”的定义有不同的看法。外国学者纳托尔（Christine Nuttall，2002）针对阅读做出了自己的理解，可以归纳为三组词。

（1）解码、破译、识别。

（2）发声、说话、读。

（3）理解、反应、意义。

“解码，破译，识别”这些词汇集中在第一个阶段，也是学生能否迅速识别词汇的重要一步。“发声，说话，读”是对“朗读”这些基础文字的技巧解释，是一种初步的阅读。朗读是把文字语音化，通过多种感觉的协同作用，使读者更好地理解文章的内容，从而促进语感的形成。一般来说，当等级提高时，我们读书的需要也将由有声变为无声。“理解、反应、意义”强调在阅读中理解和交际的重要性。在这种情况下，人们将从所读材料中获得知识，并通过一定的方法，运用自己的知识和技巧去理解所读的东西。Aebersold（2003）认为，真实的阅读过程是一种多种文本交互作用的发挥过程。王笃勤（2003）指出，阅读是一个复杂的认识过程，它是一个通过对语篇内容进行抽象，再将其与脑中现有的知识相整合，进而形成语义结构的过程。从以上的定义中我们可以看到，许多学者都认为阅读是一种多种文本交互的过程。简言之，阅读是指读者在利用已有的语言和背景知识的情况下，主动地利用所学到的语言知识来进行知识加工，并在此基础上获得信息。

3. 阅读模式

笔者从学生对阅读的理解出发，将学生的阅读方法分为四种。

（1）自下而上模式

自下而上模式是指在实际的阅读过程中，阅读者按照从下到上、从底层到高层的顺序完成解码任务。这个解码过程是严格遵循从分析词，到句，再到篇章进行的原则。在该模式的影响下，高校大学生阅读教师开始关注对于大学生的词汇和语句等方面知识的讲授和教学，在教学过程中，若忽略了对全文的掌握，那么这将对学生的阅读教学不利。

（2）自上而下模式

自上而下模式，即阅读不再从底层出发，而是是在较高层的上下文中，对文本的整体含义做出推测。在阅读时，应该从自身的已有知识出发，对文本材料加以预测与修正，实现读者与作者的双向交流。在阅读时，读者可以利用自己现有的知识，根据文章的内容，推理出作者的意图。由于这种模式的影响，阅读教学注重对学生推理能力的培养，提倡阅读的速度和效率，致力于提高阅读的质量。然而，这种模式过分强调了学生已经掌握的知识，忽略了在课堂上进行语言知识积累与掌握，从而导致了阅读困难。

（3）图式驱动模式

在图式驱动模式下，人们指出阅读过程其实是心理猜测过程，每个环节都是结合猜测进行的。与文本驱动模式的区别是，图式驱动模式的学习模型把学生的学习活动看成是由文本和读者两个主体构成的。在文本的阅读中，人们通过对所学的话题知识、语篇知识以及文化知识等进行分析，来对所读内容进行推测。

（4）交互阅读模式

交互阅读模式，这个模式把阅读看成一个互动的过程，它是双向的。它既有文本和读者之间的互动，又有语篇和图式两种形式的互动。这种教学方法不仅强调了基本的外语教学，而且强调了外语教学中的背景信息分析。班子和还指出，译者必须在译文技巧和图示技巧之间进行互动，方可实现语篇的完整阅读。这种模式要求在阅读教学中，不仅要注重对学生基本语言知识的灌输，还要对学生头脑中已经存在的图式进行启发，这样才能更好地促进学生对新知识的理解，并使其更有效地运用新知识。

（二）大学英语阅读教学的现状

1. 阅读教学模式落后

在某些英语阅读课教学中，英语教学仍然存在着传统的阴影。尽管许多教育界的专家们都在大力提倡英语教学，但要使其付诸实践，却是一件非常困难的事情。我们习惯了在英语阅读教学的课堂上，教师饶有兴趣地讲课，学生们津津有味地听，老师一句一句地解释新词汇、新句型、新语法等，又或者对新题目进行解析，这让英语课堂更多的是一种语法教学。这样的课堂最主要的问题在于，随着时间的推移，学生们会形成一种消极的、缺乏思考和实践的、缺乏与人之间的互动，这不但会降低他们的阅读兴趣，还会影响到他们的英语阅读水平。

2. 课外阅读学习缺乏监督

大学课上的时间是有限的，所以大部分的阅读都是在课后进行。尽管老师给大学生安排了家庭作业，但大学生已经养成了一种对老师的依赖性，老师不抽出时间来查看他们的功课，他们就不会把功课看得很重。学生的阅读量本来就很少，再加上不重视课外阅读，缺乏教师监督，所以大学生很难提高自己的阅读水平。

3. 学生英语阅读的动力不足

从高中到大学，学生脱离了父母、老师的严密监控，在很大程度上依赖于自主学习。如果没有很好地自主学习，那么学生将把大量的时间浪费在学习上。此外，许多学生在上了大学后，突然放松，以测验为唯一目的英语学习，使学生对英语的阅读兴趣大大降低。如果阅读的内容太长或太难，那么学生就更没有动力去完成。

4. 学生的词汇量和阅读量少

每一篇章中都包含着多元化的词汇。很明显，如果没有足够的词汇储备，英语阅读是不可能进行的。要提高英语的阅读水平，词汇是基础，且要有充足的阅读量。如果词汇量很少，那么扎实的阅读技能就会变得毫无意义。相对于中学，大学英语学生阅读所要求的词汇数量大大增加，同时，大量的近义词和反义词出现，词汇意义上的差异模糊难以识别，这将给学生的学习带来更大的困难。同时也会影响他们的目标实现。英语综合能力的培养，要求学生具备一定的词汇量。

二、大学英语阅读教学中的文化因素

（一）思维模式层面

不同民族的思维模式也不尽相同，这种思维模式在汉语、英语两种语言的语篇中均存在着显著区别。英语文本是推论式文本，其特点是直截了当，往往会在文本开始时表达作者的观点，也就是论点，接着再呈现论据。汉语文章是一种归纳式的文章，一般都是先摆事实，再讲道理，然后再下结论，再加上文章的主旨比较隐晦，所以要让学生们在读文章的过程中去感受。这就造成了英语教学中的“精读”现象，以及运用“快速阅读”等教学手段，影响了教学质量。针对这一现状，笔者认为，在英语阅读中，教师要使学生认识到英汉两种语言的不同，并认识到这些不同的语言特点是如何影响文本的，从而提高学生的英语思维水平，并培养他们的英语思维创新能力。

（二）历史文化层面

在漫长的演变和发展过程中，各个国家和各民族都创造出了自己独特的、丰富的、富有特色的、有着深刻文化底蕴的历史文化文本。在英语文本中，因缺乏对其所处时代背景的了解而导致出现语言障碍是一个普遍存在的现象。例如，meet one’s Waterloo 这一成语来自著名历史事件滑铁卢战役。Waterloo（滑铁卢）是比利时中部的城镇，1815 年拿破仑在这个地方大败，从此一蹶不振。Waterloo 这个小镇也因此次著名战役而出名。从字面意思上来看，meet one’s Waterloo 是“遭遇滑铁卢战役之类的事”，可以进一步引申为“惨败”。因此，在大学英语阅读中，要做到这一点，就必须在一定程度上丰富和扩大学生的知识范围，从而为他们阅读能力的提升奠定良好的基础。

（三）社会文化层面

社会文化是人民大众所创造出来的一种文化现象，它以其特有的特点影响着一定的社会团体。同时，英语的阅读也受到了不同的社会文化因素的影响。例如，bread and butter 这一短语，bread 的意思是“面包”，butter 的意思是“黄油”，在西方人看来，面包、奶油是一种非常普通的食品，也是一种必不可少的食品，因此 bread and butter 在英语中就常用来引申为“生计，主要收入来源”。如果学生不是太了解这一文化背景知识，那么在阅读过程中的正确理解也会受到一定的影响。

三、大学英语阅读教学中文化意识的培养

（一）“阅读圈”教学法

“阅读圈”是一种以学生为主体，以自主阅读、讨论和交流为目的的阅读活动范畴。通常情况下，在大学英语中，人们都是以“小团体”的形式来进

行阅读的，每个学生都会主动担起自己的责任，并对自己的学习情况进行思考。在阅读体裁上，可以根据自己喜好进行有针对性的阅读。在读完之后，每个人都会互相讨论相关内容，进一步学习。阅读圈教学法旨在激发学生的阅读意识与思维，其教学效果与小组成员前期是否做好了充分的准备有关。在阅读教学中运用“阅读圈”教学法，可以有效地提高学生的阅读兴趣，提高英语教学质量。“阅读圈”教学法是英语阅读教学方法体系中的一项重要内容。

1. 设计任务

教师将某一种文化议题作为其教育的主要内容，确定其教育目的，选择在课上和课后都要进行阅读的资料，并提出一些要进行探讨和分析的问题，并对其进行计划和安排。

2. 布置任务

本环节，老师将学生们分成 6~7 个小组，形成一个“阅读圈”。然后，老师给大学生们介绍“阅读圈”的概念、要求和规则，并告诉学生们要注意的问题和主要的内容。另外，老师也可以让学生在他们所处的领域中扮演一些角色。

3. 准备任务

布置任务完成后，老师会引导学生自主思考，并让他们把自己的想法和讨论的问题用书面形式表达出来。同时，在阅读圈子中，各个成员所扮演的角色也不尽相同，因此，教师要鼓励他们去做自己的工作，并能在不同的文化中自由地表达自己的观点。

4. 完成任务

在自己的努力以及教师的引导下，大学生们可以将有关的工作全部完成，每一个团队都可以结合自己的责任进行发言，对所阅读的东西展开信息加工、思维拓展，最后对小组汇报的内容进行确认，将 PPT 制作出来，并在课堂上将其核心成果展现出来。在这个环节中，以报告为主，学生进行自由交流和沟通，对于激发学生的多种思考，加深对其对相关知识的理解具有重要的指导意义。老师是课堂教学的组织者，也是课堂教学的引路人，老师要对课堂教学的全流程进行控制，并在课堂教学中对存在的一些问题，如争论不断、跑题等及时地加以处理。

5. 评价任务

学生们在完成了自己的成绩汇报后，就可以进行考核了。评价的形式有：自我评估、同学互评、师生合评。在互相评价时，可以通过阅读圈子里的阅读成绩和成员讨论的成绩来评分。在互评结束后，老师会对每一个阅读圈子和自己的学习成绩进行一个总结。教师在评价中要注意尊重学生对文化的不同看法，重视学生思维的深度和广度，并表扬积极参加讨论的同学。通过这种方式，激发学生们的学习积极性。

（二）阅读文化图式法

图式理论对阅读的实质进行了全面展现，也就是对阅读的实质进行了突出。它是一种在阅读资料中，读者大脑中所理解的有关主题知识与阅读资料中所输入的信息之间的相互作用与交互的过程。笔者通过对英语教学现状的分析，对英语教学提出了一些新的要求。笔者从阅读前、阅读中、阅读后三个方面对阅读策略进行了详尽的剖析。预阅读是输入的过程。在此环节，教师要充分地发挥出先读后写的预期作用。通过让学生参与讨论、预测或者头脑风暴等活动，激发他们头脑中的图式。在这个时期，用“自顶向下”的方式，把学生脑海中的已验信息与课文联系起来，就可以激发并建立起学生的图式，为以后的学习做好准备。阅读过程中的这个时期就是对不同民族文化进行浸润分析的时期。在此过程中，教师要充分利用图式的作用，让学生们按照“从上到下”的方式去探索全文。在此基础上，运用“自顶向下”的方式，建立起“自顶向下”的阅读教学策略，形成了“自顶向下”的阅读教学体系。在阅读过程中，教师可以采用略读、精读等多种阅读方法。阅读后的时期是“文化扩展时期”。在此时期，教师应充分利用图谱的结构和记忆，用多种形式的教学方法，如辩论、角色扮演、小组讨论等来加强学生新知识的学习。图式理论研究者认为，一个人大脑中存储的图式愈多，他的预测结果就愈准确。

1. 读前文化导入——激活图式

（1）头脑风暴法

在英语教学中，我们经常采用“头脑风暴”的方法来展开教学。这样，学生们就可以建立起许多文化联系，并在大脑中激发出新的思维图式。因此，在进行文化导入时，应充分考虑到主题的需求，为学生进行适当的脑力激荡，使其更好地融入课堂。

（2）预测与讨论

在阅读前应用图式理论，英语教师应充分发挥大学生的发展性思考作用。学生们一边读，一边思考，激发自己的思维能力发展。

（3）运用多媒体资料

在文化导入阶段，课堂上，教师要充分利用各种形式的多媒体素材，可以使学生更直接地体会到英语的知识学习，认识到中西方文化的不同，激发学生的图式，使他们通过自己的图式分析来扩展下一阶段的内容学习。

2. 读中文化渗透——深化图式

在阅读中，老师可以对学生进行文化知识的渗透，并对文化进行补充，使学生能够更好地阅读。在英语阅读的过程中，老师可以运用扫读、略读等方法来帮助学生建立起一个比较有弹性的图式环境，同时还可以促使学生激活大脑中与之有关的图式，这样就可以更好地对文章进行理解。在精读环节，老师应指导同学挖掘文章中所蕴含的相关文化内涵，消除阅读中遇到的困难。首先，可以通过略读和扫读，对全文进行大致理解，使学生能够掌握全文的整体信息和思想，有助于学生建立相应的知识结构。其次，可以通过细读，让学生们从语境中了解每个词的意思，特别是一些有文化意义的词语，从而丰富学生的内容图式。

3. 读后文化拓展——巩固图式

在读后阶段，教师要最大限度地利用好学生大脑的记忆能力。总的来说，阅读后文化扩展的方式有以下几种。第一个就是展开争论。在此基础上，通过对文章中所涉及的问题的分析，使文章中所涉及的问题得到进一步解决。通过对课文内容的分析，加深对课文内容和文化的理解。第二个是角色扮演。在阅读过程中，学生可以获取有关文化的信息，并从中获得丰富的文化知识。在此基础上，教师可以让学生根据自己的角色，有目的地再读一遍课文，在老师的指导下修改课文，或在课文中进行情境仿真，从而提高了学生英语学习的积极性和主动性。同时也可以在实际的上下文中入手，增强他们的英语写作能力。第三种是总结性写作。运用这种方法，可以帮助学生更好地理解课文，使他们从短期记忆过渡到长期记忆。第四种是课外阅读。教师应在课堂上加强教学，并在课堂上引导学生开展课外阅读活动。在课堂之外进行广泛的阅读，不但能够提高学生的自信心，还可以使他们的知识图式更加丰富。

第四节　大学英语写作教学的策略与路径

在英语教学过程中，英语写作是一项十分关键的事项。在英语写作教学中，学生可以不断提高自己的写作和思考能力，进而激发自己的写作学习动力。但同时，英语写作中又有一些文化和语言的差异。这就要求学生在英语写作教学中融入文化。本节就来分析文化自信视域下大学英语写作教学的策略与路径。

一、大学英语写作教学简述

（一）写作的内涵

在我们的学习生活中，写作是很常见的事情。对于“写作”，学界众说纷纭。瑞密斯（Raimes，1983）认为，写作具有两种主要的作用：一种是为学习语言而写，并在此过程中加强对语言的理解；第二种是为了完成写作任务而写作，王俊菊（2006）指出，写作这个过程是比较复杂和枯燥的，是处理信息的一种行为。尽管对写作的理解各不相同，但对写作本质的理解却有相似之处，那就是写作是一种表达自己观点和信息的方法，这需要作家掌握多种技巧，并能有效地传递信息。

（二）大学英语写作教学的现状

1. 写作课程设置缺乏合理性

在很长一段时间里，英语写作在大学英语教学中的位置一直未受到足够的关注，英语写作课程的合理定位也没有得到充分的体现。例如，许多大学都没有开设英语写作专业，这就造成了英语写作教学时间过长，不能有效地进行教育。又比如，英语老师在讲解综合英语相关知识时，经常会先讲解词汇和课文，再安排听力和阅读，最后才会要求学生完成家庭作业。教师一节课的时间根本不够去教英语写作。这就使英语写作成为一种“可有可无”的概念，严重影响了英语写作的学习效果。

2. 写作教学目标缺乏系统性

英语写作能力的提高不是一蹴而就的，而是一个逐步提高的过程，所以英语写作的目标应具有阶段性和渐进性。然而，就当前英语写作的目标而言，整体和阶段性的目标有很大的脱节，这严重地影响了学生的英语写作水平提升。

3. 学生的语言质量不过关

很多学生在使用英语进行写作的时候，常常会出现英语知识使用不当的情况。导致英语中出现许多语法上的错误，而且很多单词都拼写错了。在英语写作中，英语和汉语有很大的区别，英语单词在词类、用法、意义和搭配上都有其独特的特点，因此，若运用汉语的思维方式开展写作活动，必然会产生不同程度的错误。

4. 学生的中式英语现象严重

中国学生由于长期生活在汉语的语言环境中，深受中国传统文化的熏陶，因而形成了汉语的思维模式。然而，由于汉语与英语的思维方式存在着较大的差异，因此，汉语的思维方式给英语教学带来了一些消极影响，“中式英语”现象就是这种消极影响的集中体现之一。许多学生用汉语的语法写英语短语，其所写的句型常常不能正确表达意思，表现出中国式的思考习惯，这种现象造成的影响更为严重。

二、大学英语写作教学中的文化因素

（一）词汇层面

由于词汇和文化之间存在着紧密的联系，因此，它是一种具有极强弹性和生命力的语言，同时也承载着大量的文化负载。要想对英语词语有一个准确的理解，就必须了解这些词语所蕴含的文化内涵。英汉语分属于两个不同的语言系统，因此，词语的意义并不一定具有完美的一致性。有的学生认为，在掌握了一些词汇量后，通过自己的生活经验积累，就能了解到不同的文化。英汉语之间自然也有“耦合”，但这种耦合程度较低，仅凭个人的经历和文化背景，很难理解英语的某些习惯用法。

（二）句子结构与段落篇章层面

此外，语言中的文化要素也会对段落语篇的构成产生一定的影响。从句型上看，英语思维就是先讲要紧的，再讲不重要的。特别是在表达复杂的观点时，英语的特点是直截了当，以开始为中心，多种方式进行叙述。西方学者认为，语篇中连接语的用法与语篇结构密切相关。而在汉语中，连接词非常稀少，而句间的逻辑关系则是由其内容反映出来的。在篇章安排方面，中西思想呈现出螺旋和直线之分。英语的“直线”式思考方式，往往是以开头的一句话为中心，然后每个段落中的一句话都是围绕着中心思想展开的。其后各段的具体内容与全段开头的句子相呼应。而汉语则倾向于采取螺旋思维，先渲染，到最后再点明观点。

三、大学英语写作教学中文化意识的培养

（一）文化知识积累法

在文化自信视域下，高校英语写作要重视对学生文化素养的培养，避免汉语消极迁移对英语写作的负面影响，这一现象的产生与汉语中的“负迁移”现象有关。在日常的写作中，如果学生们在学习中遇到了难懂的题目，他们往往会用汉语思维来组织句子，从而造成语言上的错位现象。所以，在英语写作教学中，除了加强学生的词汇和语法等方面的知识教育外，还应加强对学生的学习素质培养。培养学生的文化素养，以防止学生产生消极的迁移。同时，要鼓励学生多读书，充分发掘英语民族的文化底蕴，丰富自己的语言知识体系。

（二）语块教学法

由于受到“负迁移”的影响，学生在整理论文时往往会使用汉语思维，从而导致句子单一、语言不通等多种错误。因此，在“文化自信”的视野中，在英语作文教学课堂上，教师可以采用“语块”的教学方式。词汇拼写教学理论研究者认为，英语母语学习者的语言能力发展是由于其大脑中存在一定数量的词汇拼写，并非只有一个单词完成了不同情景下的词汇拼写。学生一边说、一边写，不需要经过组织处理就能调用单词。这样，语言的输出就会更快，也会更好。在英语作文课上，要加强对学生词块运用能力的训练，让学生在脑海中建立起一个整体的、系统的、全面的、有组织的、有计划的、有目的的、有步骤的、有规律的、有针对性的、有系统的、有层次的、有意义的语言知识系统，并用语块组织作文练习。只有这样，才能达到整体良好的效果。

第五节　大学英语翻译教学的策略与路径

在大学英语翻译教学的过程中，翻译的内容不仅是一种语言，更是一种文化。因此，翻译作为一种以跨文化交际为基础的跨文化交际，其与文化的联系就更不用说了。因此，在英语教学中，培养学生的文化自信，提高学生的英语阅读能力，使其成为英语专业人士。本节就对文化自信视域下大学英语翻译教学的策略与路径展开分析。

一、大学英语翻译教学简述

（一）翻译的内涵

在所有的译学中，“译学”观念都是最基本和最根本的。许多译学学派对“翻译”都持有自己的看法。两千多年来，人类一直从事着各种不同的翻译行为，而对其认识和理解也在不断地变化着。

1. 翻译的维度

从语言维度到“语言—文化”维度，人们基于一般意义而进行的翻译含义分析比较常见，但是得出的结论不一样。对于通论式翻译概念来说，往往是人们基于语言学视角研究得出的，且语言研究体系也在持续创新和完善当中。俄罗斯学者费奥多罗夫（Fyodorov）站在传统语言学研究的角度上，认为翻译是人们采取某一语言文化措施，在模式和内容相融合的统一体中传输的内容，进而基于语句传述出来的过程。英国学者卡特福德（J.C.Catford）站在普通语言学理论研究的视角上，指出翻译其实是“将源语文本材料替换成等值的译语文本材料的过程”。英国学者纽马克（P.Newmark）指出，翻译其实是一种语言/语言单位有效转换成另一种语言的全过程。这里所说的语言/语言单位，是整个文本或者文本的部分内容。美国学者奈达与泰伯（E.A.Nida&.C.R.Taber）认为：“翻译是用目的语创造一个与源语最接近的等值物，意义为首，风格为次。”人们如果基于宏观角度分析英汉翻译这一过程的话，借用通论式翻译概念是非常必要和有效的。然而，单纯从语言学的观点来看，还不能充分体现“翻译”这个词的内涵，因此，“翻译”这个词必须包含“文化”相关内容。许钧指出：“从语言学角度对翻译进行界定是将翻译活动限于语言转换层面，这样会容易遮盖翻译所囊括的广义内涵，容易忽视语际翻译的全过程及翻译中所承载的文化。”科米萨罗夫（Komissarov）就指出：“翻译过程不是仅仅将一种语言替换成另外一种语言，其是不同个性、文化、思维等的碰撞。”同时，科米萨罗夫还特别关注翻译学中的社会学和文化学问题。即使是这样，他们所给出的定义也没有把“文化”这个层面弄清楚。俄罗斯的什维策尔提出，在英汉两种语言、文化和发展情景下，要反映出不同之处。他认为，翻译的定义界定如下。

（1）翻译是单向性的，由两个环节融合而成的跨文化语言交际过程。在这个过程中，我们必须针对源语文本做出深入研究和目的性研究，进行译语文本研究和创作，以源语文本实现替代。

（2）翻译是针对源语文本跨文化交际效果做出传达的一大过程，其主要目标会随情境改变而发生变化。外国学者什维策尔也针对翻译这一概念的定义做出了分析，表明其包括很多文化因素，且强调其是跨文化交际必不可少的过程，指出译本语境其实就是另外一大语言文化环境。我国学者许钧指出，翻译往往具备五个特点，第一是符号转换性，第二是较强的社会性，第三是创造性，第四是文化性和文艺性，第五是历史性。与此同时，我们根据这些特征，可以指出翻译使之“将符号转换当成主要措施，以价值和意义创新和再生当作核心任务而开展的跨文化交际活动”。总之，如今的英汉翻译已经从最初的语言维度翻译转变为“语言—文化”维度翻译。

2. 翻译的传播形式

通过单向跨文化传播，我们往往可以确定翻译的定义，且能够凸显翻译的文化性，这也属于一大发展。但是，我们在凸显这种文化性的时候，也有一些研究者采用“跨文化沟通”或“跨文化交际”的做法。翻译是一项跨文化交流的行为，但是，这些观点大都是从一个历史的视角，对各个国家和地区在翻译过程中所产生的影响所做的一个定性分析。在普罗瑟看来，不同的文化之间的交往更多的是相互影响，而不同的是，不同的文化之间交往，更多的是一种单向的交往过程。因为特定的翻译行为通常表现为一种单向性的处理方式，这就注定了其必然是一种交际行为。因此，如果给翻译一个准确的定义，我们可以把它定义为“一种不同文化之间的交流”。译者的语言特点主要表现在两种语言间的相互转化上，而译者的文化素质主要表现在文化的“移植”上。源语和译语的文化之间存在着非对称性，因此，相同的文化要素在“引进”和“移出”中必然会面临不同的翻译策略应用。由此，我们可以看出，不管是从语言层面上，还是从文化层面上，翻译都具有单向性的特点。

3. 翻译的任务：源语文本的再现

我们针对翻译定义进行研究的时候，往往离不开“意义”一词，其不仅涉及翻译客体，即翻译代指的内容，还比费奥多罗夫“所表达出的内容”更有术语性，根据其分析翻译的定义是研究领域的一大发展。然而，我们必须指出，用“意义”来定义译文有时会造成一些误解，这是由于人们在理解意义的过程中常常受结构主义的影响，以为一种语言应该具有一种固定的、明确的意义。但实际上，这种语言的意义非常复杂。著名语言学家利奇（L.N.Leech）指出意义具有七大类型，同时指出“我不希望给人留下这样的印象，即这些就是所有意义的类型，能够将所传递的一切意义都表达出来”。利奇还使用 sense 来表达狭义层面的意义，而对于包含七大意义在内的广义层面的意义，利奇将这些意义称为“交际价值”，其对于人们认知翻译十分重要。也就是说，在源语中，在这个广泛的层次上，每一个含义都反映着一种价值观，而把它们组合在一起，就形成了“整体价值观”。很多学者指出，没有考虑到原作的具体情况，是不可能翻译出完整作品的。我国学者王宏印针对翻译这一概念做出了界定，认为翻译的主要客体其实是文本，文本是可以展现语言活动的一大作品，其稳定性和独立性很强，是一大客观实体。那么，原文怎样才能变成译文呢？笔者提出，可以用“再现”这个概念来说明这一现象。在审美意义上，“复制”是一种超越性的表现形式。在“仿拟论”里，画家的身份根本就不配提出，他们只是现实背后的一种奴隶，其作用就像一面镜子，只是一种对现实的消极记载，而自身一无所获。也就是说，在“仿拟论”中，艺术品、艺术表现都没有什么价值，最后评判艺术品的标准，就是要看它和真正的作品有没有相似之处。事实上，模拟并没有真正地反映出艺术创造的本质，很多人认为，模拟的过程是消极的，但事实上，在这个被动的环境中，也存在着大量的创造，其中包含了画家的亲身体验与私人创造。即使是没有艺术价值的资讯语篇，其翻译也非完全照搬照抄，而属于译者自己的创作过程；至于艺术作品中的“仿拟论”，就更显得荒谬了。最后，模拟肯定会被复制取代。使用“再现”这个词来解释“翻译”这个概念，既能显露出译文的创新，又能显露出译文的无关性。这是由于，在翻译中，翻译可以代替原文，从而达到翻译的目的。

（二）大学英语翻译教学的现状

1. 教学理论与实践脱节

翻译是一门实用性很强的语言艺术，它要求把理论和实际相结合。因此，在英语的教育过程中，除了传授学生基础的翻译理论与技巧外，更重要的是指导学生在实践中不断创新，并通过实际操作来检验他们的语言能力。然而，就当前而言，国内许多高校的翻译教学存在理论与实际脱节的现象，只讲理论，致使学生掌握了大量的理论知识，但在实际的交流中，却不能得到很好的应用。

2. 教师素质有待提升

老师要教学，首先要有良好的个人品质，以做好表率。然而，当前我国的翻译教学质量普遍偏低，许多教师的翻译技能还不够扎实。在翻译教学中，许多教师缺乏实践经验，没有形成科学、规范的教学方法，这对培养翻译人才非常不利。此外，许多老师也没有从事过翻译工作，对基本的翻译认识不够全面，难以进行有效的翻译教学，更无法有效地提高学生的翻译水平。

3. 学生双语能力薄弱

由于翻译过程中存在着两种语言之间的相互转化，因此，学生必须具有一定的双语水平，才能实现高效的翻译。双语技能是指在两种语言之间进行交流的技能，它涉及语用、社会语言学、语篇、语法、词汇等方面的知识。在英汉两种语言的交流中，译者往往是通过特定的语言环境来实现翻译目标的。但是，由于英语学习者对上下文的理解和对英汉语言的理解不够透彻，翻译中经常会出现语法错误和不连贯的现象。

4. 学生语言翻译能力不足

翻译所涵盖的范围很广，不仅要有一定的翻译技巧，而且要有一定的外语水平，即涉及世界与特定范畴的陈述性理论知识。其中，外语技能主要是指源语、目的语、百科全书、其他方面的专业技能等。然而，在英语学习过程中，大部分的英语学习者在语言能力、语言素质、文化素养等方面存在着一定的不足。例如：

我小的时候特别盼望过年，往往是一过了腊月呀，就开始掰着指头数日子，好像春节是一个遥远的、很难到达的目的地。

翻译为：I felt particularly expected to celebrate the New Year when I was a child. After the end of Lunar December，...

源于文化知识的欠缺，学生在翻译“腊月”一词时，误译成了 the end of Lunar December，其中 Lunar 一词的确有“阴历”的意思，但这一整体不是“腊月”的意思。

二、大学英语翻译教学中的文化因素

（一）风俗习惯层面

中西文化的不同体现在风俗习惯上，而习俗的不同又对翻译产生了重要的影响。比如，中西方在饮食上存在很大的不同。中国人一直都很重视食物，正所谓“食欲不振”，所以中国人不仅重视“吃”，还重视“吃好”，以“好吃”为评判“食品”的最高标准。而西方国家则很重视营养，经常把营养当作最高标准。西方的饮食理念认为，维持生命与健康是其首要目标，而不是寻欢作乐。从食物的角度来看，在西方，人们以面包为主，而在中国，人们以米饭和面食为主。例如，英文中有 a piece of cake 这一短语，如果直译为“一块蛋糕”，会让读者感到莫名其妙，不知其意，这是因为蛋糕在中国人的主食中并不常见。然而，把它翻译成“小菜一碟”的话，对于中国人来说，却是非常简单的。同样的道理，汉语也有一个谚语，叫“画饼充饥”。译者在翻译时最好译为 draw a cake and call it a dinner，这对西方人来说是比较好理解的。

（二）思维方式层面

中西文化在思维模式上的差异是显而易见的，这一点在语言体系中得到了充分的体现，并必然会给翻译带来很大的影响。比如，人们在对待同一件事情上，因为思想方法的不同，所使用的语言就会有很大的差异，如“红茶”与“black tea”相对应，“红糖”与“brown sugar”相对应。如果将“红茶”翻译成“red tea”，将“红糖”翻译成“red sugar”必然会闹出笑话。

（三）词义意象层面

如果语境不同，相应的词汇联想价值就存在差异性。例如，black holes 这个词不仅可以翻译为“黑洞”，也可以翻译为“军营中的牢房”，具体怎么翻译，则要视上下文而定。如果不认识这两个形象，就会造成翻译上的失误。

三、大学英语翻译教学中文化意识的培养

（一）文化导入法

将中国文化引入大学英语的翻译教学中，可以采取如下措施，帮助学生加深对不同民族文化的了解，端正自己的民族文化观念，从而为提高翻译能力打下坚实的基础。

1. 比较法

在英语翻译过程中，中西方文化的对比，可以使学生更好地了解彼此文化的不同。具体来说，就是在英汉两种文化背景下，老师对学生的翻译作品进行分析，把英语应用和跨文化的能力相结合，教学生掌握英语翻译，在此基础上，增强学生的跨文化交流意识，增强其在实践中的运用能力。比如，在教学中，老师可以通过英汉两种语言的不同之处来比较其所蕴含的文化意蕴，从而在不产生问题的情况下，丰富学生的文化知识。

2. 课外补充法

课堂教学是学生获取知识最重要的途径。但由于课堂时间的限制，再加上翻译课的时间比较短，学生在课堂上很难完全掌握和运用翻译方法。不过，在课余时间比较充裕的情况下，老师可以充分发挥其作用，在课余时间指导学生进行自主学习。具体来说，老师应鼓励学生在课余时间多读一些英美图书、看英美原声影片，或上网查询有关学习的资料。这样，不仅能增强学生的自我意识，还能端正他们的民族文化观念，培养他们的翻译技能。

（二）归化与异化结合法

其中，“归化”和“异化”是最主要的翻译方法。今天，我们之所以要加强民族自信心，是因为文化是民族的血液，是民族的灵魂，是民族发展的根本。一个国家的文化，是一个民族对世界、生活的历史认识与现实情感的结晶，是一个民族最深层次的精神追求与行为规范。

第四章　文化自信视域下英语教学中文化意识培养的路径

第一节　文化自信和文化意识概述

一、文化自信概述

习近平同志在中国共产党成立95周年的大会上表明："文化自信，是更基础、更广泛、更深厚的自信。"我国共产党具有较强的文化发展自信心，其中孕育着丰富的中国传统民族文化、革命创新文化、社会主义经济发展文化等。今天，我们之所以要加强民族信心，是由于我们的民族精神和血液是民族发展的根本保证。文化自信指的是某个文化个体对自己文化的整体认同和完全肯定，它代表着一种骄傲，一种对文化生命力的坚信，而文化自信的根基就是我们优秀、先进的文化。高校的思想政治教育工作在继承传统、增强民族精神等方面有着独特的作用。自从十八大之后，我国共产党和政府就开始加强文化自信，关注大学生思想政治教育工作的有效落实，以及当代大学生正确三观的有效树立，旨在实现文化自信系统完善和大学生思想政治教育工作的融合与协作发展。在高校教师培育大学生的过程中，文化自信教育和思政教育是两大过程，可以说是"一体两翼"，不但强调对于高校大学生三观的有效树立，还包括不同的侧重点与核心内容。思想政治教育偏重于政治人格的培养，而文化自信偏重于人文素养的提升。当代青年作为中国建设的中流砥柱，在构建和掌握中国特色文化体系的过程中，对文化的认识、信念和自信的水平，将直接关系到中国未来文化发展的走向。所以，文化育人和道德培育的需要，必须以文化自信为基础，强化对大学生的思政教育，增强他们的文化自信。文化自信是一种新型的概念，受到了学界的广泛重视。

任何理论研究都要从概念入手，从其“运作”出发，构筑其“话语谱系”，所以，要系统地探讨“文化自信”，就一定要先厘清“文化自信”的含义，并深入探究其实质和现代价值。

（一）文化自信的概念界定

文化自信，不仅属于国家和民族对于文化价值和作用的肯定，还属于政党对自身价值的认可，属于能够凸显强大生命力的执着的信念。换言之，一个国家、民族和政党要对自身的理想、信念、学说以及优秀传统文化有着由衷的尊敬、信任和珍惜，对当前先进文化，都是一种充满信赖感的尊奉、坚守和虔诚，对未来的文化发展有放眼世界的自信、担当和追求。从哲学的角度来看，这是一种特殊的，对人来说是超生物、超自然、超现实性的一种文化生活功能，是一种由人们的社会实践和生活所构建出来的一种更高层次的文化构造，同时也是一种人的主体能动性和文化创造力的体现。从根本上说，文化自信是人们对自己的一种心理认同，是一种坚定的信念、积极的态度。在文化的发展和对比过程中，一个国家、民族和政党能够对自己的文化进行准确的认识，并且对自己的文化活力和未来的发展抱有自信，对自己的文化发展抱着兼容并蓄的宽容态度。

在以往研究成果的基础上，文化自信可以被这样来定义：文化自信是文化主体对处于它之中的，作为一个对象的文化，经过一系列的文化认知、批判、反思、比较及认同，从而对自己的文化价值和文化活力进行了确证和肯定的一种稳定的心理特点。其主要体现为：一是对自己的文化活力进行了足够的确认，二是对自己的文化价值有一个强大的信心和感情支撑，三是在与外国的文化进行对比与选择的过程中，始终维持着对自己国家文化的高度的认同与信任。

（二）文化自信的本质特征

1. 主体性特征

文化自信的主体主要是人，其对客体，即所谓的文化以肯定的心理，并在对象性文化活动参与过程中产生认可和肯定的心理。人是一种生活的主体，它不仅是一种物质的实体，还是一种精神性实体。人是一种社会存在，是世界的一个重要组成部分。实质上，文化是人类对自身精神的寻求与创新，其关键在于人类对自身的主体性与内在力量的信心。首先，从人的客体作用与主体作用两个角度进行论述。主体作用的产生和发展是客体作用的外在表现，主体作用是客体作用的内部基础。精神文明是对人们社会性的一种理念表述和价值表现，它只是一种现实基础的冲突在一种文化层次上的反映。精神文明的实质是"人化"，也就是客观与不客观相结合的人类内在的基本权力。因而，从实质上讲，人类社会的发展就是人类主体作用的发挥。人作为其对象和目标，其终极价值在于人的"自由、完整"发展，即人从"必然王国"到"自由王国"的转换。在这种情况下，人们对自己的认识是一种自觉。其次，从人的需求、人的价值发展等多个层面来认识人。人类行为的目的是人类行为的需求满足，人类行为的价值观是人类行为的符号。在人类社会活动水平不断提升的同时，人类在追求更高的物质性与精神性的同时，也在追求个体与社会的一致性。人在对象上所发挥的作用越大，他存在的意义就会越大。究其原因，主要在于，文化也是一种人们为达到一定价值目的而产生的行为。

思想政治教育是社会、国家、民族价值观的具体表现，是教育的重要内容。而文化价值就是主体——人对自己生活的文化意义的认识和确立，价值观是一种具有目的性的动力，它反映了一个人的生命状态、信念与理想，它是一个人灵魂生命的最主要的内涵。由此，人类成了一种客观性的社会和文化的实践，从而达到了一种对于自己的文明的主体化和理想化发展的状态。

2. 指向性特征

在人的社会实践中，历史的客观性和主观的价值选择是两者的有机结合。人与其他生物不同的本质特征是人有主观能动性和价值取向。所有的社会生活中，每个人每个时期，自己的价值导向总会被推动和牵引着，以实现自己的利益和需要，为自己的目标而奋斗。尽管"历史的必然"和"价值的指向"

具有本质上的一致性，但二者之间的一致性并非自然而然地产生。这是由于在这个过程中，人们对外界与自己，对这二者之间的联系有着一个由一无所知，到所知甚多的逐步发展的过程。在人类认知水平和行动水平的提升下，只要人类对“历史”的价值指向愈加清晰，人类就会愈加有信心、愈加有把握地达到“必然”与“价值指向”的高度统一。当人做出本质力量的非对象化的行为时，也就是以客体形态的文化作用于文化主体，并将其转变为其内在的能力、素质和精神境界，将人的思想、品质、生活方式和价值观等提高到更高的程度的时候，就凸显出了文化主体的价值取向特点。从根本上说，文化自信是一种由不同的文化主体性所决定的价值取向。文化自信是个人的合理的精神价值诉求，其衡量标准是个人清晰的价值取向。

3. 象征性特征

文化自信指的是一种文化主体对自己的文化价值和活力的肯定和坚信，它是以狭窄的文化价值与含义为基础的，指的是知识、价值、观念和思想等抽象的精神性的存在。民族文化从其诞生之日起，就具有一定的抽象性，只有通过特定的观念才能够体现，如民族风俗习惯、民族伦理道德、民族价值体系等。这种特殊的形态在某种程度上是一种符号化，它反映出一个族群的共有价值观念、思维模式和道德观念。它是人与其他生物不同的根本标志，也是人与其他生物不同的一种表现形式。美国的人文主义学者怀特曾说过：“整个文化（一种文明）都是靠象征来维持的。因为有了这种力量，所以有了它的出现和应用，也因为有了它，所以可以长盛不衰。”因此，在特定的社会形态下，人们对这些符号的发明、使用与保存就形成了一种具有特殊意义的生活形态。就一个国家来说，国家的文化因子已经深深地浸润在每一个人的潜意识里，国家的集体身份就是它的象征含义。要想增强中华民族的文化信心，就必须有一个条件，那就是中华民族和它的成员们利用具有对象性的社会实践，来获取自己的文化客观生存形态，并且以客观的方式来影响自己的文化发展，将自己的理性心态、精神诉求和价值理念转变出来。在这种意义上，它使人的心灵与社会文化之间的发展关系达到了一个新的高度。

4. 包容性特征

在人类社会中，文化是有差别的，而且这些差别是无法消除的。随着冷战的结束，各民族的文化意识开始回归，不同文化之间的差别也越来越明显。亨廷顿阐述了“文明冲突论”的思想，因而，文化在与外来文化进行交流、对话、碰撞、融合的同时，也为人们提供了一个包容、理性的思考方法。在这种背景下，文化自信既是一种兼容并蓄的现实性紧张，也是其实质特点。要想促进一个国家文化的发展，不但要求文化主体对自己的国家文化有一个全面、理性的认知、判断、反思和认同等，还要求文化主体在与其他国家进行文化交流、碰撞和交融的同时，不断地与其他国家人进行交流和沟通。外国学者萨义德指出，每一种文化的发展和维护都需要一种与其异质且与其相竞争的另一个自我的存在。自我身份的建构牵涉与自己相反的“他者”身份的建构，总是牵涉对“我们”不同特质的不断阐释。因此，文化之间既可以实现交流、对话、碰撞、融合，又可以使人们获得一种具有包容性和理性的思维模式。在此语境中，“文化自信”不仅表现为一种现实张力，更表现为一种本质文化特征。

（三）文化自信的当代价值

1. 文化自信是增强中华民族文化软实力的源泉与动力

随着经济全球化发展，政治格局多极化，文化和信息多元化，全球各国人们之间的文化交流、碰撞与融合变得更加激烈，文化在国际竞争中的位置与角色也变得更加重要。1990 年，美国学者约瑟夫·奈在《外交政策》杂志上发表《软实力》一文，首次将国家的综合国力划分为两种，即硬实力和软实力。他认为，由资源实力、经济实力、军事实力和科技实力四大因素构成的硬实力，永远都是有限度的，而拥有无穷张力的，就是软权力。同年，在《美国定能领导世界吗？》一书中，他正式将“软实力”界定为民族文化、生活方式、意识形态、国民凝聚力等，也就是说，利用感召力、吸引力、同化力来影响和说服他人，让他人认同某些行为准则、价值观念，进而达到一种期望效果。一个民族的精神与血脉，是一个国家对社会、人生的认识和真实情感的结晶，是它最深层的精神诉求和行动规范，它所承载的是国家的自我身份。从国家和民族发展的观点来看，文化软实力是一种心理力量，这种力量有利于国家的团结和民族个性的培养，有利于民族团结，增强民族信心。

一个国家、一个民族、一个政党，对自己的民族文化，自己民族人的文化价值观，以及自己所具有的强大生命力，都有一种强烈的信念。对于一个国家、一个政党，都是一个主要构成部分，同时也是一个民族的骄傲和自信标志。对于个体来说，在本质上，它是一种价值的信心，它代表着一种文化的个体对自己所在的民族核心价值观的认可，是一种在精神层次上的价值观，可以变成一种促进中国文化软实力持续发展的源头和力量。

2. 文化自信是应对世界异质文化冲突与融合的心理支撑

自国家历史进入世界历史以后，在经济全球化的背景下，各国在意识形态、价值观等方面的矛盾和冲突是无法避免的。在信息高度发达的今天，外来文化与中国文化的冲突和碰撞将越来越激烈，这对我们国家的文化主体性和价值观产生重大的冲击，从而导致我们的意识形态多元化，甚至丧失文化自信。当今世界，各种不同的文化思想在激烈地碰撞、交织，中国的传统与社会主义文化都受到了巨大的冲击，对他们的精神、心理产生了巨大的影响。从根本上说，文化是人类精神的追求与创造的结果。所以，面对不同文化的碰撞和冲突，以及强势文化的渗透，我们必须正确对待文化多元化。对待不同的文化，我们应该以一种更加客观的目光审视自己，不要拘泥于传统，而是以一种更加正面的现代化方式认识他人，而非墨守成规。

3. 文化自信是实现中华民族伟大复兴的精神支柱

中华文化的繁荣与发展，与中国经济的振兴密不可分。在中国几千年的发展历程中，中华文化的魅力与影响力，以东方文明闻名于世，至今依然影响深远。博大精深的中华文化，是我国社会主义现代化建设的重要组成部分，也是我国社会主义现代化发展的重要内容。党的十八大报告指出："全面建成小康社会，实现中华民族伟大复兴，必须推动社会主义文化大发展大繁荣，兴起社会主义文化建设的新高潮，提高国家文化软实力，发挥文化引领风尚、教育人民、服务社会、推动发展的作用。"在我国建设小康社会，推进社会主义文化建设与发展的进程中，始终要以"文化自信"为核心，以其对小康社会总体发展状况以及人的精神文化素质进行综合评价。在对自身进行自觉的认识、反思、批判与认同的过程中，我们可以看到，人们对自己的主体性进行批判、扬弃与认同，从而逐渐建立起一个国家的文化价值观。

要实现中国梦，实现中华民族的伟大振兴，必须有强大的精神力量和强大的观念支撑。一个国家、一个民族，对其自身的文化价值有一种完全的认可，从而产生一种积极的实践，对这种文化的活力抱有强烈的信念和认同。文化的积累、文化的传承、文化的创新，是我们文化的自信，也来自我们现在对我们的社会发展的信心。从文化发展的角度来看，我们虽然是一个文化大国，但由于自身的文化软实力还有很大的提升空间，所以并没有成为一个文化强国。在文化自信这个问题上，我们不仅要对传统的文化、红色文化、民族文化发展有信心，还要把它当作民族自豪感的来源，要以一种面对世界文化和先进的现代文明的态度对待。

站在大学生的立场上，我们的文化自信有三个基本内涵：首先，我们要以社会主义核心价值观念引导我们的思想和行为；其次，学习正确处理不同国家的文化，既不排斥，也不盲目崇拜；最后，我们要以一种积极的态度推动文化的持续革新，才能让它在历史上永垂不朽。

二、高校大学生思想政治教育和文化自信培育的关系

自十九大以来，我国共产党对特色社会主义发展体系就有了全面而深刻的认识，我国多次提出必须从根本上提升国家硬实力，但是也不能忽略文化软实力的提升。习近平总书记在党的十九大报告中说明，文化自信其实是发展国家、稳定民族的持久而强大的文化性力量。所以，我们必须有效采取措施，加强民族文化发展自信心，不但要采取措施增强内部文化软实力，还必须针对社会主义发展体系建设做出有效部署。习近平总书记还表明，我们必须增强中国特色社会主义发展自信、相关理论研究自信、制度管理自信、文化发展自信。可以说在多种自信体当中，文化自信是比较重要和基本的，其涉及范围也比较广泛。对其进行了深入的阐释。文化自信包括对自身文化的尊重与骄傲，以及与其他国家文化相融合的勇气与能力。就我们国家而言，我们的文化自信就是我们国家人们的信念，我们国家的人民对中国共产党，以及我们国家先进文明有着高度的信心、高度的认同、有意识地实践的精神。在新的历史条件下，随着社会信息化的发展，我国的对外开放水平不断提高，

文化的多样性、西方社会思潮的冲击，使我们的文化自信受到了极大的削弱。

目前，我国高校学生普遍存在对自己文化缺乏自豪感而盲目追求西方文化的现象，并产生了文化不自信、文化自卑感等问题。在这样的大环境下，如何正确认识大学生的文化自信与思想政治教育的关系，使二者相互促进，就变得十分必要。文化自信不会无缘无故地产生，它的产生在很大程度上取决于物质发展和精神建设，特别是在文化建设等国家基本工程持续推进方面。高校是我国社会主义现代化国家的一个新的发展机制，也是我国社会主义现代化一个新的发展阶段。而在思想政治教育中，文化自信教育对学生具有重要的指导意义。

（一）思想政治教育是实现文化自信的平台

作为高校工作的一个主要组成部分，思想政治教育从大学生的基本学习功能来分析，它不仅可以为社会输送合适的人才，还可以保证国家的政治平稳发展。思想政治教育，就是从思想、政治、道德等方面对学生展开思想上的引导和教育，让学生的思想始终处于积极主动的状态。高校学生的思想政治工作是一项核心工作，其既要为人民提供知识，又要为国家的政治、经济和社会安定做好准备。因而，思想政治工作的开展具有明确的要求。就思想政治教育而言，其目的是要以教育和指导的方式，维护人的政治觉醒和思想状态，所以，会以文化为基础教学材料，有序开展思想政治教育活动。这些教材的范围很大，但有一点却是不容忽视的，即主题是我们民族的传统和优良的思想，还有现代文明。在高校思想文化建设的过程中，要借助高校思想文化建设的载体，把传统文化、道德思想和先进思想教育引导结合起来，使学生能够真正体会到民族文化的精髓，进而增强自身的思想文化意识和文化自信心。利用好高校学生的良好学习环境，培养学生的“文化自信”就会变得更为得心应手。在培养的过程中，要将传统的文化和时代的优良文化有机结合起来，积极引导学生成为优秀的传承人。要正确掌握某些热门的主题，使之成为教学的突破口，使其在增强自身的信念和增强自身的文化自信心的基础上得到发展，任何一种被偏见左右的文化心态，都无法算作文化自信心。由于其自身与文化的自然联系和本体意义上的不可分割的内部联系，使得它成为构建我国文化大国发展体系的一项不容忽视的文化使命。

高校毕业生是社会主义文化传播和弘扬的有力力量，他们的文化信心水平直接关系到一个国家和社会是否能树立起较高的文化自信。“文化育人”是当前我国大学生心理健康发展的一项重大课题。一方面，它没有完全否定中华传统文化的历史虚无主义，也没有盲目地崇拜民族文化的极端主义，而是摒弃了传统文化的封建色彩，保持了先进的个性，处在先进马克思主义文化融合的文化架构内。另一方面，中华优秀文化的解读和传承，让大学生们感受到了自己所学习到的文化精髓，从而对自己所学习的民族文化心存敬意，并对其发展充满了憧憬，为文化自信奠定坚实的理论基础。思想政治教育工作是一种能够让我们增强文化自信的主要途径和平台，它用文化的形式帮助我们建立起对文化的正确认识，激发我们的战斗精神，对我们的道德行为进行调整，让我们能够将文化内化，从而展开自我教育工作。大学思想政治教育要引导大学生面对多元的文化模式，正确看待异质文化，在纷繁复杂的文化思潮中寻找自己的生存之道；以先进的马克思主义文化作为选择，增强社会主义文化发展的优越性，增强对自身的认同，是文化自信定位的重要内容。从自身出发，将优秀传统文化、革命文化和社会主义先进文化的吸引力向外辐射，促进文化自信的增强。

（二）文化自信可以增强思想政治教育的育人作用

在思想政治教育中，要增强其“育人”功能，必须强化其“育人”作用。首先，文化自信是一国文化软性力量的象征，它反映了一国人民的自尊与骄傲。在个体层面上，“文化自信”指的是对自己国家文化价值观的认同。在新形势下，要加强对大学生的自信教育，提高学生的文化自信；要增强其文化责任感，在这种文化氛围的作用下，人们的情感、认知、行为等都能在一定程度上实现平衡。培养文化自信，可以使大学生了解国家传统文化，学习共产党的优秀革命传统文化和国外先进文化，进而在思想上逐步形成正确的价值观，反过来又促进思想政治育人的功能和成效。只有当学生的文化需要被满足时，他们才能在文化中提升自己的水平，进而通过思维来影响自己的行为，提高个体心理素质和人格素质。

（三）思想政治教育和文化自信同源相通

1. 两者具有同源性

文化自信既来自以爱国主义、自强不息等为主体的丰富灿烂的优秀传统文化，也来自中国特色社会主义的先进文化等。加强高校学生的思想政治教育，强化他们的理想信念和文化自信，培养他们的团结协作精神，激发他们的斗志很重要。从个体的角度论述文化自信的本质，它可以被表达为文化主体自觉的文化认同、坚定的文化信念和积极的文化心态，它是一个人对自己所属国家和民族文化的积极态度和充分肯定，它标志着对属于自己国家和民族文化的价值取向认同和身份认同。目前，我国应以培育民众的文化自信为重点，以提升民众的科技文化素质为目的。所以，“十八大”以后，我们党和国家所倡导的文化自信应该是一种以中华优秀传统文化、革命文化、社会主义先进文化为基础，以社会主义核心价值观为内核，以西方先进文化为对照的多元文化，这一切都是文化自信的理论源泉。当前，我国大学生的思想政治工作重点是：“要把理想信念教育作为核心工作，大力开展正确的大学生世界观、人生观、价值观的教育；以爱国主义精神教育为核心，大力弘扬和培育民族精神；以基本道德规范为核心，大力开展公民道德教育。”它的目标是通过“内化”“德育”等方式，使人们自觉地进行自我完善，从而为建设中国特色社会主义体系做出自己的贡献。所以，从本质上说，这两者有许多相同之处。

不难看出，文化自信和大学思想政治工作开展的理论依据是同根同源的，它们都是具有中国特色的文化系统，以中华优秀文化为骨干，以革命文化和社会主义等先进文化为血肉，以西方优秀文化为借鉴，以社会主义核心价值观念为核心，具有鲜明的民族性、先进性和兼容性。

2. 两者具有契合性

除了将文化当作一种观察世界、认识世界和掌握世界的手段之外，在此过程中，文化自信培养的目的还有就是要以“内化”和“德育”的形式，引导人民主动地提高自己，为中国特色社会主义建设做出自己的努力。因此，从性质上来说，二者有很大的共同点，其目的是通过对大学生道德教化、政治知识传授以及意识形态方面的教育，使其目标明确，打造为社会主义文化体系建设提供规质性自我的机制，进而提高个体乃至国家的思想和政治素养。可以看出，二者都是为了国家和社会的发展，二者在作用上具有一致性。笔者认为，“以人为本”是一种新型的社会理想和观念。一是在现代中国，要把“以人为本”的思想观念和价值观念作为其根本的发展观念，并将中国的优良传统与外国的先进文明的结果相融合，以达到对广大民众的思想全面渗透。在培养大学生理想信念的同时，他们的价值观念也受到了思想政治教育的影响，其在无形之中起到了积极的促进作用。二是对文化自信和思想政治工作的鼓舞和凝聚功能。“鼓舞和凝聚”就是指：“人们在拥有共同的价值理念和奋斗目标的前提下，它可以有效地调动人参与各种运动的积极性，形成一种强烈的凝聚力，从而最大程度地发挥个人的主体性和积极性，最大程度地发掘个人的潜力。”

大学生是我国先进社会主义文明的一支新生力量，是中国文明的一支力量。培养学生对自己国家文化高层次的心理认同感，激发他们的积极性，促进他们自觉地投身到社会主义先进的文化发展中去，这样，我们就可以达到我们的共产理想。教师要鼓励大学生主动加入社会主义先进事业的建设活动中，构建传统的社会主义文化体系，端正大学生的价值观，增强理想信念，增强文化自信心，凝聚人心，鼓舞斗志。

3. 两者具有相通性

当下，我们着重培养大众的文化自信心，其目的在于提升人民的科技与文化素质，进而为实现中华民族的“中国梦”打下坚实的基础，要以“内化”和“德育”的形式，引导人们主动提高自己的能力，为中国特色社会主义体系的建设做出自己应有的努力。因此，从性质上来说，二者有着很大的共同点。

（四）相辅相成

1. 思想政治教育是塑造文化自信的必由之路

高校毕业生是当今中国经济与社会发展的重要力量，他们在中国的近代化发展过程中发挥着重要作用。而“思政”教学又是高校教育工作中主要的一环，也是影响高校育人工作成效的主要因素。在思政课教学中，要达到有效教学的目的，就是要对大学生文化的合理性、优越性、实用性和先进性等方面的宣传和教育，让他们可以在受教育的过程中对各种思想规范进行内化和实践。例如，教师可以以历史抗日战争文化为核心进行知识讲解，让大学生了解我国战士抵御外敌的民族和革命精神，进而培养大学生的爱国思想和精神；在学习和掌握了党的苏区史、长征史和抗日史等历史知识后，就可以通过社会主义先进文化宣扬和学习来增强共产主义信念等。在此过程中，因为二者在内容上具有同源性，在目的上具有契合性，在作用上具有相通性，因此，在培养和塑造大学生的文化自信方面也具有一定的作用。

2. 培育文化自信是提升思想政治教育实效的关键之举

改革开放以后，我们从一个物质资源相对贫瘠的国度，一跃成为一个在经济、社会等方面发生巨大变化的强国。在这个进程中，特别是在全球化和信息化大发展的今天，不同的文化形态、社会思潮、思想观念的碰撞愈演愈烈。在这种情况下，文化发展、精神风貌、文化自信就成了各强国之间进行综合国力较量的关键。在这种全球化发展的背景下，要强化大学的思想政治教育，并对其进行培育和素质提升，以增强学生的文化自信心，是当前形势下的一项重要任务。而文化自信又是一种基本的、持久的、稳定的力量，它对提高人们的道德责任和对社会的洞察力具有十分关键的作用。在树立自己的文化自信过程中，他们对自己、对国家、对社会的未来发展充满了信心。文化自信和思想政治教育对大学生群体科学、正确的人生观、世界观和价值观念的形成都是有益的。二者相辅相成、相互促进。

（五）文化自信是高校思想政治教育的底气来源

目前，在我们国家的文化体系建设中，强化对大学生的教育，已成为一项十分紧迫的任务。在高校，教师要引导学生树立正确的价值观念，并确保对大学生的教育得到切实的贯彻和落实。站在心理学角度上来说，思想政治教育是受多种环境因素影响的，是人们基于知、情、信、意、行等多方面发展的心理因素综合发展的过程。从这里能够看出，大学生思想政治教育活动基于智力因素和非智力因素融合运用和发展起来的，且智力要素应用往往依赖于非智力因素的有效调整与管控。为了让文化主体对自己国家的文化产生更高程度的认可和更多的主动表现，文化自信可以将非智力要素在思想政治教学中产生的力量转化为推动力量，并加强大学生心理素质的提高，将大学生的思想政治素养内化于心、外化于行为，这就是大学开展思想政治教学工作的精神基础。

从学术的视角分析，高校思想政治教育的根本目的在于以文化为媒介，通过对人们进行教育和调控，对人们进行启迪教育，使人们的立场、观点和思想等时刻正确，端正人们的人生观和价值观。"中华传统文化自信""中国革命文化自信""中国先进的社会主义文化自信"，这三种文化自信将文化所包含的价值观与精神诉求融入高校的德育系统之中，使之具有深刻的人文关怀，从而提高了高校思政课程的教学质量。文化自信既能提高高校学生的文化素质，又能使他们充分认识自己，使他们在做好思想工作时不胆怯、不自欺、不气馁。通过文化自信的培育，调动学生们的热情，让他们主动参与校园活动，并受到优秀传统文化、革命文化和社会主义文化的浸润和鼓舞。在"文化魅力"的影响下，大学生的人文素养、心理素养都得到了提升。从这一点可以看出，大学思想政治教育工作的理论基础来自大学生对自身的文化自信。构建这种精神基础与文化理论基础，可以使得"以德育人"工作有序实施，能够使大学生对真、善、美的追求具有一种无形的、无声的影响，促进着大学生正确价值观的生成，进而提高其素质和水平。

三、文化意识概述

文化意识（Cultural Awareness，Cultural Consciousness），指的是对文化多元性的意识和认识，是对文化差异性的理解和包容，是一种不但能够理解自己的文化价值观念和行为，还能够理解不同文化理念的意识。它可以使学生在进行跨文化交际时，积极地获得和运用目标语的文化信息，保证其合理有效地开展交际活动。外国学者 Hanvey 认为，跨文化意识是指在跨文化交流过程中，参与主体对其国家所处环境的敏感认知，也就是对国外文化和本土文化差异的敏感度，同时也是在运用一门外语时，要按照目标语的不同，对自己的语言理解和所处环境进行相应的调节（Tomalin，1998）。

英语文化意识，是指学生对英语民族的文化理解和认同，并能在一定程度上调整英语的知识和技巧，并运用英语思考、分析和解决问题，使其在不同的语言环境下进行有效的交流。文化意识是英语学科四大核心素养之一，它的含义主要涉及四个方面：①文化知识，即了解的英语国家社会文化知识；②文化理解，即对本国文化与英语国家文化及其差异的理解能力或理解过程；③跨文化交际意识，也就是说，对于英语和母语文化之间存在差异和差异的敏感性，并在运用英语时，能够适应目标语的文化而进行自我调节；④跨文化交际能力，是指根据文化环境，在了解和掌握英语的情况下，正确、适当地运用语言进行交流的技能。在语言学习中，学习者逐步与目标语言的差异进行对比，并在对比中对目标语言进行判断、鉴别和调试，以加深对目标语言的了解，进而反思自己的语言能力，进而获得更多的认识。最后，文化身份和传播得以完成，从而逐步建立起了民族的文化自觉。因此，提高文化意识就是要求外语教师通过对比母语与外语两种文化的差异，让学生在进行跨文化交流的时候，不会因为受到了本族语言的负面作用而出现错误。确保整个交际过程得体、顺利进行。现代外语教学的实践证明，在学习语言知识、发展语言技能的过程中，要在老师的指导下，积极地理解目标语言的民族文化，培养出更高层次的语言能力，从而使自己更好地学习语言。因此，在外语教学中，文化自觉的养成与外语教育息息相关。

第二节　英语教学中文化性缺乏的表现和主要原因

所有的英语教学不可能忽视词汇教学、语法教学等语言知识教学，以及听力、口语、阅读、写作、翻译等语言技能教学，这是国内英语教学的实际。语言学习是以交流为目标，而交流不仅仅是生活交流，它还包括了更深层的交流和沟通，这是交流发展的必然趋势和需求。所以，对于中国的大学生来说，衡量其语言水平的依据不在于是否有一定的英语水平，而在于是否具有实际的交流技能，而语言表达的水平通常与其自身的语言水平有关。然而，目前英语教育仍然无法从以往的“耗时、效率低下”的恶性循环中走出来，但是学到的英语仅仅是“哑巴英语”，一旦到达交流层面，问题就出现了。也有的同学英语基本功不牢，尽管用尽了全力，还是没能通过考试，没能取得英语证书。所以，英语学习对他们来说是一种折磨。因此，我们不禁要反思，当今英语教学究竟该教给学生些什么呢？难道真的是教授学生背单词的方法，忘记之后再去背诵？还是教授学生各种应试技巧，帮助学生顺利拿到证书？英语教学中存在着许多问题。然而，长期以来，英语教学忽视了文化知识的传授，造成了英语教学中的“文化疲劳”。

一、英语教学中文化性乏弱的表现

英语教学中文化性乏弱主要有以下几个方面的表现。

（一）教材中的文化因素未受到足够重视

英语教学中使用的语言材料，通常都含有丰富的语言文化，我们需要对这些材料进行深入的挖掘与研究。例如，《大学英语精读》第三版第二册第一单元《晚宴》（*The Dinner Party*）一文，探讨的是英国殖民地时期的印度，因餐桌下的一条眼镜蛇，男人和女人到底谁更有勇气这一问题。老师在教授本课文时，可以简要地介绍印度的历史和风俗，同时也要注重介绍西方饮食的过程和餐桌礼仪，保证每一堂课都有一定的文化内涵，调动大学生们的文化学习积极性。不过，在课后笔记里，教材仅仅介绍了本文的来源和相关的句子，并没有涉及其中的文化知识。当前，英语教学中使用的教材中，注解部分的知识内容缺乏对文化学习的关注，这对于学生的文化知识学习是很不利的。

（二）学生经常出现跨文化交际失误

中国学生在学习英语时，往往会根据自己的文化和思维模式去分析和了解英语，而不能正确地领会其中的深刻内涵，出现跨文化交流的错误性问题。例如，在汉语中，人们用“特别”来形容女士的穿着是很常见的。但是，如果学生用相同的思维方式，对美国人说：“You are very specialinit.”（你穿这身衣服很特别。）他们听了往往会不安地问道："In a good way or bad way ？"（是好的方面的特殊还是坏的方面的特殊？）这是因为，在美国文化中，说一个人"special"一般指"心智不健全，智障"，含有贬义。这种交际错误时有发生，反映出英语文化教学中的严重缺陷。

（三）教学评价中几乎未涉及文化因素

近几年，英语教学的评估模式也从单一的考题转向了多元化的考试。许多学校在对学生的学业情况进行评估时，往往采取"终结性"和"形成性"的评价措施。但是，不管是终结性的评估，还是形成性的评估，往往以知识评估为核心，很少涉及文化层面的内容评估。

二、英语教学中文化性乏弱的归因

英语文化教学薄弱的主要因素是没有具体的、可用性的、功利性的教学，以及缺少文化碰撞性的实战训练等。

（一）教学大纲中缺乏可操作性的具体指导

2007 年 7 月教育部下发了《大学英语课程教学要求》作为各高等学校组织英语教学的主要依据。整份文件对听力理解能力、口语表达能力、阅读理解能力、书面表达能力、翻译能力、词汇量等都进行了比较详尽的说明，而对于"跨文化交往"这一部分，只在教育性质和目的中提到过一次，缺少定量的指标和可操作的指引。

（二）教学具有明显的功利性

在"考本位"的教育体制影响下，从中小学到高校，英语教育都呈现出一种鲜明的实用化倾向。考核的内容，都是老师教的内容。其中，初等教育和大学教育是为了应付升学，在课堂上，老师们注重的是语言知识传授，而对文化的教育很少。在这样的学习方法和指导思想的作用下，许多老师和学生把教学目标视为"通过"。这样做可以提高学生的考试能力，但也会造成英语文化知识的学习困难。

（三）文化碰撞实战演练较少

本族语言学习效率明显低于目标语言学习效率。当前，我们的英语教学大部分是在高校进行的，缺乏了与异域文化的沟通与碰撞，缺乏了语言气氛的营造。比如，一个人在学一道西方菜肴中的“开胃菜”时，他也许要反复地念很多遍，这样他就会慢慢地有了一个概念，然后就会慢慢把它给记下来，但他并不知道“开胃菜”究竟是什么东西。但是，当一个人在一个特定的语境下进行一次完整的阅读时，他就可以完全地了解并掌握它。因此，缺乏语言环境，势必对学生的文化学习产生不利影响。

第三节 英语教学中文化意识培养的意义

课程是学校教育的一种载体，这使得学生可以获取他们所学的东西，以促进他们自身的发展。课程的政治色彩是显而易见的，它并非纯粹、客观、无关、毫无价值。语言教学中的政治色彩是其最重要的原因。著名学者布尔迪厄指出：“演说不仅仅是需要被理解、被破译的符号，它们还是财富的符号，意味着被评价与赞美，它们也是权威的符号，意味着被相信与遵从。”也就是说，语言既是社会生活的一种表现形式，也是一种文化对特定社会价值的表现。它不仅是一种手段，还是人类生存的终极目的。因此，语言课程也就具有了二重性特点：目标—手段。它既是知性的展现，又是人类文化的展现，它对学生的世界观、人生观、价值观发展有着独特而又直接的作用。此外，在英语文化课教学中，要使英语与汉语两种语言文化相结合，那么就要使这两种语言在教学中处于一种对等的地位。通过这种方式，一方面可以让学生从多个角度思考自己的文化，另一方面可以客观、全面地认识到目标文化，进而达到文化视野的统一，发掘出文化的价值，增强文化的自信心。实际上，自 20 世纪以来，许多研究者都主张，在培养学生的文化素质和批评精神的同时，也要引导他们去到语言的表面含义，并对其深刻含义进行批判性的剖析，从而获得语言知识与技能等“语言结果”与文化自觉、文化自信等“非语言结果”。被称为“现代课程论之父”的泰勒（Tyler）提出：“课程框架的四个要素：课程目标、课程内容、课程呈现方式、课程评价。”笔者根据泰勒课程的这四个要素，尝试探究文化自信视野下的英语文化教学改革的途径。总体而言，在文化自信视野下，英语文化教学应全面转向，促进语言微课程与社会大课程进行互动，唯有如此，才能实现跨民族间的沟通，实现各民族之间的互鉴与共享。

一、课程目标：传播中国文化

要培养英语文化的信心，必须从达到其教学目的入手。纵观英语教育发展史，其课程实施目标与国家发展战略紧密联系在一起。在中国的第一个30年里，在逐步走向国际的过程中，语言的使用具有了足够的“合法性”。经过30年的发展，尤其是进入新时期以后，中国逐步走上了世界舞台，“文化强国”和“中国文化走出国门”就成了当务之急。基于新的需求，《大学英语教学指南》明确提出：增强国家语言文化水平，促进中华文明发展，增强我国的国际交往，增强我们国家的文化软实力。这并非削弱或掠夺目标语文化和目标语国家的文明，而是加强自己的母语文化和本国文明知识学习，从战胜“中国化”向促进“中国化”转化，这样可以使学生在借鉴国外的同时把中国的传统文化传承下去，使学术研究目的和教育性目的相结合，使“全人”教育工作得以落实。

二、课程内容：鼓励中国英语

英语教育既要吸收西方的知识，又要把中国的文化知识传授给学生。那什么样的文化课程实施才能使中国的文明得以传播呢？英语是世界范围内的一种国际通用语，它伴随着全球经济发展而出现，这种情况已经持续了很久。当今社会，英语使用的情境发展呈现出一种新的趋势：从单一英语语种，转变为多种语种和多种文化共存。在这种情况下，通过英语教学进行中国文化的普及，就成了中国文化走向世界的一个重要手段。更确切地讲，它是指用标准英语表达具有中国特点的事物。

著名学者葛传把这种现象和体系称为“中国英语”。中国英语应用是以中华文化知识传播为基础的，属于一大英语变体。中国英语，简而言之就是一种融合了中国和西方文化并由此而形成的语言。而中国英语则对中国“有形之物”和“无形之物”进行了深刻的观照，如“有形之物”中的建筑，其价值观念、生活观念、生活方式都是“无形之物”，因此，它也就有了自己的一套文化特征。就中国的文化理解而言，中国英语在传达中国思想、艺术、科学、历史、建筑等方面，也必须考虑到现代中国的基础情况。就其本身的文化属性来说，既不是对过去的怀念，也不是对故乡的眷恋，更多的是对现在的定位与对将来的期待。换言之，就是要在物质的机械性活动中创造出价值。英语文化教育不能只局限于表面，而是要深入地发掘和分析其深层的内涵。年轻大学生的思想比较活跃，容易接纳新鲜的东西，但对于英语文化素质的培养却缺少了一种积极的态度。

三、课程实施：开展中国话语

在文化自信的培养过程中，往往存在着深刻的规律，其中，文化认识是其产生的先决条件，而文化沟通是其产生的必要条件，其产生的核心是文化话语权。文化自信是文化认知、文化交流和文化话语的三大因素。要增强英语文化自信心，就必须突破语言文化束缚，立足于语言，超越语言，在具体的文化教学活动中实现文化发展目标。在此基础上，中国的语言可以成为这个进程的切入点，并将其与中国古代、现代等的某些文化现象联系起来，实现语言表征与文化意识之间的优化与驱动，具体如图 2-1 所示。

图 2-1　语言、话语、文化三者的关系图

从图 2-1 可以看出，从文化自信的角度来看，英语文化课程实施就是教师与学生在特定环境下的合作与创新过程。其中，课程主体由何人担任、课程机制作用如何发挥、课程媒体如何丰富，都是至关重要的问题。

（一）师生即课程

英语老师作为一个语言和文明的双元发展主体，在英语文化课教学的执行上，必须超越技术理性，追求自由理性和实用理性，即要把英语的广博造诣和中国文化深度素养作为衡量的尺度，掌握英语语言内在含义，进一步打开语言的旅程，增强语言的主体性；通过对语言的内涵进行优化，扩大语言的社交和文化发展范围。此外，中国的文化主体性在于教师在与学生交往时，也应当具有主体性和主动性，并以言语为导向，开展探究、认知等活动，这既可以进行师生知识交流，又可以发掘出不同的民族身份资源。

（二）活动产生意义

著名学者杜威指出，教育其实是实现逻辑经验向心理经验转化和还原的过程。从根本上讲，"文化自信"是一种生动、直接的精神体验，它要求学生在与他人的交往中充分利用自己的主体性优势，处理现实问题，从而实现对整个社会的认识。在"文化自信"的视角下，英语文化教育主张根据学生的实际情况和特定的文化现象，运用真实的、符合学生语言能力的任务来指导学生，不但要对英语的语音、词汇和语法有一定的了解，还要对不同的语言进行对比、鉴赏和印证，以获得不同的价值观念、态度和规范。

（三）媒介即素养

在大众传媒兴盛的时代，也应注重对人的媒体素质的培养，以及对媒体使用和批评的认识。在文化自信的视角下，教材设计应当结合语言、交际和文化因素，实现真正的文化交流。因此，教育者在传授西式语言文化的同时，更要注重发扬民族传统文化，透过真实、多元的教育资料，促进对中西语言的了解和掌握，建立平等、宽容、合作、双赢的文化观念。此外，应将"第一、第二课堂""网络立体化"等理念引入英语文化教育中，在课堂上探讨中国文本，借助网络技术进行课堂反思，从而提升学生的英语水平，增强学生的文化自信。笔者通过对"中国梦"的论述，阐述了在英语语言建构过程中，在文化信心培育的视角下，教师如何进行语言文化教育。如图 2–2 所示。

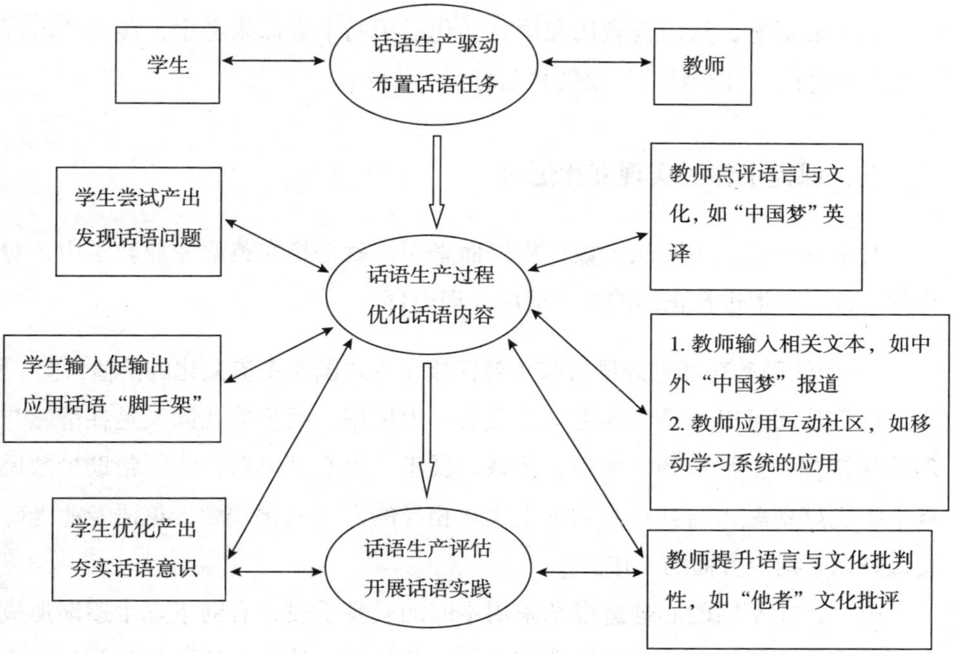

图 2–2 文化自信视域下英语文化教学流程图

通过图 2–2 的教学流程，“中国梦”的话语生成，对增强大学生的价值意识，增强其对当地社会生活和文化发展的叙述能力，以及对培养文化自信起到了积极的推动作用。

四、课程评价：认同中国价值

外国学者泰勒表明，从根本上说，所谓的课程评价考量，是指基于具体课程内容和教学实施，进而实现课程教学目标的过程。“文化自信”不仅是一种认识，更是一种心态。从文化自信的角度来看，英语文化教学的目的在于评价课堂前后学生的文化意识、文化自信和文化反省等方面有无改变；从文化自觉性角度看，大学生对自己的乡土价值观和民族文化的认识程度有无提高；在文化自信心方面，主要考察大学生在学习过程中对自己的主体认同、精神生活品质的提升；在文化反观方面，主要考察本课程实施中，学生对自己的文化观的认识程度。“文化”教育是一种表达意义的实际行动，它是一种特定的生命形态，从语言表达和语言文化运用两个方面来考察，英语“语言文化”教育的“知行统一”是终极目标。

五、课程主体：实现文化适应

对于这一点，主要从少数民族层面来说，就是指在英语专业教学中，对少数民族大学生进行正面的文化适应心理教育。

（一）认同教育加强外语院校少数民族学生对国家主流文化的价值认同

价值认同可以说是实现主动适应的一大依据，而价值认同又是在情感与理性认知基础上形成的一大理论体系，属于一大心理体验，为了帮助少数民族学生更好地融入与其自身的本土文化相异的多元文化领域，英语专业老师要做好以下两个方面的工作。

第一，在不同的心理适应期采用不同的教育手段，有助于学生逐渐形成独立的文化个性，并能很好地适应多种文化教育，从而使他们的日常生活更加顺畅。特别是在少数民族大学生中，要加强对其心理健康的培养。

第二，通过对少数民族大学生的价值观念和马克思主义民族观的培养，让他们在对自己的民族文化产生尊敬的前提下，建立起一种对自己的民族身份的认知。

（二）心理适应教育培养外语院校少数民族学生积极适应多元文化的健康心理

要想实现正向文化适应，必须实现积极的心理状态转变，作为高校外语专业教师，必须辅助少数民族学生适应基于积极文化体系构建的心理教育模式。这一积极文化心理适应工作不是一时可以完成的，必须在让少数民族学生了解异质文化内容的基础上，不断调整自己的心理状态和行为规范，这属于一大循序渐进的模式和过程。基于马克思主义发展理论和观念可知，我们在融入异域文化环境之后，在认知新事物的过程中，必须经历“认知—情感—肯定—否定—肯定”多个环节，我们进行模式和体系构建的时候，也要结合少数民族学生的实际情况和心理特点不断推进，达到各个心理适应阶段的需求，要对其进行有差异的教学，从而让其逐渐养成具有更好的独立文化个性，让其能够很好地适应多种文化，从而让其在日常的工作中更加顺畅。特别是在民族地区，英语教学人员应该重点关注如何培育和发展民族大学生良好的心理素质。

第四节　英语教学中文化意识培养的原则

无论何种教育方式，都必须遵循一定的原则。在开展文化教育活动的过程中，教师要依据其自身的特点，制定出相应的教学准则。具体而言，在英语教学中，要贯彻以下原则。

一、以学生为中心的原则

在英语课教学中加强大学生文化素养培养，必须坚持“以人为本”的理念。这就要求在教学过程中，教师要对学生的主体地位有一个全面的了解和掌握，要有意识地对语言和文化进行感受和了解，同时要重视对学生的自主性素质培养，让他们能够实现对知识和意义的内部体系构建。在英语教学课堂上，教师应该充分地考虑学生的各个方面，既要重视学生对母语文化的认识与学习，又要重视学生对目标语文化的学习，重视学生自身的全面发展等问题。

二、以理解为目标的原则

文化理解是“学习者以客观、正确的态度看待、理解母语文化和目标语文化，并能以妥当的行为方式与非母语者进行跨文化交往”。在跨文化交际中，要想达到交际目的，首先要了解自己民族和外国民族的发展特点。在英语教育中，加强“文化教育”，必须遵循“以人为本”的理念。在课堂上，我们可以对目标语文化进行剖析和解释，可以使学生理解语言之间存在的差异和产生差异的原因。另外，在评价英语教学时，应注意学习者目标语言学习的需求，而不应对非母语文化单纯的排斥或接纳。

三、文化包容性原则

黑格尔和马克思均指出，人类的史学发展必然会引起世界史学的产生。随着大工业的发展，人们对剩余财富最大限度地追求，人类的历史发展已经超越了地理界限，而变成了一个具有共同利益、共同命运的社会。在当今全球化的大环境下，国际上的文化趋势已经从一国主导走向了大众。在这一意义上，“文化全球化”就是指在全球范围内，各种不同的文化要素的多样性发展。当今世界早已不是所谓的“文化霸权”为主，而是“相互依存、相互发展”，提倡文化包容性。世界各国和各民族的文化在相互包容的基础上，可以相互交融、相互依存。只有这些包容的民族，才能引领全球的文明发展，并促进全球的历史向前发展。具有包容性的文化能够更好地吸纳其他文化中的先进因素，从而更易于被其他文化所接纳，并有能力从区域文化转变到全球文化，从而成为一股强大的动力，推动着世界的文明向前发展。一个文明的封闭，归根结底是由于其缔造者的思维方式过于狭窄，而这个封闭的文明又会在某种程度上对生活在其中的人们的思维方式造成冲击，使他们的思想观念更加狭窄，不能敞开心扉，不能接纳其他的文化，这就造成了世界的文化分裂。过分重视世界文化的矛盾，对世界的发展是不利的。唯有包容的文化，才能使世界的文明之轮滚滚前进。

四、文化的多维度互动原则

英语教学要求做到师生、语言、中西文化相互影响。从师生互动的角度看，教师的教学对学生的学习产生了一定的影响，同时也对教师的传播行为产生了一定的影响。要顺应时代潮流，转变以往单一的传播方式，使其在交互中得到发展并实现最优化。在外语教学中，教师应要求学习者对外语语言文化学习的重要性有一个清晰的认知，并提出了较高的要求。在全球一体化的今天，各种文化交流日益凸显，交流的频次不断增加、广度不断扩展、深度不断加大。跨文化交际需要双向的文化沟通，而语言的生成与发展也需要通过这种交流来实现，所以，跨文化的外语教学应该是一个交互性的过程。

五、整体文化、主流文化输入原则

从总体上看，单一的英语教育逐渐转向了文化教育。在英语课堂上，教师要对学生的文化知识有一个全面的了解。总体的文化投入原理包含两个方面：一是垂直，二是水平。在垂直方面，文化的产生是一个具有很长时间的历史发展过程。跨越了历史的时空，学生应当对其产生与发展的脉络有一个清楚的认识；从横向来看，文化是多种多样的，而不同的文明又各有特点，因此，文化的各种输入方式也应该同时存在。另外，在培养学生的文化自信方面，必须在一定程度上鼓励他们对自己的母语文化进行适当的宣传。然而，在教学内容上，要做到理性和中性。

总之，教师不能把教育隔离开，而要把注意力放在文化的整合点上，也就是说，它将古代、近代的一切文化统统融合在一起。按照文化主导作用的观点，可以将文化划分为“主导”与“非主导”两种。主流文化是当今世界所倡导的一种文化，得到了大部分人的认同。在英语课堂中进行文化教育，必须选用有代表性的主流文化作为载体，这样才能更好地融入当代社会。

六、传授式与体验式相结合的原则

在英语教育中，通常采用“讲授”和“经历”两种方式来进行文化教育。授课式的教育以知识授课为主，多采用讨论、讲座等方式，以提高学生的认知和理解力为目的，并对其语言和文化知识掌握情况进行全面的了解。但是这样也有其弊端，主要表现为在教学中，学习内容多为消极的，学生缺乏实际操作的机会。体验式教育是一种以学生为主体的教育方式，它可以在现实生活中创造真实的、有意义的、能让人真正去感受、体验、认知和实践的机会。这种模式可以很好地解决授课式的弊端。在实际的课堂教学中，要注重将二者有机地融合在一起，以保证课堂上同时具备英语语言和文化课的内容，还有模拟活动、角色扮演等，促进学生认知能力的培养。

第五节　英语教学中文化意识培养的现状

从现有的调查情况来看，当前的英语教学对“生产型双语现象”的形成起到了很大的推动作用。简单来说，“生产性双语现象”即母语与目标语的相互促进、相互提高，但是这一现象并未真正得以实现。从英语文化课程的角度看，表现出课程目标的迷失、课程内容的模糊、英语教师素养不足、民族大学生的社会适应性问题。

一、课程目标迷失

任何课程都是教学性目标与教育性目标的集合，教学性目标侧重于学科的特定传递；教育性目标侧重于人的全面发展。对于文化课程而言，两大目标都属于其重要的手段，并且二者关系密切。当前文化课程正在发展成为一种“符号表征”，一种“文本”，正是这种文本，可以解读出很多意义，如审美意义、个性意义等。但是，无论是传统语言学对语法的关注、结构语言学对形式分析的关注，还是交际语言教学对语言技能的关注，大学英语文化课程目标往往局限于词汇、句法、表达等教学性目标层面，缺乏对教育性价值的挖掘。其实，基于英语文化课程进行大学生人文素养培养，仅仅是一种必要的整体性要求，没有明确的界定，英语文化教育的目的也并非单纯地从文字中了解这个社会，这种状况造成了英语文化教育中缺少人本主义和中西交流的能力，从而造成了目前英语教育面临的困境。

二、课程内容模糊

在全球范围内，人们越来越频繁地进行跨文化交流，而且可以相互借鉴，从而推动了人类文明体系的发展，实现“各美其美、美人之美、美美与共、天下大同”。然而，在英语文化课教学中，英语文化课教材却呈现出一种“中国文化的失语”状态。由于英美的语言影响，学生把英美的思想看得比自己民族的思想更重要，所以他们很难把自己的民族文明与传统语言相媲美，这也是导致“哑巴英语”的根源。因此，自 2013 年 12 月起，国家英语考试委员会就重新修订了大学英语四级和六级考试标准，对一些汉译英的题目进行了修改，开始涉及中国历史、中国文化、中国经济的相关内容，期望这种改变能给中国英语文化教育带来新的启示，从而推动中国英语文化教育的课程内容改革，改变目前这种失衡的状况，因此，英语作为一种新的语言形式，在语言教学和发展中发挥着重要的作用。不过，还是要说一句，在当前的英语文化教学中，目标语文化要从内容到形式上，仍旧比母语文化占有更大的比重，呈现了“半边天”的尴尬境地。

三、英语教师素养不足

课程教学是为了人，也得依靠人。也就是说，英语文化课程目标、内容都离不开一个关键因素——课程主体，尤其是英语文化教学中的教师的综合素质。但是，目前英语教师整体素质还不够理想，从整体上看，目标语的语言素质要比整体文化水平高。这种现象的产生，除了受到改革开放以来外语教学工具的导向之外，还与教师自身的专业意识有关。英语教师在实际教学过程中更多地讨论目标语的历史和文化，而对中国的历史和文化则较少涉及。在这种教学环境下，学生们往往会在“新鲜感”过后陷入“审美疲劳”状态，甚至连“文化课程”的内容都不能与“语言”课程的实际联系起来。

四、少数民族学生文化适应困难

中国的浩瀚文化是 56 个民族丰富多彩民族文化的一个有机组成部分，所以，文化自信并不只是一个民族文化的彰显。也要与其他各民族的文化自信教育相融合，即在了解中国优秀文化精华的同时又与其他民族文化进行比较，建立起对民族整体文化的信心。外语学院是多元文化交融、碰撞的场所，在这里，少数民族学生既可以接受中国优秀的文化，也可以学习外国的文化，享受浓郁的外语文化氛围。与其他非语言类高校的少数民族学生相比，他们可以更好地针对自己国家的文化展开交流，并且将其文化推向世界。同时，也可以加深对其他民族文化的认识，把先进文化引入自己的母语文化，互相学习，共同推动民族文化的发展和繁荣。因此，促进民族语言学校的学生积极融入多元文化是一项很有意义的文化活动。

（一）语言文化适应

1. 宏观语言文化适应

宏观语言是大学校园中普遍存在的一种汉语文化。在 55 个少数民族中，大多数民族都保持着自己的母语交流习惯，少数民族学生也养成了学习母语的习惯，在大学里很少说汉语；而汉语是我国高校的主要交流语言，这使许多少数民族学生在进入大学后感到难以适应，从而影响了他们的学习和生活。

2. 中观语言文化适应

中观语言是一种特殊的、以英语为主体的、具有一定特色的语言和文化氛围的一种特殊形式。对学习英语或其他外语知识的人来说，课堂上，老师和学生们通常都是用英语进行沟通，有些汉族学生在寝室里还会用英语聊天，让少数民族学生感到英语学习的压力。即使是非外语类院校，汉族学生英语基本功也比少数民族学生要强，这就使得少数民族学生有了很大的自卑感。可以看出，在外语学院浓厚的外语教学气氛下，少数民族学生在英语学习中所处的文化适应困境突出。

3. 微观语言文化适应

微观语言是一种具有特定地域特色的语言。汉语是各民族用来进行交流的一种标准语，但是，汉语具有丰富的语言发展历史，单就方言来说就是一种丰富多彩的语言，不同省份的语音也有不同，即使是在一个省，不同的地区，人们的语言也会有差异。在外语学院，当地学生一般都是用当地的土话进行沟通，这使得少数民族学生有一种“边缘”的感觉，特别是逛街、买东西的时候，因为听不懂当地的土话，更是难以沟通。

（二）学习文化适应

导致外语高校民族大学生不适应的因素有三个：一是语言交流困难；二

是他们的思维模式不同；三是他们的自我调节能力存在差异。在我们国家的民族发展区域，基本教学是以运用自己的母语知识为主，尽管在教育改革的进程中，一些少数民族地区的中小学已经开始采用汉语与母语的双语教学，这是一个很好的开始，但这种结合更多的是一种简单的组合，大部分学生和老师还是习惯使用自己的语言。因此，在学习外国语文化时，民族学生通常要经历由外国语到汉语，由汉语到母语，由母语到母语的翻译和理解过程，这个转变的过程对英语教学发展有很大的影响，比如会导致学生因不能理解而害怕回答问题，回答时会出错，口语课上不会说话。在思考模式方面，少数民族学生的思考模式与汉族大学生存在差异。比如而少数民族人的特点是能歌善舞、体魄强悍，他们的艺术表现力、形象思维和运动技能都有突出的体现。所以，对于音乐、舞蹈、体育等具有强烈吸引力的课程，他们能够很好地掌握，但是对于英语、电脑、经济学等具有较高逻辑思维的课程，他们却缺乏兴趣，难以应付。就自主性而言，在民族教育资源相对匮乏、教育条件相对落后的情况下，进入民族大学的民族大学生，特别是英语文化底蕴相对薄弱的学生会出现自卑、被动等心理，自我发展能力需要不断提升。

第六节　英语教学中文化意识培养的策略

有理念，就有策略。战术成型后，不会一成不变，而是会根据自己的想法而改变。由于文化教育的观念已经得到了普遍的强化，因此有必要对其执行的策略进行讨论。概括而言，文化教学的实施策略主要有以下几种。

一、理解与深化教学大纲

教学纲要是教学所要遵守的基本大法，而对于教学的内容、目标、方法或要求，在纲要中并没有具体的规定。教学大纲对听力、口语、阅读、写作等知识性的教学素质和技能的培养都有着较为完善的教学内容，但对文化课教学的关注并不多。离开了“文化”，英语课堂就会变得单调、呆板、缺乏美感。因此，老师们必须了解和加深对纲要的认识，领会纲要的精髓，遵循纲要的基本原理，根据不同的教学条件和学科特色制定符合本校实际的教学方针，明确教学内容、教学目标和基本需求，以增加教学深度，增强学生的人文素质。

二、品读、拓展与开发优质教材

要使教材更好地得到运用，就需要对教材内容有较好的理解。老师要对课本内容进行深入阅读，一个单词、一个语言点、一个文化现象，都可以在教学过程中与自己的经验相融合，进行深度的知识扩展。学习教材中罗列的所有语言文化知识是不太现实的。因此，在课堂教学中，教师要根据具体情况，对教材中的知识进行取舍或拓展补充。

三、提高教师自身文化素质

教师要想对教材进行深入阅读，并顺利传达给学生，就需要提高自身的文化素质。教师可以通过以下策略来提高自身文化素质。

（一）尊重文化差异，建立平等的文化观

各国的文化各有特点，并无优劣之分。在承认、尊重和欣赏各类文化的同时，也要重视异质文化和本土文化的对比，做到取长补短，丰富自己的民族文化。此外还要通过与其他国家的交往，推动自己国家的文化发展。

（二）充分发挥外籍教师作用

在客观条件良好的情况下，可以考虑聘请外籍教师。外籍教师的加入，在英语文化教学中起着重要的作用。

1. 外教对学生的积极影响

外籍教师不但能提高英语学习的兴趣，而且对培养学生跨文化交流的能力也有很大帮助。作为外国文化的一部分，外籍教师更能激发学生的好奇心，学生的在与外籍教师的交流中可以获得更多的英语学习机会，对英语的文化敏感度和英语交流能力的提升有很大帮助。此外，学校还可以定期利用外籍

教师举办英语角，为学生营造一个纯正的英语文化学习氛围，促进英语的听、说、读、写能力培养，增强跨文化交流的综合水平。

2. 外教对教师的积极影响

在中国大环境发展的背景下，很多英语教师都是英语专业的毕业生，而且他们还持有不同程度的英语资格证书认证。却因为没有实践的机会，英语的口语水平还很低。若外籍老师可以来，那么中国英语教师就有机会与外国教师进行直接交流，或许能帮中国英语教师改正发音错误，逐步提高英语的口语水平。此外，外籍教师成长、学习的文化环境不同，他们的教学方式或许更加生动有趣，中国英语老师可以借鉴他们的教学方式，提高自己的教学质量。当然，最终跨文化交流的最大的受益者是学生。中国教师的跨文化交流水平越高，其教学水平也越高，教学水平越高，越有利于开展跨文化教学。

（三）重视与文化相关的教研、科研活动

在文化层面上开展科研活动，能够反映出教育的规律，并能有效地引导教育实践。通过对这些现象的分析，可以为高校的外语教学研究工作带来新的思路和方法。通过教研，往往可以实现以科研促进教学的目标，促进外语教学的良性发展。

四、丰富课堂教学的文化内涵

丰富课堂教学的文化内涵，能提高大学生人文素质。特别是在课堂上，可以利用计算机进行直观的课堂教学。当今社会，资讯科技非常先进，以至于大学生们可以很容易地接触到传播媒体，例如手机、电脑、广播、报纸等。通过媒体，大学生可以欣赏大量的外国影视剧，也可以欣赏外国音乐。艺术来自生命，但又超过生命。而影视作品的制作更是建立在对现实生活的反思基础之上，体现出一个国家的社会和文化特色。因此，学生们在观看、欣赏和思考电影的时候，尤其是看纪录片的时候，可以了解有关时代的变化与发展，增加学生的文化素养和对外国生活方式和风俗习惯的认知。而且，看电影也是一种缓解压力的方式，不会被大学生们排斥，透过图片与视频，可以让学生获得更为直观和深刻的感受。在此期间，学生们可以轻松地了解国外

的文明，可谓一箭双雕。老师结合外国影视和音乐进行文化课教学，不仅可以激发学生的学习兴趣，还可以让学生的学习注意力更加集中，营造出一种放松、愉快的课堂气氛。只有这样，才能使文化的教育更加有效。

五、加强民族院校英语教学和谐构建

目前，民族学院是少数民族教育的主要载体，是建设社会主义和谐社会、促进区域经济发展的关键所在。英语课程是高校的一个主要教育内容。由于多种因素的制约，我国高校英语教育存在着很大的民族特色，关系到教育、民族、社会的和谐发展，其发展速度较慢。民族高校是在国家民族政策的指导下，为少数民族地区输送人才的高校。民族高校在狭义上是指在各个区域内的民族高等院校；在广义上，既指全国各地的民族专科学校，也指在全国范围内按规定招生的民族院校。当然，这些只是笼统的概念。

（一）保证教学过程中的人际关系和谐

人与人的关系维护是社会主义和谐的重要表现之一。在大学里，学生与学生之间的关系维护很重要。在我国高校英语课程教学中，研究如何正确地对待二者关系，促进师生关系的协调发展，对促进学生与学生之间关系的和谐发展有着十分重要的作用。

1. 民族院校中生生关系的和谐构建

在民族院校中，充分调动学生的积极性，使不同民族的学生和谐发展，是一项很有价值的活动和研究课题。在英语课堂教学中，各个民族的学生要相互帮助，使英语能力各异的学生能够相互帮助。例如，以西藏民族学院为例，该校在英语教学课上采取了“多民族一对一”的协作学习方式，即通过汉族一位英语基础好的学生，与一位英语基础差的学生结为互助对子，或通过语言能力高的学生与语言能力差的学生在英语课上的互相帮助，增进各民族学生之间的沟通。各学科的民族班还可以进行“一对一”的协作学习。少数民族学生本身具备双语学习的体验，他们能够在语言学习过程中充分地沟通，实现母语到外语的迁移，感受民族语言、汉语、外国语言的魅力，从而增进民族感情，实现民族间的和谐发展。在实际的英语教学课堂中，教师在组织团体的时候，也要注重把各个民族融为一体，有利于和谐发展，“汉族不能离开少数民族，少数民族不能离开汉族，不同的少数民族也不能离开彼此”，这就是所谓的“三不能离开”理论。

2. 民族院校中师生关系的和谐构建

教师与学生的交往是最重要、最基本的、最活跃、最频繁的一种关系。师生之间的互动是课堂教学中的一个重要环节，民族高校的学生大多来自边疆民族地区，他们的凝聚力和自尊心都很强，但由于知识基础薄弱、文化等因素的影响和限制，他们的外语能力普遍较差，学习外语的心理也比较脆弱，有些学生表现出自卑感，担心自己说的英语会被别人嘲笑；有一些学生对语言学习比较排斥，觉得外语对他们将来的就业没有太大的帮助，因而对外语的学习非常不重视。当然，也有些学生觉得英语学习难度大，无法完成大量的作业，因此，学生对英语教学产生了消极的影响。这就要求英语教师不仅要关注学生的学业，还要关注学生的生活和思想情感。在英语教学中，教师应做好大学生思想工作，抛弃家长式的优越感，以耐心与爱心赢得大学生们的信任，积极营造民主、平等与友爱的融洽氛围。人们学习的过程，从根本上来说就是自身能力、思维、情感的变化。只有师生相互理解与合作，融洽互动，才能有效地提高学生对老师的认同感，并在心理上接纳。这样，学生对外语的认同程度和兴趣都会得到极大的提高，形成一个良好的学习环境。

（二）重视多语言文化和谐发展

民族院校的外语教学是在三种语言文化环境中开展的，即民族语言、汉语以及英语。民族学院相对于国内其他大学来说有着显著的特殊性，在汉族的主导文化背景下，学生需要在英、美、少数民族等民族文化发展的基础上进行交流，并要实现多元文化的协调发展。在英语教学中，英、美等西方文明的影响越来越大，而真正的和谐文明不仅需要学习、借鉴其他国家的优秀文明，更需要我们自己的传承与保护。英语教育者要重视多元的文化发展，培养学生的跨文化意识和能力，不仅要简单地引入英美的知识，还要引入中国的民族文化。以外语为媒介，在吸取本国传统文化的同时，还要吸取和借鉴国外各民族的优良文化，并在此过程中不断地进行拓展和革新，推动不同国家的文化、社会、文化协调发展，使自己的文化走上国际舞台，让全世界都认识自己的文化。目前，我国民族高校担负着为各民族区域培养出新时代高质量、高标准建设者的使命，对各民族的传统文化进行了继承和发展。民族院校的毕业生生长在少数民族地区，对自己国家的发展也有着深刻的印象，因此，他们对自己国家的文化有着深厚的感情。汉语、民族语、英语三者的综合运用，使其成为继承、挖掘、弘扬本民族文化的中坚力量。在英语教育中，应发挥本民族院校的这一优势，有意识地加强本民族文化的可继承能力，彰显本民族的文化教育特色。

在英语教学内容、教学方法和课程设置上，可以使中国的多元文化和中国传统文化相结合。既可以吸收外国的优秀文明，同时也能促进我们传统和民族的元素丰富化，中西合璧，推动英、美等西方文明与中国传统文明的协调发展，其中也包含了各民族的文明和文化。例如，以西藏民族学院为例，藏族学生比例达到 60% 以上，英语教育非常注重学生与学生之间的协调发展，如在讲授圣诞节、情人节、感恩节、阿斯科特赛马节等西方节日文化时，教师也会及时地将春节、藏历新年（藏）、七夕节、望果节（藏）、雪顿节（藏）等这些中华民族文化的节日文化有机融合，让学生在了解西方文化的同时，防止中国的“语言失语”，从而推动中西文化协调发展。

第五章　文化自信视域下英语词汇、语法教学中的文化意识培养

第一节　英语词汇教学中的文化意识培养

词汇是完整语言系统的一种基本元素，英语学习中，词汇的重要性不言而喻。尤其是英语专业的学生，若不能扎实地理解单词，就很难进行听、说、读、写作、翻译等活动，也就谈不上交流了。但是，在“文化自信”的视角下，我们不仅要理解这些词语的内涵，更要理解它们所包含的文化内容。因此，必须将跨文化知识与英语词汇相结合，以促进文化自觉的培养，有效提升学生的词汇运用水平。为此，本节将对英语词汇教学中文化意识培养的路径进行研究。

一、英语词汇教学的现状与原则

（一）英语词汇教学的现状

当代英语词汇教育取得了长足的发展，但是仍然不可避免地出现了一些问题，这些问题制约了英语文化的发展。以下就对英语词汇教学的现状进行具体分析。

1. 教师的教学现状

在英语词汇教学中，老师的角色扮演起关键作用，在某种意义上影响着学习者的词汇习得。因此，为了更好地促进英语词汇学习，更好地促进英语

教师专业素质的提高，我们就需要对这些内容进行系统的梳理与探讨。目前，大学英语专业学生的文化认知能力还不够强。

（1）教学观念有误

教学理念更新对教学的设计、实施乃至结果分析都产生了重要的影响，英语词汇教学更是如此。然而，当前许多英语教师普遍存在着一种误区，即词汇的学习与记忆是由学生自主完成的，而在实践中，老师们往往把重点放在了对句子和课文的内容讲解上，忽略了词汇的使用。用这种教学理念进行英语词汇教学，不但无法使学生形成一种有效的记忆方式，同时也难以激发和调动学生对词汇的学习兴趣。对词汇教学的实践，表明了英语词汇教学的重要性，并将其与特定的语境相结合，能有效地让学生体会到学习词汇的快乐，鼓励学生主动学习。在这个层次上，教师要想使词汇教学得到有效的实施，就要改变教学理念。

（2）教学方式单一

在词汇学习过程中，记忆力起着举足轻重的作用，然而，背诵单词却是一件十分单调乏味的事情。所以，为了改变这个现状，我们需要采用一种更加灵活的方法，创造一个更加宽松的教室环境，并引导学生主动地学习。然而，目前的英语词汇教学仍沿用着“老师带着学生朗读”的传统方法，通过讲解重点词汇，帮助学生记住单词。这种单调乏味的教学方法不但使学生在课堂上处于一种消极的状态，学习积极性不高，甚至会引起学生的反感，使用这种方法，很难提高学生的学习效率。

（3）忽视学生的主体地位

现代教育思想强调以人为本，强调学生发挥主体性作用，并在一定程度上改变了教师的角色，使其从课堂教学的主体向学生的引导者转变。但实际情况是，英语词汇教学中仍然存在着传统的教学理念，教师在课堂中经常采用“满堂灌”的方法，这就忽视了每个人的差异性发展。因此，在英语词汇教学过程中，教师必须重视对学生记忆力、观察力和想象力的训练。然而，有的教师把重心放在了自己的工作成果评估上，忽略了对学生知识素质的关注。在现实生活中，教师经常教学生理解词汇含义、词汇规律、词汇搭配等，经过几年的学习，学生掌握了一定的词汇量，并具备了归纳、总结词汇规律的能力。这个时候，本应该将主体地位交给学生的教师并没有意识到这个问题，依然在教学生如何掌握词汇，以及运用的方法。

（4）缺乏学习策略指导

英语词汇教学还面临着一个突出的问题，那就是缺少对学生进行有效的策略引导，单词的讲授是混乱和分散的。很多教师都知道，记忆单词应该在理解单词含义的基础上进行，而许多老师仅仅从表象上讲授单词，他们往往会在黑板上写下单词，或是用多媒体进行展示，他们把单词的拼写与意义隔离开来，忽视对词义的深入挖掘，这就使学生记忆单词变得困难，甚至变成死记硬背。在教学过程中，教师对学生在词汇方面的学习策略运用和记忆技能上没有进行有效的引导，从而影响了学生的学习效果。

（5）缺乏实践性学习

学习单词的终极目标不在于死记硬背，而在于使用它来正常交流。从这个意义上说，交流对学生的词汇掌握是最有效的。在英语词汇教学中，经常出现“健忘”现象，尽管学生们当时能记住单词的意思，但是随着时间的推移，单词的意思依然会被忘记。所以，在英语单词的学习过程中，老师要重视对单词文化知识的学习，通过教学实践，使学生能够更好地掌握和巩固单词，减少“健忘”的现象。

（6）缺少文化教学

不可否认，词汇与文化有着密切关系，此外，词汇还具有浓厚的民族特色，因此，在进行英语词汇讲解时，除了传授词汇和文化知识外，还应注重词汇分析能力和文化素养的培养。然而，在英语词汇教学中，教师往往忽视对词汇文化内涵的挖掘，而仅仅是对其基本意义进行介绍。这样的教学方法导致学生只知道单词的含义，而对其深层的文化一无所知。因此，在进行词汇教学时，教师应该针对英语词汇进行适当的文化教学，使他们理解英汉语中的文化意义，从而使学生掌握词汇的能力得到进一步的提升。

2. 学生的学习现状

（1）词汇接触面狭窄

我国学生是在汉语的环境下学习英语词汇，且主要是在课堂上进行，词汇接触面这么小，很难拓展学生的词汇量。词汇量的缺乏会对英语的整体水平产生很大的影响。要想有效地解决这个问题，必须通过老师和学生的共同努力，把词汇教学引入课堂中。在课堂上，老师要鼓励学生们主动学习单词，使他们能够不断地积累和掌握单词。在学习过程中，学生要充分利用自己的主观能动性，运用多种方法，比如日常生活中使用英文、看英文电视节目、查网络上英文材料等，深化自己对英语文化的认识。

（2）死记硬背

在英语教学中，对于学生来说，词汇的掌握是很关键的，然而他们往往靠死记硬背来记忆和积累单词，这样的学习方式和结果并不如人意。尽管学生们通过死记硬背的方法暂时记住了一些单词，但是很容易忘记。实际情况中，每一个单词的含义都是准确、清晰的，学习者要在一定的上下文中进行正确的记忆，才能正确理解与学习每个单词，提高记忆能力。

（3）重词义、轻用法

在英语词汇文化教学中，除了理解单词的含义外，还应掌握单词的使用方法。然而，因为在学单词的过程中，学生往往把大量的时间都花在了对词义的理解上，这就会使学生虽然对词语的意思了解得很透彻，但对词语的常用习惯和词组使用并不了解，造成学用上的脱节，无法在实际的表述中使用。

（4）缺乏探究意识

在词汇学习中，学生大部分的词汇知识来源于老师教导，而其对词汇的主动探索却很少，特别是在英语词汇的构词规律上，缺乏文化背景的研究。如果没有教师的督促，学生们就会不知所措，这对学生英语词汇的学习和创造性的提高是很不利的。

（二）英语词汇教学的原则

我们要使词汇教学变得高效，使词汇教学得到进一步的发展，使学生的词汇水平得到提高，同时也使他们的语言能力得到进一步的发展。就应遵循以下几项科学的英语词汇教学原则。

1. 目标分类原则

英语词汇教学应坚持“目标分级”的原则，并针对不同的学习者和特定的需要，为他们设定不同的学习目标。英语词汇教学的目的主要有三个方面：

阅读词汇、认识词汇、运用词汇。在阅读词汇中，有一种词汇叫“过目词”，是指那些在语言表达中发挥辅助功能的词语。针对这类单词的学习，只需要了解它们的意思，不需要了解它们的特点和用法。运用词汇是英语学习的首要目的，而且使用频率最高。在不同的专业和行业中，就算是相同的词汇，其运用也有不同的侧重点，存在着一定的差别。英语教学并非要让学生掌握全部的单词，因为这样不但不切实际，而且效率低下。在英语单词文化知识教学过程中，老师应指导学生有选择地进行单词知识学习。

2. 词汇呈现原则

将单词展示给学生是进行单词教学的重要环节，单词展示可以给他们一个初步的记忆，也会极大地提高他们对单词的掌握程度，所以，在进行单词知识教育时，老师要遵守单词展示的基本原理，要做到情景性、趣味性、直观性。情景性就是将单词放在一定的情景之中，让学生在各种情景下理解单词的含义；趣味性就是词汇的呈现可以采取各种方法与形式，以此来激发学生的学习兴趣；直观性就是我们可以通过实物、道具等手段来展示词汇含义。在今后的教学中，英语单词的表述方式将会对英语教育效果变化产生重要影响。

3. 循序渐进原则

循序渐进是每一种语言发展的基本原理，也是语言学习的基本原理。这一原理就是要使学生在学习过程中，逐步深入。英语词汇教学应遵循“递进式”的原则，既是学生学习词汇量的递进，也是学生学习词汇质量的递进。在词汇文化知识学习过程中，质与量是密不可分的，数量越多，词汇之间的关联性与系统性就会越强。“分层次加深”是指在词汇的教学过程中，不可能一次就将单词的全部意义传授给学生，学生也不可能一次就将全部的知识都掌握。所以词汇的教学和学习要从浅到深。因此，在词汇教学中，教师要真正地指导学生理解每个词汇的含义和使用方法，并由浅入深、循序渐进，让学生的学习效率得到提升，提高教学质量。

4. 关联文化原则

词汇学习是为往后的跨文化交流服务的，因此，在进行英语词汇教学时，必须遵守关联文化这一原则，既要关注其意义，也要关注其所处的文化背景。认识语言文化有助于加深词汇的认识和对词汇的演变过程的把握。例如，news 意思是“新闻”，事实上它是由 north、east、west 和 south 每个词的首字母构成，表示从各个方向传来的信息，在这种情况下，学生们很容易就能明白 news 的含义并牢牢记住。

5. 回顾拓展原则

在学生们的词汇文化知识学习过程中，经常会出现一个常见的问题，那就是健忘。在日常生活中，大学生不断地学习新单词，但是，他们不能及时地对所学单词进行回顾和强化，那么就很容易忘记。在词汇教学中，教师应坚持回顾扩展的原则，把新旧词汇有机结合起来，并运用所学到的新单词解决难题，这不但能很好地巩固旧单词，而且还能有效地记住理解了新单词。我们应指出，对词汇文化知识进行复习，目的在于扩大词汇量，提高学生们的英语词汇应用能力。

6. 词汇运用原则

单词学会之后是要会用的，因此，在英语单词知识讲授课堂上，老师们要按照单词的应用原理教授，要注意指导学生如何应用单词，也就是要从上下文和语言应用两个方面去帮助他们了解单词的实际意义。首先，在英语教学课堂上，教师要根据学习者的学习特征，进行有效的英语课堂教学。其次，教师应注重对词汇的联想；最后，教师应注重词汇训练，确保练习的质量，切实提高学生的词汇使用效率。

7. 新潮性原则

当今社会，大学生思想开放、思维新颖，学习与生活息息相关。这就要求英语单词的学习要跟上时代潮流。比如，教师可以在课本中加入一些常用的新词，如 selfie（自拍），bestie（闺蜜）等，让学生对英语的新潮与发展有更深的体会。

二、文化因素对英语词汇教学的影响

语言是一面反映文化的镜子，从一个民族的文明中，我们可以窥视到这个民族灿烂的文化发展形式。一个民族的文明，在最初的时候是用一种语言词汇来表现的。而在词汇方面，各民族之间的文化差异也是最显著的。英汉词语由于其文化背景不同而在含义和外延上存在很大差异，这两种语言的不同之处对于英语的词汇习得与教学有很大的影响。

（一）英汉词汇的概念

在英汉语中，一个单词往往具有两种及以上含义。例如，fox 在英汉语言中既有“狐狸”的意思，又有“奸诈、狡猾”的意义；swan 在英汉语言中既有“天鹅”的意思，又有“高雅的人或物”的意思，还表示“才华横溢的优秀诗人”。在英语词汇教学中，教师要对相似单词的联想和指示意义进行细致的解释，使学生能更好地理解其差异和具体运用。

（二）英汉词汇的概念意义相同，但内涵意义不同

因为两国之间存在文化差异，所以即便英汉两国的词语在观念上具有同样或相近的含义，也可能会有不同的文化内涵。例如，peasant 一词在英语中主要指素质低下，没受过良好的教育、言行粗鲁的人；但在汉语中仅用来指在农田里劳作、干活的人。再如，politician 在英语中指牟取个人私利、不择手段的政客；但在汉语中仅指从政的人。面对这种情况，在英语词汇教学课堂上，老师除了讲解单词的含义外，还应注重对词义的分析，以提高学生对词汇的正确运用能力。

（三）只在英汉某种语境中有特定文化内涵的词汇

因为不同的民族有着不同文化背景，所以一些词汇会带有不同的民族特色。就拿英语中的某些植物名字来说，有些名字具有特殊的意义，如英国的 yew（紫杉）通常在墓园中种植较多，所以含有一种悲哀的情绪；lily（百合花）在西方人看来就是大自然的恩赐，通常被用来象征纯洁、高贵、完美，但是在汉语中，它只是一个名字。汉语中也常以植物来表现情感，而植物特有的形态各异、生活习性更容易让人产生联想。例如，红豆有相思之意；“胸有成竹”指坚定的信心和自信，而“竹”这个词，则是指高尚、稳重、谦虚的品质。由于不同的民族有不同的特点，所以会产生不同的意义，造成文化空白，这就是所谓的“词汇空缺”。对于不同的语言，这样的空白经常会让学

生感到困惑。例如，英语中的 Nazi（纳粹）、hippie（嬉皮士）、montage（蒙太奇）等，虽然可以用汉语表达，但是，这些词语多为音译、借用，实际上，汉语中并无与之相匹配的词语。又如，中国传统文化中的“风水”“阴阳”“乾坤”“炕”等概念在英语中并不存在。学生在学习英语词汇时，往往要从词义中找到相应的词语，而这一现象势必会影响到英语词汇的学习效果，同时也会影响到英语的教学效果。在具体的英语词汇教学中，教师应该运用英语解释方法来解释这些词汇，即剖析英语中的词汇意思和用法，以便学生能够清楚地理解其含义，为未来的语言交流打下良好的基础。

三、英语词汇教学中文化意识培养的方法

由上述内容可以看出，英语词汇教学中的文化因素起着举足轻重的作用，所以，从文化自信的角度出发，教师应该把文化知识融入英语词汇的教学中。它既包含了英语文化知识，也包含了汉语文化知识。

（一）进行英语文化教学

在英语词汇的具体教学中，教师可以采取“文化教学法”，它把文化知识和英语词汇有机地融合在一起，以达到扩大英语知识面、提高语言运用能力的目的。在此基础上，教师可以采取如下方式进行文化教学。

1. 融入法

在我们国家，学生学习英语文化知识，大部分都是在课堂上，日常生活中接触英语的机会很少，当他们碰到与课本有关的文化知识时，常常不会灵活应用。这时，教师要主动发挥自己的领导作用，把日常的英语文化知识融入课堂教学中，在课堂上适当应用融入法，进而形成知识性、趣味性的课堂，拓宽学生英语知识的广度，激发学生的思维创新潜能和求知欲。例如，对于 the Big Apple 这一表达，学生基本知道其字面含义，也有部分学生知道其是纽约市的别称。但是，为何要把这个名字和纽约联系在一起，就需要教师结合美国的历史与文化给学生讲解，使学生对英美文化有一个整体的认识。

2. 扩充法

因为在教室里的授课时长非常短，因此教师应该引导学生们进行主动地

知识学习，也就是引导学生在课余时间里尽可能地扩大词汇的数量和丰富文化词汇。具体来说，教师可以合理选择教学方式，主要方式如下。

（1）推荐阅读。词语蕴含着丰厚的人文意蕴，涉及社会生活的各个领域。教师无法为了拓宽学生的知识面在课堂上教授有关的全部文化知识，只有教会学生认识词汇和文化，以便让学生在课余时间有意识地读书。老师可以有选择地给学生介绍英美两国社会和文化方面的书籍，如《英语学习文化背景》《英美概况》以及 China daily 等，通过推荐阅读英语经典作品，使学生深入理解英美文化的精髓。这样不仅能够培养学生自主学习的能力，而且能够充实其文化内涵，拓宽其词汇范围。

（2）开展实践活动。要想培养大学生的跨文化交际能力，不仅需要不断地传授知识，更要培养实际交流能力，体会各种文化之间的差异，形成对文化差异的敏感度。学生要积极地为自己营造一个有利于英语语言学习的氛围。比如，老师可以组织学生参加英语角、英语演讲，让大学生们在英语环境中感受和理解外国的历史和文化。

（3）观看英语电影。许多英语影片具有浓郁的英美文化气息，语言通俗易懂，教师可以指导学生观看英语影片。这样既可以激发学生学习英语的兴趣，又可以使他们真正体会到英美文化，并用英语进行交流，从而促进跨文化交流。

3. 对比分析法

英汉两种不同的文化有着诸多不同，通过对英汉两种语言进行对比与研究，可以使我们对英汉两种语言的异同有更为深刻的认识。所以，在英语单词文化知识的学习中，教师要自觉地对比和分析中西文化的差异，对词汇的文化含义进行更深的了解和把握。

4. 语境法

英语词汇往往存在一词多义的问题，因此，判断词语的含义要结合特定的上下文。由此可见，语境对词义有很大的影响。事实上，不仅某个单词需要从上下文进行判定，很多时候一个词组、一句话也需要根据上下文来判定。在没有特定情境的时候，单词的意义是难以把握的。例如，Fire！意思可以是‘火”，也可以理解为上级下达命令“开火”，还可以理解为人们喊“着火了”。但是，要想明白这一概念的含义，就得将其置于具体的语境之中。

例如：Suddenly the line went limp. “I’m going back.” said Smith. “We must have a break somewhere.Wait for me.I will be back in five minutes.”

引爆线突然耷拉下来。史密斯说：“我回去看看。一定是某个地方断了线。等一下，我五分钟就回来。”

一般来说，have a break 意思为“休息一下”，不过用在这里就不对了。从开头就能看出，它的含义应该是“断了线”。因此，在英语词汇课教学中，教师应引导学生根据语境来进行词义分析。

（二）借助歌曲开展教学

在英语词汇教学中，词汇知识的学习过程是非常单调的，学生对词汇的学习也不感兴趣。而英文经典歌曲中包含了丰富的英语词汇，为学生积累词汇知识和提高表达能力提供了很好的材料。因此，在英语词汇课上，老师可以适时地给学生播放一些英文歌曲，这样既能使学生在听音乐的同时学习英语词汇，扩大词汇数量，增强其语感，培养其英语思维能力，还可以激发他们的学习积极性。还有一个要注意的问题就是，教师在选择歌曲时应注意以下几个方面。首先，选择认知度和传唱度高的歌曲。一般来说，欧美国家的英文音乐更具典型性，知名度更高，流行程度也更高，特别是一些大家熟知的影片中的主题曲和插曲。例如，*Yesterday Once More*, *TheSound of Silence*, *Yellow* 等经典的电影主题曲都是学生非常熟悉的，音乐既能激发学生的学习热情，又能提高他们的积极性，让学生在一种放松的氛围中学会英语。其次，我们要挑选一些含有丰富英语单词的歌。如今许多流行音乐都是一些单调的、反复出现的句子，而英文经典歌曲中的词汇量大，是英语词汇学习的绝好素材。所以，要在词汇教学中选用有代表性的、含义深刻、动人的经典歌曲。

（三）开展汉语文化教学

在文化自信视域下，只有把英语词汇和文化知识传授给学生，才能使他们更好地掌握汉语的词汇和文化，从而使他们的语言能力得到进一步提升。具体而言，教师可采用以下方法来进行汉语文化教学。

1. 课外词汇积累

在我国，语言教学和文化教学基本都以课堂教学为主要途径，且课堂教学都是提前设计并组织好的。因为在课堂上，时间与空间都受到限制，不可能让学生在课堂上将所学的一切都掌握住，所以，必须要有课外教学作为辅助。词汇的学习就是如此，应该在课堂学习的基础上，注重课外词汇的积累。近些年，考试中出现了较多的汉语文化类的谚语。根据文化语言学，词汇文化可分为五类：一是在另一种语言中没有出现相似的词汇，如中国的春节；二是能够体现社会历史背景的词汇，如对松树精神的理解；三是成语和俗语，是包含社会历史文化内涵最丰富的词汇；四是警句箴言，包含道理；五是礼仪性客套话。根据这种情况，教师在词汇教学中渗透汉语文化时可采用以下三种措施。

（1）对中国文化的英文单词进行归纳和整理。对英语中的类似中国习语的单词进行分类，并根据不同的词语，分析不同的文化背景，从而使学生体会到中国文化的魅力。将专用教材作为范本，让学生整理出中国饮食中主食、二十四节气、小吃和工具；传统节日中涉及的主要习俗，如贴春联、剪纸、发红包、守岁、猜灯谜等。

（2）定期在墙报上展示单词及其故事。《美国之音》栏目，开展过每周一期的中西文化词汇的阐述，通过网络让学生比较中西方文化存在的差异，比如龙与狗、老鼠与猫、孔雀与凤等在中西方分别代表的不同含义。用讲述故事的形式来把握中西文化中的共核。另外，城市的标志、标语、景点介绍甚至菜单中都出现了英语，也可以让学生们搜集，在课堂上进行讨论和评论。

（3）每天英语角成语英译。对英语中类似中国习语的词语进行梳理，并从词语上进行对比，从而加深对中西方文化差异的认识，使学生体会其中的乐趣。例如，“水中捞月”与 fish in the air“画蛇添足”与 gild the lily，“一箭双雕”与 kill two birds with one stone 等。

2. 感受和体验式教学

“感性认识”与“体验性认识”相结合的教学方式，是一种教师专门设计的教学方式，也是一种在教室里进行语言和文化交流的真实场景。使学习者在这种情境下能够感受到参与感，从而最大限度地激发自己的学习兴趣。

3. 发现式教学

中国的文化是非常丰富的。因此，教师应积极地指导和激励学生去挖掘、探究中国的文化之美，并且要用英文表达中国的文化。在探究式的教育中，真实、有意义的例子，能让学生对中国文化内在的价值、信念进行归纳和挖掘，进而使得教学效果更高校。

第二节　英语语法教学中的文化意识培养

语法在语言交流当中非常重要，语法不仅体现在词、词组中，还体现在一些短语和分句中，属于一种组合规则、模式。在任何时候，一门语言的学习都会受到语法的影响，语法是贯穿于整个语言教学过程的。英汉语由于语言和文化背景的差异，语法也存在着很大的差别，这给学生英语语法的学习和教师的教学增加了难度。本节将对英汉语法教学中文化意识培养的路径进行研究。

一、英语语法教学的现状与原则

（一）英语语法教学的现状

当前，我国的英语语法教育已有了很大进步和可持续发展，但仍有许多亟待解决的问题。以下就对英语语法教学的现状进行具体分析。

1. 教师的教学现状

（1）忽视语法的重要性

在我国语言教学中，特别是英语教学体系当中，语法的价值和重要性是显而易见的，但许多老师在教学中忽略了语法，认为语法是不重要的，从而“淡化”语法教学。实际上，虽然学生们学英语已有数年之久，但是，学习的时间长并不能说明他们的学习质量就高。另外，尽管目前还没有专门测验英语语法的测试题，但是，英语学习中每一个句型的解析，尤其是阅读，都会涉及语法。因此，在英语教学中，教师要加强对语法的关注，积极地进行语法教学，使学生能更好地掌握语法。

（2）教学方式陈旧

由于语法学习是一项非常枯燥的工作，而教师所采取的教学方法又很陈旧、单一，大部分教师还在使用“先讲单词、再讲语法”的传统方式，所以不能激发学生的兴趣。这种以老师为主体、以学生为客体的“被动”的教学模式，不符合现代教育思想。不仅影响了学生对英语学习的兴趣，也影响了他们对英语文化知识的实际应用。

（3）忽视语言情景

学生们用汉语来学英语语法，几乎没有机会去体验真正的英语场景。但是，语法教学的终极目标是有效交流，即在实际生活中，如何利用语法知识来解决交流问题。但是，目前我国英语教育中存在的一个突出问题是，教师在讲授特定语法词汇时，往往会把词义与上下文相分离，在这种情况下，学生很难正确地理解所讲授的语法知识，从而影响到他们的学习效果和实践。

2. 学生的学习现状

（1）缺乏有效的学习方法

目前，我国高校英语教学中存在着许多英语语法教学方面的问题，其中一个重要的问题，就是在英语教学中所使用的方法不够科学，致使学生所学到的语法内容比较分散，缺乏系统性。在语法教学过程中，学生经常会处于一种被动的地位，这明显地会对语法知识学习产生不利影响。

（2）对语法缺乏敏感度

由于汉语思维的原因，许多学生对英语语法的敏感度较低，尤其是在书写方面。在英语测验中，学生普遍畏惧“改错”这个常出现的题型，因为其中的错误也是他们的经常犯的常识性问题，因此他们很难找出错来。这反映在英语写作中，就是对语法的敏感度不够。

（二）英语语法教学的原则

1. 以学生为中心原则

现代教育思想提倡“以人为本”，即开展一切以“学生为中心”的教学活动。按照建构主义的理论研究，可知学习并不只是一个简单接受知识的过程，它还包括了所有的学习活动。在这个过程中，虽然外部的语言输入很重要，但学生个人在社交活动中对输入文化的处理、转换和内部生成更为重要。这就要求教师在英语语法的课堂上要以学生的主观能动性培养为中心，使学生的主观能动性得到最大程度的发挥。在提高学生英语学习兴趣的同时，使他们能够自主发现问题，学习、掌握语法的规律。

2. 循序渐进原则

对事物的认知是由浅到深、由简单到复杂的，不可能是一朝一夕就能完成。为了巩固语法知识学习，和词汇学习一样，语法的学习也必须经过这个阶段。所以，我们应该遵循循序渐进、由表及里、由一般到特殊的原则。此外，教师在教授语法知识的时候，要不断地进行这种循环，并要在一定的情境下进行，从而让大学生们在“知识—了解—掌握—应用”的过程中掌握语法知识。

3. 文化关联原则

语法与文化关系密切，很多语法知识都蕴含、反映着文化信息。在英语语法教学中，教师要重视文化因素对学习者的影响，同时要自觉地与西方文化相结合，使学生们能更好地了解和记住语法。

二、文化因素对英语语法教学的影响

文化差异会在一定程度上促进语言差异，这种差异也在英语语法教学当中表现强烈。语法是语言交流的基本要素，如果不能熟练地掌握英汉语的语法特点，就无法正确地表达自己的意思，交流也会变得困难。因此，在英语语法教学中，通过对英汉语中不同文化背景造成的语法差异进行分析，对学生进行文化自觉和语法素质的培养是十分必要的。

（一）构建方式的文化差异

形合（hypotaxis）意味着不同的英语句子必须基于不同的语法措施来连接和实现。再详细一点说的话，英语句法应用的一大核心特点就是以形显义。为了从根本上满足人们句意表达的需求，我们可以将不同句子当中的单词、短句以及相关从句连接在一起，也可以采取一系列语法类的措施，合理运用关联词、引导词等，站在意义和结构两大层次上确保语句准确性和完整性。意合（parataxis）指的是不同语句内容的连接依赖的是语法意义和逻辑关系。和英语形合表达模式下的以形显义做比较的是，汉语意合通常具备形散神聚的特点。无论是顺序标志词还是逻辑关系词等，在英语中相对应的连接模式在汉语表达当中都是不多见的，英语句子的意思通常是由动词来表达的，因此，读者要想清晰地理解句子内部的逻辑关系，就必须了解形合与意合的差异。

（二）语态的文化差异

从语态上来看，英语句式中常使用被动语态，通常包括以下几种情况。

（1）动作对象分析是对话的核心。

（2）达到语气温和、措辞到位的语言表达目的。

（3）实现上下文的衔接与连贯。

（4）无法表达动作施行者的情况。

（5）不强调或说明行为实施者的情况。

因为受到多种文化思维因素的影响，我国人比较关注自我“悟性”的开发和提升，特别关注个人感受的深化，得出“事在人为”的道理。所以，进行汉语表达的时候，往往不经常使用被动语态，比较常用“主题—述题”结构。详细地说，汉语表达往往需要基于词汇方式和措施来传达被动性的内涵与内容，具体如下。

（1）“受”“被”“让”“埃”“遭”“给”“加以”“为……所”等带有明显形式标记的被动式。

（2）无形式标记的被动式，其在主谓关系上带有被动含义。汉语中表达意思时，通常称其为“行动”。所以，在汉语中经常会出现人称。特别是当没有特定的人称时，常采用“大家”“别人”“有人”“人们”等泛人称。

（三）重心位置的文化差异

英汉语言中，每个句式都有其中心内容，包括结论、事实、假设等。但是由于英汉国家在思想、价值观等方面存在差异，因而在语句的侧重点上也存在差异。英语语言表达一般都是直接进入主题，所以思想、情感、态度、观点等都是在一句话的开始，这很大程度上是因为受了“直线”思考模式影响所造成的。由于中国人是“螺旋式”的思考模式，汉语的句型往往是以“后中心”的形式为主，把一些关键的内容放在“末尾”，而且往往是按照一定的逻辑或时序来组织的。因此，表达重心位置的差异使得英汉语法也有很大差异，这些差异对学生语法的学习、掌握和使用都有着重要的作用。

三、英语语法教学中文化意识培养的方法

在文化自信视野下，教师应重视文化对于语法教学的影响，在英语语法教学中，要充分吸收英汉语的文化知识，灵活运用英语教学法，提高学生的语法素养，增强学生的英语文化意识。

（一）进行语法练习

语法教学的基本目标不在于丰富学生的语法知识，而在于培养学生的综合运用能力，也就是把自己所掌握的语言知识用于交流过程中。因此，在英语教学中，教师必须加强对语法技能的练习，以培养其实际应用的能力。必须科学合理地选取和设置语法习题，并对其进行有效的组织和训练。应该指出，在练习语法时，不能盲目，而是要按照循序渐进的原则，让学生逐渐地增加对语法的熟练程度。具体来说，可以按照下列步骤进行语法训练。

首先，进行机械练习。通过模仿、替换、重复等方式指导学生进行机械训练。机械式的训练往往需要学生在不了解句子意思的情况下迅速做出正确的反应。其次，强化内化训练。在经过机械式培训之后，教师可以运用造句、改句、翻译等手段，使学生实现知识内化。内化式训练一般是由学生根据所教的知识来完成的，需要他们对所学知识有所理解，并且能够做出恰当的反应。以这两种练习为基础，老师可以利用情景对话、提问等形式来进行交流和操作性练习。这一训练方式要求学生能将他们所学的语法运用到实践中，组织起一种快速的反应和对问题的回应体系。

（二）借助网络开展教学

将网络技术作为一种先进的教学技术应用于英语语法教学中，能够创造

一种轻松愉悦的气氛，缓解学生的紧张情绪，能够有效地调动学生的学习积极性，促进他们积极思维的发展，提高他们的思维能力，优化他们的学习效果。因此，采用网络教学方法进行英语语法研究，可以从如下方面着手。

1. 利用课件呈现语法知识点

在英语教学中，借助语言教学手段，让英语学习者更好地理解英语语法的重要性。例如，教师在讲授 listen、watch 等词的一般过去式、正在进行时的时候，就可以将“-ed”与“-ing”用下划线和不同颜色标注出来，也可以用有声音的方式，让学生们集中注意力，同时还能总结出一些规律，起到举一反三的作用。但是，对于 see、think 这些特殊动词，可以通过图片的方式展示，让大学生们记住这些动词。

2. 采用课后自主拓展模式

基于英语语法，运用互联网，学生也需要在课后进行知识学习。所以，老师要指导他们在课后进行主动学习，特别是老师可以建立小组，促进教学中知识的分享。在分组中，老师将预先设计好的引导问题及相关的信息发给学生，让学生提前进行学习，有疑问时可以提出问题，人人都可以参与学习活动。此外，教师可以通过 E-mail 形式进行辅导和交流。这样既能突破时间和空间的局限，又能减轻课堂上的紧张感，让学生们更加放松，同时也能将教学内容扩展到教室之外。

（三）进行文化对比

在语言文化知识学习过程中，文化因素起着非常重要的作用。因此，在语言学习中，可以运用比较分析的方法，使学生认识到英、汉两种语言的不同，从而提高他们的语言理解和语言交流能力。学生的汉语思维方式必然导致运用英语时出现句子结构问题。这与文化、生活习惯有关。这种情况势必会对英语老师的语法教学造成一定的冲击。在这种情况下，教师要结合学生的学习特点和教学实践，对文化进行比较分析。

（四）实施微课程教学

在“互联网 +”的大背景下，各国之间的交往日趋密切，外语教学模式和教学方法也随之发生了变化。在英语课堂上，教师应借鉴以往的英语课堂教学方法，结合新时期学习者的个人需求和特点，开展适合于他们的英语课堂教学活动。在这种方式之下，微课程语法学习法就是一种使用移动终端设备获取文字、图片并随时随地观看的一种比较有意义、有价值的语法教学方式。其中，微型教学法就是在“云环境”下，提倡“导学一体”的教学方式，它由三大部分组成：一是课前的任务单，二是配套的学习资源，三是课堂教学模式的革新。其教学模式如图 3–1 所示（桂花、杨征权，2016）。

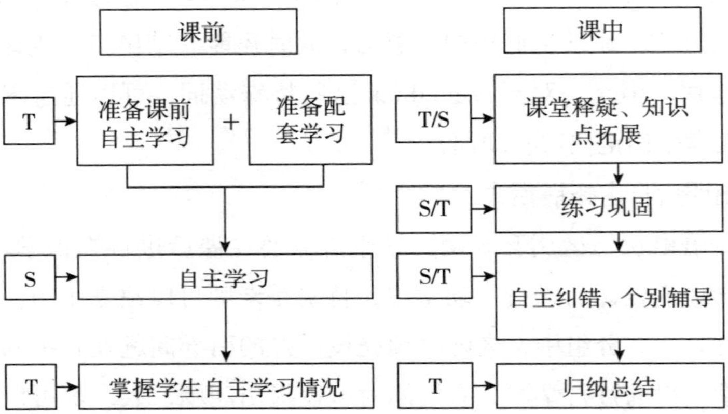

图 3–1　微课程教学法的教学模式

（五）开展汉语文化实践活动

在英语语法教学中，除了讲授语法、英语文化，还应讲授汉语文化，培养学生的语法能力和文化意识，这样可以真正提升学生的综合素质。在汉语教学中，通过对学生进行文化实习锻炼，可以使学生获得良好的学习效果。老师可以组织更多的学生参观当地博物馆、展览会，或者去当地参观、考察。通过这种方式，可以使学生更好地感受中国文化，更深入地了解中国的文化特性，并在一定程度上提高学生的汉语学习能力。学生在实际生活中运用汉语，进行自主观察、学习和归纳，这种直观的感觉式教学，可以使学生自行提炼学习要点，将所传授的知识点深深刻入脑海并能够应用。对一些没有实际经验，缺乏感性与理性的学生而言，文化实践是书本和实际结合的重要途径。

总体而言，在文化自信视野下，英语词汇、语法教学应与文化教学相融合，在教学中，不仅要让学生掌握词汇、语法知识，还有英语、汉语、文化等方面的知识，以增强学生的英语学习自觉性。

第六章　文化自信视域下英语听力、口语教学中的文化意识培养

第一节　英语听力教学中的文化意识培养

一、英语听力教学的现状与原则

（一）英语听力教学的现状

1. 教师的教学现状

虽然在全球化的影响下，我国近年来出现了许多先进的教学思想，但在教学过程中，由于自身主观因素和客观因素的制约，一直无法摆脱陈旧的教学观念。当前，我国高校英语听力教学存在着一些问题。

（1）教学目标和模式单一。在高水平的应试教育下，所有科目的学习都好像是要在测验中取得好成绩。在这种教学目的的指导下，听力课变成了一种“题海战术”，让人觉得枯燥。

（2）教学内容不丰富。目前，我国听力教育的主要基础仍是教材，教材内容相对较少，且有些教材水平较低，影响了听力教学的效果。再加上如今是网络时代，知识飞速发展，资讯的传播也越来越迅速，有越来越多的人想要了解更多资讯。很明显，单凭课本上的知识，很难吸引到学生。

（3）教学方式有缺陷。因为大学英语老师的数量有限，所以英语类的课程基本上都是大班授课，不可能实现个性化的教学目标。

（4）教学评价体系欠缺公正性。在大学里，以学生的日常表现和期终考试为依据进行评估，而期终考试的分数在大学里所占的比重更大，而平日的分数更多的是一种点缀。

2. 学生的学习现状

（1）语法不严谨。英语句子中出现了一些结构上的错位，有些甚至是机械式的重叠，给人一种不地道、不自然的感觉。

（2）乡音比较浓重。许多大学生在刚开始学习的时候，都没有学会正确的发音，所以他们一直用着不规范的发音，到了大学里，他们用英语说出来的“乡音”就会非常不标准。

（3）缺乏文化知识。一些大学生在高中阶段所学到的文化知识很少，很难适应大学的大量阅读需求。

（4）英语学习习惯欠佳。有些大学生在课堂上缺乏听、说、读、写、记单词的能力，往往把重点放在词汇的拼写上，而忽略了发音，这就成了英语听力教学中的一大障碍。

（二）英语听力教学的原则

1. 多种信息刺激原则

在当今信息技术高度发达的今天，我们能够充分利用信息技术促进英语听力教学。在英语听力课上，教师可以运用多媒体技术提供声、象、图等信息，促发各种信息刺激。比如，学习唱歌，尤其对英语听力有很大帮助。英文歌曲演唱对提高学生的英语水平有重要作用。还可以通过观看影片等直观的方法来矫正自己的不规范发音，学习地道自然的发音技巧。随着资讯科技的发展，很多英语听力类网页也随之出现，这些网页内容丰富、版块完整，让学习者有机会在视觉和听觉上充分体验。它能有效地解决传统英语课堂教学中存在的问题，并能在一个轻松、愉悦的气氛中调动起学生的学习热情，增加他们对语言、文化材料的了解。

2. 精输入与泛输入相结合原则

精输入就是精听，泛输入就是泛听。精听需要教师对听力中出现的一些基本句式进行细致的讲解，反复播放一些不能听明白的段落，或对一些不太明白的句子进行说明。在学生回答问题时，不能因他们的失误而中途插嘴，而是要让他们改变自己的表现方式，以免造成他们紧张。泛听强调听的是范围、本质和核心思想。因此，我们主张精听与泛听相结合，让孩子们在最短的时间内，尽自己最大的努力去多听。要做到这一点，就要把听力教材的难度降到最低，把生词的数量限制在 5% 以下，才能保证对教材的理解到位。

3. 重视语境原则

语境，说得直白点，就是上下文，即听力材料中某个词或某个句子的前言后语。语言单位必须融入实际语境当中，不然无法发挥作用，无法确保意义真实性。文化语境是比较主要的，在跨文化交流中，人们往往会用自己的文化标准去评判别人，从而导致误解。

例如："Do you know the meaning of war？" 可以有两种不同的意义。

（1）老师对学生说这话时，它的意思可能是：Do you know the meaning of the word "war"？（你们知道 war 这个词的意义吗？）

（2）受伤的战士对主导战争的政治家说这话时，意思可能是：War produces death，injury，and suffering.（战争造成伤亡和痛苦。）

英语教学要注重培养学生的听力能力，使他们能够充分运用语言知识来认识和理解语言的含义。在现实生活中，大学生出现听力问题，大多数是因为自身的听力水平不够。这些大学生无法将单一化的语言单元整合成完整性的语言事实，也无法将所学理论知识和积累的经验结合在一起。人们听力理解的过程，往往就是不断预估、不断调整内容和不断认可语境的过程。教师要针对那些有利于学生学习的信息和资源进行有效预测，也要有选择性地听取，从根本上达到节省时间的目的。

二、文化因素对英语听力教学的影响

在所有英语技能的教学中，毫无疑问，英语听力教学算是弱项。细究其原因，主要是由于英语听力教学忽略了语言知识以外的其他方面，其中的文化知识则是最具代表性的。由于文化知识的匮乏，学生不能对说话人的真正目的有一个准确的理解，从而导致学生产生一些语用错误。这会危及交流双方的关系。因此，在英语听力教学中，必须培养学生对不同文化背景的理解能力，同时也要让他们了解语言错误所造成的严重后果。目前，国内英语教学培训的市场正在不断扩大，如今在日常生活中见到有人讲英语，则是很平常的事情，这表明英语变得对我们的生活产生了很大的影响。不过，会讲英语并不意味着不会出错。特别是在跨文化交流中，讲英语的人仍然有较高的失误率，由此产生了互不相容的语言和行为，从而产生了矛盾与误会，这种现象在语言学上统称为“跨文化语用失误”。跨文化语用失误这一概念出现在大众面前，还应该归功于英国语言学家珍妮·托马斯（Jenny Thomas）。她认为，跨文化语用失误就是未能理解所说话语的内涵。在20世纪80年代，她提出了语用失误和外语文化教学相互关系的结论，并试图建立分析二者关系的理论框架。同时，她把语用失误划分为两种：语言语用失误与社交语用失误。后来，我国著名语言学家何自然对这种划分有了进一步的说明，他认为两类语用失误的区分不是绝对的，它们的区别是不同角度导致的，也就是说，从一个视角来判断一个不恰当的词语是一种语用错误，从另外一个视角来判断一个词语不恰当，就可以判断为社会语用错误。在母语是英语的人看来，最主要的是要看说话人的用意。事实上，语用失误与听力教学的联系很紧密。根据语用常识，同一事物在不同的文化背景下，其含义常常是不同的。他们只能理解表面的含义，却不知道它的真正潜在含义。

（一）文化因素对英语听力教学影响的表现——语言语用失误

语言语用失误具体是指学习者基于本族语，针对语言表达模式的语用价值，进而套用在外语交流当中所产生的一种失误。在实际运用中，语言语用失误可能带来严重的后果。这其实就意味着，说话人所表达的真实意义不是听话人所感知的话语意义，造成说话人与听话人的误会，使交流不顺畅，乃至使交往关系受到损害。何自然指出，语言语用失误可能是以下几种原因造成的。

1. 不恰当的母语迁移

汉语和英语在结构和逻辑上存在着较大的不同。在英语听力教学中，由于对汉语十分熟悉，学生会不知不觉地把自己的汉语知识转移到英语中，因此，学生在学习过程中可能会产生一些或大或小的偏差，这些偏差被称为“负迁徙”。在发生“负迁徙”时，学生在语言学习中所表现出来的态度往往是僵化和不自然的。例如正确的语言表达:What can I do for you？（你想买什么？）负迁徙后的语言表达为：What do you want？如果一个中国售货员对一个外国顾客说“What do you want？”外国顾客就会认为这句话的意思相当于“What do you want to buy？我们都知道，外国人更加注重隐私权，这种经过负迁徙的表述，在外国人看来就是一种窥视个人隐私的提问，会让老外厌恶。

2. 不了解汉、英词语的文化差异

英语词汇与汉语词汇不能一一对应，这是因为英语与汉语有着不同的语言文化背景。这往往造成学生不能从语言的表面含义理解别人的真正意思。因此，我们推测，英语学习者对于其他西方文化的因素所知甚少，包括习俗、思维与心理等要素。所以，当学生和外国人交流时，往往会以自身的文化观点来使用语言，造成沟通上的困难和误会。

例如英语老师说：Can you answer this question？中国学生回答：Yes. 这没什么问题，而如果外教教师这么问，实际上是希望能得到学生关于问题的答案以及具体解释，只是简单回答“Yes.”是不够的。

3. 违反英语语言习惯

英语学习者由于对英语语言习惯不熟悉而导致使用不当。

例如，具体情景中，一位外国友人在无意识中挡住了中国学生的道路，中国学生想要外国友人让路。我们中国人想要别人让路一般都会说“对不起”或者“借过”，将汉语的语言习惯套用在英语上，就变成了“I am sorry”，但是在英语国家想要请求别人做事应该说“Excuse me”，这才符合英语语言习惯。可以想到，外国人在听到中国学生说“I am sorry”时，肯定是一头雾水。

（二）文化因素对英语听力教学影响的表现——社交语用失误

社交语用失误就是因为交流的两个人的身份和价值观不同，对一个话题的理解也不同，因此，他们在使用语言的时候会产生一些失误，这和他们的身份、话题的熟悉程度、价值观等都有很大的联系。在跨文化交际过程中，人们往往会出现社交语用失误。

1. 价值观对社交语用失误的影响

中国人崇尚低调、平易近人、知足常乐，不喜欢逞强、出风头，因此有一句俗语，叫“枪打出头鸟”。此外，中国人具有强烈的团体意识，追求和谐的社会发展。因此，中国人认为“双数”是一个吉利的数，汉语中与双数相关的词汇多为“美义”，如“好事成双”“双喜临门”“六六大顺”“十全十美”等。西方在人类诞生之初，便以种种方式征服大自然，重视个体抗争的价值，高度重视个性、自由和自我价值的实现。虽然个人主义可以促进个体的创新和进步，但过分强调个人主义，反而会降低整体的凝聚力。因此，西方人偏爱单数词，在西方文化中，单数词是吉祥的，有时常在整百整千后面加“一”，如 one hundred and one thanks（十分感谢）。

2. 民族性格对社交语用失误的影响

民族性格是国家集体中公共行动、公共理念的驱使，它以自身内在的力量对国家成员的个性进行定型。关于民族性格的理论，学术界有很多。比如，美国人乐于接受挑战，乐于与人竞争；英国人擅长于在灾难中挣扎求生；中国人是保守、有耐心的、和平的；澳大利亚人公平而仁慈；德国人很负责，很守规矩；意大利人喜欢分享、喜欢争辩、喜欢浪漫，等等。不同的民族，由于其所处的地理环境、社会历史、风俗习惯等因素影响，其性格也是不同的。民族个性的形成固然有其与生俱来的因素，但是，这也是受到长期影响而形成的。所以，对民族性格应该谨慎判断，不要过分夸耀自己的民族性格，也不要过分贬低别国的民族性格。

3. 态度对社交语用失误的影响

态度是基于一致方式而对固定对象所采取的一种长时间形成的习得性倾向。态度固定和形成之后，就会高度影响人的社交，这种影响是长期的。态度主要包括认知、情感和意动三大要素。其中，认知部分往往代表的是个人针对态度而持有的具有评价价值的思想和观念；情感部分代表的是人们针对一些人和物做出的评估，以及感情和情绪的反应；意动部分代表的是态度当中含有的行为意向内容，展现的是个体言行举止以及一些预备倾向。在这里，意动往往会受到认知和情感的严重影响。定势和偏见可以说是态度的主要类型，也是人们依据社会交往和文化学习经验而对特定对象持有的思想、情感以及行为类倾向。

（1）定式

定式，我们也可以称为“刻板印象”，是在对外事物分类过程中感知和认可后得到的产物，这其实也是一种态度，是比较粗糙简单的，实现了对实际事物的识别。在实际的跨文化研究视域当中，定式往往能实现对别的文化群体内容和特点的全面概括，虽然强调了群体差异性，但是也忽视了个体差异性。1922 年，美国学者李普曼指出，定式其实就属于一种针对意见的鉴别和评估，是比较简单化的。由于环境的复杂性，我们无法按照自己的认知来理解所有人、所有事，于是，我们就创造出了一个简单的认识方法，那就是把所有的人都归于一个预先设定好的形象下。定式在一定程度上可以促进人类的日常信息生产和加工。

定式往往包括两大类，第一种是社会定式，第二种是文化定式。其中，社会定式主要包括思维定式和行为定式，思维定式指人们头脑中相对长期和固定的认识，行为定式则代表的是习惯行为模式。对于文化定式来说，也主要包括两大类，第一类是自定式，第二类是他定式，文化定式不仅对全面反映了本文化、本群体，还对其他文化群体的认知和情感做出了概括。一种定式能在多大程度上产生影响，取决于信息量。信息越少，人们对固定模式的依赖性也就越强，而固定模式的作用也就越大。定式的存在未必是一件坏事，我们不能轻易地把定式排除掉。重点是要让“定式”更加精确和具体，这样才能让“定式”起到自己的积极作用。

（2）偏见

偏见主要是指针对一定群体而做出的不符合事实、不合理的评估和判断，也属于人们持有的极具否定性的态度，是很难产生变化的。外国学者布拉德福德 · J · 霍尔针对偏见做出详细划分。第一，公然型，这意味着在公众场合表现出对其团体的憎恶和歧视，以及使用武力的可能性。第二，自负型，这就是轻视他人，轻视他人的价值观、行为方式、专业技能和社交才能。第三，象征型，带着这样一种成见的人倾向于不承认他们带着成见，但是他们害怕现在的权势关系会被外人干涉。第四，门面主义型，这就是认识到自己对另一群人有负面情绪，却不肯承认，而且还会掩饰。第五，若即若离型，它是指没有自己族群的人时，与其他族群的人和睦相处，而在自己族群的人面前，却对其他族群的人视而不见。

造成偏见的因素很多，包括生理上的、社会上的、经济上的。从生理学上讲，当人们面对陌生环境时，会有一种心理上的压力，从而导致他们做出相应的反应。偏见可以使人们的认识过程得到简化，从而促使人们对其做出适当的反应。就社会层面而言，传统与媒体是造成偏见的主要因素，传统效应就是对既定习惯观念的一种继承。媒体可以凭借自身强大的影响力引起偏见。从经济效益角度来看，偏见性越强，越有利于市场竞争。因为偏见的形成依据与定式非常相似，所以偏见越强大，就越有可能变成定式。在现实生活中，偏见是普遍存在的，有些人会花费更多的时间来证明自己的看法，而不是了解他人。

4. 礼仪对社交语用失误的影响

礼仪是指人们与他人进行交流时所制定的一系列的行为准则，其最终的目标是让人们和谐相处。礼仪的演变也反映着人类文明的演变。礼是原始时代人们对神灵的一种表示尊敬的方式，它经过了奴隶时代、封建时代，逐渐演变成了对社会上层组织、统治者的尊敬，进而演变成了对人的尊敬。每个国家的人对礼仪的看法都不一样。我国一直以来就有“礼仪之邦”的美誉，从这里就能够看出礼仪在我国是非常重要的，而且我国古代人们通常单独表达“礼”和“仪”，“礼”涉及人们一切日常生活规范。从这一点上可以看出，在中国传统的社会发展下，“礼”不但对政治、公众产生影响，而且对人们的日常生活也有一定的作用，其范围可谓十分广泛。

5. 习俗对社交语用失误的影响

风俗是人们在日常生活中的一种表现形式，它是人类最早形成的一种规范，它不受法律的约束。风俗一旦形成，就会保持较高的稳定性和连续性，其继承主要依靠信念、心理需求和习惯。民俗是一种极具规律性、极富感染性、能指导人们行动的习俗。大多数人都按照习俗行事，风俗的另一个主要方面是禁忌，禁忌是人们所不能触及、不能谈论的东西，人们会很默契地对其避讳，但这并不妨碍其对人们进行制约。人类学学者弗雷泽认为，虽然这些禁止性行为只是一种幻想，但并不影响它的真实存在，就像地球重力对人类的影响一样。

（1）习俗的类型

习俗包含七种类型。第一，惯例是在日常生活和社会生产当中，人们需要一起遵守的规定。第二，社交庆典是为开展集体交际和休闲娱乐活动而产生的习俗，比较有代表性的有竞技、赛会等。第三，日常格调是涉及人们日常饮食、穿着、居住、交际等方面的生活模式，是具有特殊性的。第四，人生礼仪是基于人类生命发展而产生的一大习俗，这种习俗具有定期出现的特点，比较典型的有生日、婚庆等。第五，禁忌是基于人们社会生产活动而出现的一大习俗。第六，岁时节令是在长时间下产生的具有周期性特点的一大习俗，比如我国春节，外国的感恩节等。第七，原始信念是人们基于统一意愿和信念而产生的行为模式。

（2）禁忌的特点

禁忌是一种社会性的行为准则，其特征主要表现在四个方面：第一，人们无法明了禁忌是如何产生的；第二，禁忌可以说是一大文化要素，被很多文化观念要素限制和影响；第三，禁忌无论是从心理还是从行为上说，都属于一大“禁区”，群体成员必须回避、遵守它；第四，长时期维持禁忌，离不开人们强大的信念和较强的心理需求，且禁忌被损坏之后，也会和心理文化背景下的禁忌不同，所以禁忌也属于一大文化差异性因素。

6. 制度对社交语用失误的影响

制度是指一个特定的社会团体在一定的社会生活中所遵循的各项基本准则的总和，既包含了社会关系，也包含了社会行为。因为制度是由一个社会或者一个社会团体所决定的，所以它是一个最稳定、最基本的社会规范，保障着社会正常运行，是一个社会的生存之本。

制度包含原则、奖惩与权威三种要素，这三个方面都是不可或缺的，否则就不能发挥其根本作用。第一，原则。对于原则，制度对社会成员的权利和义务进行了规范，而且这些规范是从外界强制的。社会对其成员的权利和义务的界定，必须与其所处的地位相符。第二，奖惩。奖惩是制度的本质，这是由于制度作为一种基本的手段，是一种对特定社会关系和社会行为结果的处置。“赏”与“罚”，应以“赏”为目标。在提倡和禁止之间，宽容是一种体制的容忍度，它体现了体制的灵活性。第三，权威。权威是组织与设施彰显的精神力量，任何时候都会出现在系统中。举例来说，在早期的人类社会发展中，氏族是制度的权力来源；在等级社会中，权力既有普通的组织，也有特殊的制度和工具。

按照社会性行为的范畴，制度的类型可以将其分为五大类。第一，政治制度涉及不同阶级在政权中的重要位置和相互之间的关系，不仅包括行政规范，还包括公共秩序和安全性规范等。第二，公共制度是关于政府单位开展的公用事业活动，不仅包括某人的直接性社会服务活动，还包括相关规范和规定。第三，经济制度是涉及谁需要生产资料、生产资料怎样分配，以及行为主体关系维系和更新等方面的规范系统。第四，文化制度不仅包括思想观念更新，还包括基本规范和制度运用，涉及的规定领域比较广，不仅有教育和科技，还有思想道德和艺术等。第五，私人制度是关于婚姻、生育、亲属以及非家庭的私人生活等方面的基本规范的总和。不同的文化在这些方面都有其差异，而体制的变化也是社会历史发展的一种反映，因而可以从制度的角度来认识文化与历史的变化。

三、英语听力教学中文化意识培养的方法

在英语听力课上，应将中国的文化和西方的文化相融合，使之更好地为学生提供更多的信息。以防止“民族文化失语”的发生，使学生建立起民族文化的信心。因此，在全球化的激烈冲突中，必须树立正确的文化观念与价值观念。针对这一问题，教师可以采用如下的方式进行教学。

（一）培养批判性思维法

批判性思维是一个辩证的思维过程，通过对辩论的内容、形式、结果表现出自我反省的思维过程，通过积极的思维，学生可以根据自己的经验，对知识的真实性和准确性做出自己的判断。在英语听力教学中，学生所接受的语言包含了西方的价值观念和话语方式，如果老师不进行指导，不能使他们对所听到的内容进行客观的理解，那么学生的价值观必然会失去正确的判断。当今世界进入了全球化、信息化的时代，新时代最显著的特点就是文化的竞

争和交流。在全球化与多元化之间找到一个平衡点，既可以防止文化霸权主义，也可以防止民族文化的孤立。英语听力是大学学科教学中必要的一环，是学生了解西方文化的一扇窗口和通往世界文化的一座桥梁，在英语教学中，学生应怎样面对西方文化，提高文化鉴赏力和创新能力就成为问题。在全球化视野下，这些都对大学英语听力教学提出了新的要求，通过深入挖掘英语新闻，教会学生以批判性思维审视新闻内容，学会解读新闻中的客观报道和蕴涵意识形态的报道，不断培养学生的批判思维能力。在实践中，教师要强化自己的学习，强化课后的实践活动，改变教育理念，只有以长期发展为基础，方能切实培育出民族的自信心，提高我国的文化软能力。

（二）依托体裁分析理论

大学英语的听力内容，大部分都是从媒体上得到的。这样，老师才能更好地利用文体的分析方法，使其更好地理解特定类型的语篇和词类的特点。英语新闻在结构上一般都有“倒金字塔”的特点，即由新闻的引言和主体的内容构成。一条消息可以是多个事情，将每一个事情的重要程度进行排序，就是一个“倒金字塔”。其中，新闻导语就是对所发生的事件进行一个简单的总结，包括时间、地点、人物、事件、原因等。老师们可以选择一些与他们的生活比较接近的听力材料，以便能够更好地进行课堂的授课，使学生更好地掌握。英语新闻在用词方面已经呈现出了自身的特点，特别是术语和简称在新闻中无处不在，为了帮助学生解决英语听力问题，老师在上课之前，首先要对这篇文章中所含有的特殊词语进行整理，并按照一定的方式进行归类，降低学生对词语的理解难度。

（三）尝试问答教学

因为从某种程度上说，教育过程也是一种交流过程，所以，这种提问式的学习方式非常关键。许多教育界人士都极力提倡这种“答疑式”的教学方法。教师的问题既能促进学生的主体性作用发挥，又能促进其认知与情绪的发展。

1. 问题的类型

教师提问的问题可以与语言有关，即从一篇文章中所能得到的信息，不管是直接的还是间接的；也可以是关于信息的问题，它可以分成两种类型：一种是以客观信息为基础的问题，另一种是以主观信息为基础的问题，包括回忆、辨认、创作等。这些问题相互影响、相互补充，为英语听力教育提供了有力的支持。

2. 不同类型问题的不同应用

针对不同问题，老师在适当的听力教学中应运用不同的方法。英语听力的教学可划分为两个阶段：一是理解阶段，二是习得阶段。这两个阶段并不是孤立的，而是相互融合的，而习得阶段则以理解阶段为基础，推动了认知发展。

（1）在理解阶段的一些较为关键的语言结构或文字内容方面，老师可以展开问题分析，而且要以展示性和开放性问题分析作为主要方式，比如取得要点和细节理解等。通过这种方式，可以让学生对一些关键的语言结构和它们的应用规律有一个更为清晰的认识，同时也可以对他们的听力理解能力进行测试，为接下来的习得和语言的内化打下基础。在听完之后，老师会用一些问题来对他们进行进一步的验证，这些问题主要是一些开放型和参考型的问题，比如一些主观的问题，一些关于推断和欣赏的问题。此外，老师也会运用问题来指导学生对所学到的知识进行思考，重新组织文章中的重点，从而提高他们对问题的判断与解题能力。

（2）在习得阶段，比较常见的活动之一就是听说一体化。教师会挑选学生回答语言重组方面的相关问题，实现听力信息输入到口语文化输出的有效转变，最后实现语言信息内化的目标。教师第一步就是基于语言做出提问，旨在引导学生关注创新性的语言模式和功能，进而设计和提出语言重组方面的问题，使得学生有效运用听力发展中的语言模式。

第二节　英语口语教学中的文化意识培养

在外语交际中，“说”是非常重要的。在人们交往中，语言是一种主要的工具，它的功能主要体现在口头表达上。学英语的学生们都以英语流利、口语标准为荣。但是，很明显，英语口语的学习是一件非常困难的事情，需要学生坚持不懈。本节介绍了英语口语教学的现状、原则，以及文化因素对英语口语教学的影响，探讨了文化自信视域下英语口语教学中文化意识培养的方法。

一、英语口语教学的现状与原则

（一）英语口语教学的现状

1. 对口语能力重视不够

在英语教学中，教师和学生越来越关注英语口语教学。然而，从实际情况来看，英语口语教学中依然有很多问题没有得到应有的重视。这主要是因为许多老师和学生对口语在英语教学中的作用还不够重视，认为口语是可有可无的，只要能读会写就行。这些思想在一定程度上会影响到教师的教学，也会影响到学生的英语学习。

2. 教学时间有限

当前，英语口语课教学中存在着一个很大的问题，那就是课时不足。口语训练是一项长期持续的工作，同时，语言技能的训练也应是一个循序渐进的过程。但由于它被列入了整个英语课堂，加上整个英语的教学时间都很短，所以留给学生的口语课的时间就更少了，其效果也就可想而知了。

3. 学生压力大、不愿开口

一般而言，学生的口语能力培养不仅受语言因素的制约，而且受心理、文化、生理、情绪和角色关系等多种因素的制约。因此，很多学生在进行口语能力培养时，都不愿意开口说话。著名学者崔（Tsui，1996）总结了学生不愿开口表达的五个原因，具体如下所述。

（1）害怕说错，被同学嘲笑。

（2）自认为英语很差，不想说。

（3）老师提出的问题有较大的难度，学生不太能理解和解决。

（4）话轮分配不均匀。

（5）在老师发问时，学生很难忍受老师的沉默而不愿意回答

（二）英语口语教学的原则

1. 内外兼顾原则

内外兼顾原则，就是我们在考虑问题的时候，不仅要考虑内部情况，还要考虑外在因素，不然就会顾此失彼。在这一理论的指引下，英语老师不仅要重视英语课知识教学，而且要重视对学生语言能力的培养。在实际生活中，英语口语的学习应当是以课堂教学为主要内容的，而在课余时间里进行英语口语学习，也可以起到辅助作用，两者互相促进。以课堂上的知识技能训练为基础，利用与之有关的课外活动，让学生在课后的活动中对所学的知识展开全方位的训练，最终实现对知识的复习和巩固。相比于课堂上的活动，课外活动的气氛要轻松得多，学生们的情绪也会变得很好，在这样的环境中练习英语，会有意想不到的收获。在课后实践中，教师将学生分组，并要求他们完成交际任务，教师给予学生恰当的指导，通过小组合作，提高了学生的英语口语水平，并适当地加强了他们的沟通、理解和团队合作的能力。

2. 循序渐进原则

提高学生的口语水平也是一个循序渐进的进程，从简单到困难，从理论到实际。对学生而言，他们的英语水平有很大的差异，同时他们的发音也带有一定程度的地方口音。所以，在英语口语教学中，教师应该先把学生在发音上遇到的困难和问题都找出来，然后再对他们的发音进行适时的矫正，让学生按照由浅入深的步骤，从语音、语调、句子、语段等方面入手，循序渐进地训练。此外，在教学过程的编排和设计上，要坚持科学性的原则，对难度进行合理掌握。对于教学目标，如果过高，则会给学生带来较大的学习压力；如果目标过低，因此，在对教育目标进行合理设置时，必须做到“有分寸”。

3. 鼓励性原则

在英语教学中，特别是在口语训练中，学生有可能产生焦虑情绪。著名学者纽南（Nunan，1999）认为，教师鼓励学生大胆开口说英语是十分重要的。所以，老师必须为学生创设真实的学习环境，使他们能够在轻松的环境中畅所欲言，而不用害怕被别人取笑，尽可能地帮助学生进行口头训练，提高英语学习水平。

4. 先听后说原则

“听”与“说”有着紧密的联系，它们是同一事物中两个相互补充的方面。在进行语言交流时，受话者要先明白对方的意图，再做出理性的回应。以保证交流的顺畅进行。这表明，英语口语在说之前要遵循“以听为主”的原则。所以，英语的口语交际应该从培养学生的听力能力开始，从多个角度进行词汇和各种语言知识的积累。在语言教学中，学生会产生一种内在的表达欲望，使其在言语层面上主动地进行表达，进而提高口头交流的水平。

5. 互动原则

说英语是一个非常耗费时间和精力的工作，同时也是一个相当乏味的工作。学生没有一个很好的语言训练环境，那么随着时间的推移，他们会感到厌倦，因此，他们对英语的兴趣必须发自他们的心底。所以，在进行口语教育的时候，应当始终遵循着一个互动原则。当教师在对学生进行口语培训的时候，要具备情景化、互动化的特点，使学生能够长期保持对口语的兴趣，并自觉地进行口语训练，从而有效地提高口语水平。

6. 科学纠错原则

在口语教学过程中，学生难免会犯错，这是很常见的，老师必须用一种科学的方式来处理。通常情况下，当一个学生在进行会话练习时，老师会对一些不重要的语法问题视而不见，当学生有了错误时，不要立刻打断和改正，这会影响到学生们说话的热情。在完成了对白练习后，教师要在练习中一个个地指出问题，并给予学生适当的建议。当然，如果出现了严重的失误，老师也要及时指出，避免问题再次发生。

7. 生活化原则

在开展英语口语教学活动时，教师要充分考虑到“生活化”的原则，即课堂教学要尽可能地贴近学生的生活，给他们更多的话语空间，如果他们对这个问题有了浓厚的兴趣，就会把问题提出来。具体而言，老师可以从几个角度着手：采取有效措施，确保话题和主题内容的多元化和趣味性；掌握和了解学生的学习需求和个人意愿；教学内容要与学生所关心的主题相结合。

二、文化因素对英语口语教学的影响

（一）词汇文化因素对英语口语教学的影响

为了使自己的想法清晰表达出来，学生必须有很多的词汇量。同时，由于不同语言所处的文化环境不同，词汇的文化含义也存在着巨大的差别。因此，在英语课堂中，教师要自觉地将不同的词汇文化差异引入到学生的课堂中，从而使其在语言交际中获得更多的语料及更多的文化知识。就拿 wink 这个单词来说，在英语教学中，有关 wink 的成语数不胜数，老师们可以有意识地把它们引入到课堂上来。老师们可以利用这一类型的成语来指导他们在日常生活中灵活地使用它。

（二）思维模式因素对英语口语教学的影响

英汉两国之间的思维方式有很大的不同，不同的思维方式必然会给英语口语教学带来很大的冲击。比如，许多学生使用“中式英语”是因为他们受到了来自母语的消极影响，所以，这种表达方式与英语的语法格格不入，会造成沟通上的障碍，使另一方无法理解说话人的真实用意。此外，在英语教学中，思维模式的差异也会对英语教学产生一定的影响。许多学生已经养成了用汉语进行思考的习惯，当他们使用英语表达时，往往会出现停顿、迟疑等现象，影响了他们和外国人的沟通。

（三）社会文化因素对英语口语教学的影响

中西社会文化有很大的不同，这一差别在语言交流中具有重要的意义，并与语言交流中的问题回答有直接的联系。所以，对中西方社会文化差异的认识是很有必要的。

三、英语口语教学中文化意识培养的方法

中国文化底蕴丰厚，与日俱新。大学生在新时期文化自信的大环境下应该把中国文化的传承作为自己的责任，把中国文化的英语表达作为自己的一项任务。为此，文化自信视域下英语口语教学中文化意识培养的方法可采用

以下几种。

（一）主导—主体法

在英语口语教学中，英语口语与中国文化的融合是教师和学生的主体性发挥途径。该课程实施的目的是将中国文化有关的英语词汇输入到英语音像教学中，以便于学生收集有关材料，并能更好地运用英语知识。中国文化课老师在教学中的领导地位表现为：选择有关中国文化课的音像材料；在教学实践中，要对学生进行听力训练，指导他们进行听力训练，解答他们的疑问。在课堂上，教师要有“中国文化传播”的自觉，要当好“旁观者”，要适时发表意见，让课堂秩序有序，要对学生的学习成绩给予鼓励与认可。教师是中华民族传统文化的传承者，应以发扬中华传统文化为己任。在英语教学过程中，我们要从国家自豪感和文化自信心等方面培养学生的主动性和创造力。大学生应该主动、有意识地去寻找和学习有关的中国文化英语材料，并且在适当的情况下，用英语把所学的东西完整地表达出来，并且把它们运用到自己的生活中去。

（二）创境教学法

英语学习的终极目标是交际，说到底，英语教学并非是在课堂上进行的，而是在特定的环境下进行的，如果没有具体的情境，就无法使英语教学成为可能。比如一个新生儿，在英语氛围里，他耳濡目染学习的就是英语。再比如，原本英语水平很低的同学，在周围人都说英语的情景中过了一天之后，其口语水平就会有很大的提升。因此，在英语口语教学中应充分重视情景的作用，使学生在实际生活中学会说英语，使其表达更为地道。一般来说，角色表演和开展配音活动是创设良好教学情境的两大途径。

1. 角色表演

角色表演是一种很受同学欢迎的口语训练方法，因为大学生一般都很活跃，他们有很强的表现欲，而角色扮演恰好有这一特征，这一活动可以使学生摆脱单调乏味的教学，激发学生的情绪。所以，在英语口语课堂上，老师应该更多地安排角色扮演，让学生自己去学习，自己去练习，自己去表现。演出结束后，教师并没有马上给他们评分，而是要求他们就表演技巧和语言运用等方面发表看法，最后对其进行总结和评论。

2. 配音

配音也是一个非常好的练习方法，可以提高大学生们的语言水平。在配音训练中，老师可以选择一个影片片段，让学生先听一次原声对话，然后在聆听的同时，老师及时解释影片中的几个语言难点；然后请学生再次聆听原文，并请他们尽可能地背出自己的台词。接着，教师将录像带调成静音，请同学模仿录音。在挑选影片时，老师要遵守下列原则。

（1）使用的是标准语音、正确的语调，学生易于掌握、易于模仿。一些电影的画质非常好，但人物讲话速度太快，对英语口语有很高的要求，配音时难以跟上，这会打击学生的积极性。因此，我们应根据英语水平来选择影片，尽量选择情节简单、发音清楚的影片。

（2）影片语言应具有丰富的信息量。有些电影，尤其是动作片，虽然很好看，深受学生的喜爱，但这种影片语言的信息量比较小，甚至充斥着暴力，所以不适合选用。

（3）影片应该用英语作标题，最好是用中英文两种字幕。在没有字幕的情况下，教师可以要求学生背诵或不背诵。

（4）影片内容要尽量贴近生活。因为这样的影片，其语言也非常接近实际生活，所以配起来比较简单，更关键的是可以使学生学会运用，让他们了解英语的实际意义。从实践来看，如 *MuLan*（《花木兰》），*KungFu Panda*（《功夫熊猫》）等具有中国文化的特色的影片，剧情轻松、幽默，语言简洁、明快，是一部很好的配音影片。

（三）文化植入法

1. 文化植入的概念

植入，一开始的时候只是一个医学用词，慢慢地才被人们运用到非医学领域，而其使用较多的定义就是“植入式广告”，植入式广告是一种以实现市场销售量为目标，将商品和服务的视听品牌符号与影视或舞台产品结合起来，以使受众对其产生更深层次的影响。我们经常会在许多电影、电视剧、综艺节目中见到植入式的广告。在英语口语教学中，“文化植入”和“广告植入”

是相似的概念。具体地说，就是如果让你直接去看一则广告，那么无论广告多么精彩，你都会感到厌烦，广告产生了反作用。文化教学亦是一样，若单纯地设置文化课，学生会对复杂多样的文化感到困惑，进而丧失学习的兴趣。若将文化“植入”英语教学中，则可以在一定程度上影响学生，使其对文化的印象更加深刻，激发学生对语言文化的学习兴趣，培养他们的语言表达能力。

2. 文化植入的原则

在进行文化植入时，需要遵守一些基本的原则。

（1）在精不在多原则

在英语口语教学过程中，教师要寻找合适的“切入点”，使其更好地融入英语语言学习中。因其背景较复杂、内容较多，故可采取“植入”“切入点”等要素，使其对相关文化学习产生好奇，进而产生兴趣。同时，还能锻炼大学生们的口语能力。

（2）适当原则

在进行文化植入的过程中，并不是毫无规则地随便植入，植入的东西应该与学生的利益和喜好相一致。能够用通俗易懂的表达方式，有效地帮助学生提高英语的口语能力。首先，教师要对学生的兴趣有一个全面的认识，寻找其感兴趣的文化。其次，在对所要植入的信息有深刻认识的前提下，尽可能地用直观、简洁的语言来表述。最后，所要注入的文化内容的困难程度要适中，不能过于浅薄，也不能过于深刻。

（3）服务于口语教学原则

“文化植入”的全部内容必须以语言教学要求为中心，与语言话题密切联系。因为植入文化的英语口语教学的最终目标在于使学生能够更好地运用口语，更好地把握英语口语教学的内容，所以，在文化的植入中，要凸显它的服务性功能。

3. 文化植入的方式

“文化植入”并不意味着是简单的文化“注入”，而是在教学过程中，老师要适当地“灌输”，把“内容”很自然地融入课堂上，为口语教学服务，而且还得悄然无声。在此基础上，笔者提出了两种不同的文化植入方法。

（1）直接呈现

所谓“直观呈现”，就是老师选取一个和课程内容有紧密联系的话题，并在课堂上对学生进行直观的展示，使他们能够更好地了解这种文化的主题。在展示文化的过程中，再将其引入到课堂主题中，比如，使用各种媒体进行演示。在一个关于建筑物的口语课程教学中，往往会出现大量关于该建筑物的描写和表述。在这样的环境中，老师利用多种形式的教学方法，将建筑物时代背景、风格特点等文化信息呈现给大学生们，并在一定程度上融入教学要求掌握的口语表达方法。通过这种直接展示，学生不仅对建筑物有了学习探究的兴趣，还可以进行针对性地表达，加深印象，掌握所学知识。

（2）间接呈现

间接呈现是在课堂上，教师通过游戏、比赛等形式，将文化内涵融入课堂中。比如，老师在讲解商业宴席上的一些口头用语时，就应该把“酒文化”植入其中。首先，通过预习，让大学生们对葡萄酒的文化有一些认识，然后，老师在课堂上举行“抢答竞赛”，为学生提供一些英文选项，让学生们抢答，每个题目都与图片、视频等演示相结合，向学生们展示这道题目所蕴含的文化意蕴。通过这种方式，使学生在交流的过程中提高自己的口语表达能力，拓展文化知识。

（四）文化渗透法

“文化渗透”与“文化植入”在某种程度上是相通的，都是将文化要素融入课堂教学中。具体来说，因为每一种语言所处的文化环境不同，所以要从不同的文化角度去认识语言的特定意义。具体来说，老师们可以采用如下的方法。

1. 文化对比法

笔者认为在大学英语教学课堂上，英语和本土语言之间存在着一定的差异，教师要注重培养大学生的跨文化交际能力。教师可以先讲授中西文化的不同之处，然后，指出学生在交流中可能会犯的错误，并说明这种错误就是因为他们没有重视中西文化的不同而导致的。通过不断比较与接受，使学生能够了解英语与汉语，以及中西文化之间的不同之处，并在日后的交际中加以重视。另外，借由对不同文化差异的认识，学生对不同文化的习俗和习惯会有更多的尊重，并培养他们处理语言和文化之间关系的能力。

2. 交流学习法

在英语学习了多年之后，大部分的大学生都具备了一定程度的英语技能，他们中的一些人还进行了跨文化交流。所以在教学过程中，要使学生的这一优势得到最大限度的利用，进行有效的课堂沟通，从而提高教学质量。

3. 教师引导法

无论是口头授课还是师生日常沟通，都要始终重视正确的指导。尤其是当学生出现交流障碍时，教师要适时进行启发式的引导，在充分尊重学生主体地位的同时，培养其文化知识素质，启发学生学习、使用语言。

综上所述，在“文化自信”的大环境下，英语和中国文化的“听”和“说”的有机结合是一种有效的教学途径。中国文化的不断继承和繁荣，使大学生的英语听力水平得到了极大的提高。有意识地将中国文化渗透到英语的口语教学中，不仅能提高学生的听、说、读、写能力，而且能提高学生的语言交际能力。

第七章　文化自信视域下英语阅读、写作和翻译教学中文化意识的培养

第一节　英语阅读教学中文化意识的培养

阅读指的是读者主动利用所掌握的语言知识、文化背景等加工语言材料，从而获得信息。读书并不只是接收资讯，也是一种思维和沟通的综合活动。这既受到语言能力的限制，又受到民族文化的影响。在一个文化知识系统中，语言起着重要的作用，它的每个成分都包含着大量的文化知识。基于文化自信视野，英语阅读教学应开展相应的文化教学，中国文化知识和英语文化知识融合在一起，从而形成汉语文化知识，促进学生文化意识和阅读能力的提高。

一、英语阅读教学的现状与原则

（一）英语阅读教学的现状

1. 教师的教学现状

（1）教学模式陈旧

目前，我国英语阅读课仍然存在传统英语教学的阴影。尽管一些教育界的专家正在大力提倡英语教学，但要付诸实施，却是一件非常困难的事情。在英语阅读课上，老师兴致勃勃地对新词汇、新句型、新语法等进行逐句解释，并对题目进行剖析，大学生们一边听、一边记笔记，这是英语阅读常见

的教学模式。在这种教学方式下，学生往往会形成一种消极的学习习惯，缺少独立思维和动手能力。可见，缺少互动的课堂教学，很难激发学生的兴趣，更不可能提高他们的阅读水平。

（2）课外缺乏监督

由于课堂上的教学时间较短，所以大部分的阅读作业都是在课后进行的。尽管老师安排了家庭作业，但学生已经对老师形成了依赖，如果老师不抽出时间检查家庭作业，他们就不会把功课看得很重。再加上他们不重视课外的阅读，这种情况下，很明显，他们的阅读水平不会提高。

2. 学生学习的现状

（1）词汇量和阅读量小

词汇是组句成篇的基础，也是阅读和理解语篇的基础，所以没有一定的词汇量，就无法顺利进行阅读。可以说，英语阅读水平的提升，词汇量是基础，而阅读量是必要条件。词汇量与阅读是相互补充的，词汇量要靠阅读来累积，也会进一步促进阅读。如果词汇量很少，那么培养阅读能力就会变得毫无意义。英语阅读需要掌握大量的词汇，而且有大量的同义词和近义词，词义的差异模糊不清，很难分辨，这加大了学生的学习难度。英语的全面发展对词汇的掌握提出了更高的要求。

（2）文化背景知识缺乏

当今英语作品大多都含有西方文化，因此，要想流畅地进行阅读，必须具备足够的西方文化知识。若是对西方文化还不理解，那么英语的阅读很难做到一气呵成。例如“The eagle always flewon Friday”这句话的字面含义是“老鹰通常周五都飞来”，如果真这样理解可就大错特错了。实际上，美国以老鹰（eagle）为国家的象征，常常在货币上使用老鹰的图案，因此本句中的eagle实际上指的是美国钱币，这句话的本义是“美国人总是在周五发工资”。我们可以看到，在阅读过程中，如果缺少文化背景知识，就很难了解这些词语的真正意义。

（二）英语阅读教学的原则

英语阅读是一项很有挑战性的工作，也是一个非常重要的课题。我们不能盲目地进行，应该按照一定的规律进行。

1. 循序渐进原则

人们普遍认为，阅读能力相较于英语中的其他能力容易培养，其实并非如此，阅读技能的培养是一项非常复杂的工作。学生要提高自己的阅读能力，必须掌握大量的词汇、丰富的语法，以及一定的文化背景。所以，在英语的阅读课上，老师应该遵循逐步推进的原则。特别是在教学前，要有一个合理的、长期的计划，涉及阅读材料、阅读内容、阅读方法的选择以及结果的反馈等，循序渐进，逐步展开，提高阅读能力。

2. 因材施教原则

学生成长的背景不同，个性各不相同，因此，在阅读教学中，教师必须认识到学生的个性特点，根据学生的特点合理地选择相应的教学内容，制定适合自己的教学方案；根据学生的需要，尽量提高每个学生的阅读能力，特别是那些阅读能力不强的学生，首先要给他们提供比较容易的阅读资料，培养他们的自信心和学习兴趣，再逐渐加大难度；对于阅读能力强的学生，教师可以提供高难度的阅读资料。简而言之，老师要对学生的性格、学习状况有一个完整的了解，并针对其各自的特征，选择适当的教育方式，从而达到因材施教的目的。

3. 真实性原则

在阅读中，应坚持“本真”的原则。从总体上讲，英语阅读的“真实性”包含了两个内容。

（1）阅读材料的真实性

在英语阅读课上，教师要注意选用有意义的教材，比如与学生生活密切相关的或者学生喜欢的。另外，所选用的教材应力求做到所用的语言内容尽可能地符合学生的实际情况。这种接地气的英语教材，既能使学生在英语阅读方面有很大的进步，又能激起学生对英语学习的兴趣。

（2）阅读目的的真实性

在阅读实践中，应结合学生的实际需要，规划教学活动，并采取适当的教学方式进行有针对性的训练。在阅读过程中，有些人是为了获得信息或者证实自己已经掌握的知识，有些人则是出于消遣和消磨时光。根据学生不同的阅读目标，老师要采取多种教学手段和训练措施。

二、文化因素对英语阅读教学的影响

英汉语言因其思维模式、文化环境等因素的不同，产生了明显的差异，进而对英语阅读的教学产生重大的冲击。这里具体从以下几个方面进行说明。

（一）思维模式差异对英语阅读教学的影响

自多元化思维方式的影响下，英汉语篇也开始多样化，差异性比较明显。英语语篇往往以演绎型为主，作者想法和观点通常在文章一开始就被提出，之后通过事实进行验证。对于汉语语篇来说，往往以归纳型为主，在通常情况下，都是从事实、理由开始，然后一步步地进行总结，作者的主旨和思想顺序没有那么规律，也就是这样的文本结构，让学生在阅读的时候，必须既不能省略，也不能略读，同时，还需要在阅读的过程中获得感悟，往往到结尾，才能把握到语篇的主旨。因此，在英语阅读课教学上，教师应使其意识到英汉语篇章的不同，根据英语课文的内容指导他们采取适当的阅读方式。

（二）历史文化差异对英语阅读教学的影响

历史文化是指一国在发展与演化中表现出来的具有本民族特征的文化。因为历史与文化的形成常常是漫长的过程，所以不理解其他国家的历史和文化，阅读困难，这很正常。早在古希腊时期，西西里岛上的统治者狄奥尼修斯一世有一个亲信，名字叫达摩克利斯，他热衷势利、追求虚荣。狄奥尼修斯为了训诫他，让他参加一个宴会，之后让他坐到自己的宝座上，这个人抬头突然发现头顶上有一把用一根头发悬着的宝剑，随时都有可能掉下来，刺在他的头上，以此让达摩克利斯明白，坐上宝座并不只有幸福与安乐，还有威胁生命的危险。后来，就用 sword of Damocles 这一成语来比喻临头的危险或情况的危急。如果学生不了解 the sword of Damocles 的历史由来，就无法了解其所要表达的思想。

（三）社会文化差异对英语阅读教学的影响

社会文化往往是人民群众创造出来的，具备比较明显的民族特色，会在社会群体发展过程中产生较大的作用，属于一种文化现象。任何一种社会生活中的文化都有其深刻的历史渊源，而这种渊源又极大地制约着英语的阅读与理解。例如，在 bread and butter 这一短语中，bread 的意思是“面包”，butter 的意思是“黄油”，在西方人看来，面包、黄油是一种非常普通的食品，是一种必不可少的食品，因此 bread and butter 在英语中就常用来引申为“生计，主要收入来源”。如果学生对这种文化背景不熟悉，那么在阅读过程中的正确理解也会受到一定影响。在美国，孩子们大多不和他们的父母一起生活，因此，有许多老人没有人照料，这是美国家庭的一个常见问题，为此美国政府创办了 lone liness industry（美国福利事业）。显然，要了解这个例子的含义，必须对美国的社会文化有一定的了解。

三、英语阅读教学中文化意识培养的方法

在文化自信的视域下，采用科学、高效的教学手段进行英语阅读教学，不仅可以提升学生的阅读能力，而且可以确保教学质量。具体而言，可采用以下两种方法。

（一）“阅读圈”教学法

“阅读圈”，往往代表的是学生自主参与阅读活动，自发探讨而分享信息的过程。在“阅读”的圈子里，每个学生都主动地扮演自己的角色，并对自己的“工作”和“任务”做总结。阅读圈教学法的运用，旨在激发大学生们的读书思维，其教学成效与大学生们事先有无充足的阅读有关。运用阅读圈教学法进行英语阅读课教学，能有效地促进学生英语阅读课知识学习，激发学生的学习热情，增强英语阅读课文化知识学习效率。

1. 设计任务

教师以特定的文化主题作为教学内容，确定教学目的，选择学生在课堂和课外所需的读物，并设计出相关的问题供学生讨论、分析，为学生制定出一个学习模型来完成这些工作。

2. 布置任务

在特定的作业阶段，老师可以让 6 ~ 7 名同学组成一个“阅读圈”。阅读

圈成型之后，老师应该告诉学生阅读圈的详细要求和规定。

3. 准备任务

在老师的指导下，让学生自己去思考，然后把要讨论的问题和自己的想法写成书面材料。另外，在阅读圈里，各个成员所扮演的角色也不尽相同，因此，老师应该鼓励他们独立完成自己的工作，针对文化学习和发展说出自己的建议。

4. 完成任务

在这个过程中，阅读圈中的成员依次汇报并分享自己的读书结果，对所读的东西进行信息加工和思维拓展，最后出一个团队汇报的内容，制作成PPT，在班级中展示。做报告、自由交流的环节对激发学生的多维思考、加深对文化内涵的讨论具有重要意义。教师是活动的组织者和指导者，应掌握整个讨论的进程，并及时处理产生的争议或偏离话题的情况。

5. 评价任务

在完成了作业后，老师对学生的作业进行评估，或者是让他们互相评估。在评估中，可依据各小组所呈现的结果和小组讨论的结果来评分。学生互评结束后，老师进行小结，对每个阅读圈和学生的表现进行评价。要注意，教师应充分考虑到学生对于文化的差异性，重视他们思考的深度与广度。

（二）文化导入法

将相关的文化知识引入到英语阅读教学中，既能有效地提高学生的阅读水平，又能提升他们的文化素养。具体来说，我们有两种引入途径。

1. 介绍文化差异，激发学生阅读兴趣

在学习中，激发兴趣是非常重要的。兴趣是一种内在的驱动力，它能使人全身心地投入学习。在这种情况下，教师应采取适当的教学手段，以激发学生的阅读兴趣、挖掘他们的学习动机、提升他们的阅读能力。其中，英汉文化差异在阅读教学中的比较和分析是激发学生学习兴趣的一种有效途径。而英汉的对比，又能使大学生们更好地理解英汉两种语言之间的差异，也能更好地理解中国文化。英语阅读材料涉及自然、社会、人文等方面的文化，其范围很广，深度也很大，课堂上，老师应该利用好阅读材料，将文化知识融入学生的英语阅读中，使他们能够更好地了解中国的文化。总之，英汉文化的引入，可以让枯燥的课堂气氛更加活跃，让学生在轻松愉快的课堂氛围中获得更多的文化知识。

2. 培养学生的文化意识

在阅读过程中，很多学生在掌握了一定的词汇量、具备了一定的阅读的基础上，仍然无法有效阅读某些材料，其中一个主要原因是文化知识的匮乏。虽然老师们在课堂上也会引入一些文化知识，但是很多学生往往会忽视这一点。因此，要真正地提升学生的阅读能力，就要大力培养学生的文化意识和素养。在教学中，教师要引入英美的文学作品，这一方面可以帮助学生深入了解西方文化；另一方面，可以让学生们更好地了解英语的基本结构和表达方式，从而帮助他们提高自己的语言能力。此外，英文著作中有许多简洁优美的词语，这为学生提供了学习和模仿的最佳材料。它既能促进学生的阅读习惯，又能陶冶情操，丰富学生的英语文化知识，提高阅读能力。同时，也为英语写作打下了坚实的基础。

第二节　英语写作教学中文化意识的培养

在英语教学中，写作是一种必不可少的技巧。由于中西文化的不同，英语写作教学应该从文化自信培养的角度出发，加强英语、汉语融合的文化素养培养。在此基础上，进一步加强学生的文化意识，提升他们的写作水平。

一、英语写作教学的现状与原则

（一）英语写作教学的现状

1. 教学方法缺乏创新性

由于受到学时限制，以及应试教育的制约，目前英语写作教学仍沿用着传统的“成果法”，老师在课上出示各种文体例子，简单地解释一下，然后让大学生们对照着这些例子去模仿。在这种课堂上，老师们仅仅关注写作的成果，忽视了师生、生生沟通和学生的写作兴趣。长期下去，学生对写作的兴趣就会降低，写作能力的提高也就变得越来越困难。

2. 教学改革

在新一轮的教育实践中，我们必须不断进行教育观念的转变和教育方式的革新。然而，在实践中，作文教学改革后仍出现了一些问题。在英语教学中，很多老师注重培养学生的发散思维和创新思维，忽视了多角度思维的能力培养。另外，写作教学往往是孤立的，忽略了写作与阅读、听力和口语的联系，这不但会影响学生的写作能力提升，也会影响他们的整体素质培养。

3. 学生文章言之无物

要想写出一篇优秀的文章，英语功底是必不可少的，还要有深厚的文化底蕴，但由于大多数学生对这方面的知识欠缺，加之缺少现实生活中所需的材料，所以他们的文章往往肤浅、单薄、总体素质较低。

（二）英语写作教学的原则

1. 以学生为主体原则

英语写作课堂教学要“以人为本”，明确学生的主体地位，尊重学生的主体性，以学生为主体。学生作为学习的主体，可以通过多种途径体现，分组讨论就是一个很好的途径。此外，在课堂上，教师是否组织学生分组、怎样组织、如何给予学生反馈，也是影响学生写作成绩的重要因素。总之，要让学生主动参与，充分发挥自主学习的作用，从而促进学生英语写作水平的提高。

2. 循序渐进原则

每一项工作的成功都需要一定的时间，这是一个循序渐进的过程，包括英语写作。英语写作教学者应遵循“循序渐进”原则。

（1）语言层面

在语言水平上，从低级到高级，可以让学生从写句开始，逐渐向段落和篇章的写作过渡。因为教室的课时很少，所以老师们可以在其他课程中，如精读、听力等课程中增加语言教学内容。除此之外，教师还可以设置和组织各种各样的训练活动，比如连词组句、补全句子、合并句子、扩充句子等。

在学生对句子写作逐渐熟悉之后，教师就可以加大难度，将其过渡到篇章写作。

（2）语法结构层面

在写作的时候，从简单到困难，许多学生因为文法不佳，而不能运用稍微复杂一些的表达方式，这必然会影响到他们的表达，导致他们的写作水平不高。所以，要注重对文法知识的学习，并以此为基础，逐步掌握比较复杂的文法。在英语写作方面，首先应从单字开始，再到复字、并列字；从“短”到“长”；从“陈述性”到“虚幻性”，再到“惊叹性”。同时，教师要遵循逐步推进的原则，从简单到复杂的句法结构，帮助学生夯实基础，从而突破薄弱环节。

（3）话题层面

从“熟”到“生”，学生一般对自己所熟知的题目比较感兴趣，而且比较好写。所以，在英语写作教学课堂上，我们要从他们熟悉和感兴趣的题材着手，培养他们的语言表达能力，让学生针对当前的一些热门问题提出自己的观点，从而提升写作水平。

（4）体裁层面

由简到繁。对于学生而言，学习各种文体的难度也有高低之分。总体上讲，叙述类文章在创作上相对容易，议论类文章次之，说明类文章再次之。所以，在作文类型上，应该先培养叙述类作文，再逐渐转向其他类型的作文。

3. 交际性原则

由于写作是一种以交流为基本目标的语言，所以在英语写作中应该坚持“交际化”的原则。交际原则是指在大学英语课堂上，英语作文教学应与学习者的即时需求相一致，以提高其交际能力。在英语教学中，作文教学要为学生提供交流的机会，让他们在交流中得到快乐；在写前活动和修改活动的过程中，尽可能运用小组活动和同伴活动的教学模式，增加学生之间的交流。采取小组讨论等方法，往往可以获得更多的素材，让文章的内容更加充实，同时还可以培养学生的思维能力。在英语写作课上，根据交际性的要求，可以使学生更好地运用语言知识展开交流。

二、文化因素对英语写作教学的影响

英语写作是一个信息传递、思想表达和跨文化交流的活动，也是一个与英语语言紧密相连的活动。各国和各民族人民在生活环境、社会制度、思维方式等方面都有很大的区别，会直接或间接地影响到学生写作。并且，这种影响在整个写作过程中都是存在的。

（一）词汇差异对英语写作教学的影响

由于文化背景的差异，即时不同语言中的相同概念，其联想含义和文化内涵也不尽相同。大学生在学习英语时，往往通过背诵单词来增加词汇量，这只能掌握单词的基本意思，而不了解其背后的文化意义。所以，经常会出现词汇滥用现象。例如：

I was deeply grieved to hear that your mother kicked the bucket.

上述句子中的 kicked the bucket 确有“死亡”的含义，但它并不适用于正式场合，因为它属于俗语，与汉语中的“一命呜呼”相类似，具有贬义性质。所以，在这里用 kicked the bucket 并不妥当，而应用 pass a way 来表达。词汇在英语写作中起着举足轻重的作用，所以要了解英汉两种英语语言的不同之处，理解其深刻的文化含义并合理运用，是转变中式英语、提高英语写作水平的重要手段。在英语写作教学过程中，老师应该通过对英、汉两种语言不同的理解来帮助学生理解其不同的文化内涵，并将相应的词汇和文化知识引入英语写作中，提高学生的英语写作能力。

（二）话语表述差异对英语写作教学的影响

英汉两种语言的表达方式存在着显著的差别，它们对英语的书写也有很大的影响。通常来说，英语话语表述的时候，往往以“主语—谓语”的结构出现，这就是所谓的主谓结构。但是，我国汉语话语表述往往是“话题—说明”结构。“话题”代表的是说话者意图表述的主体，“说明”代表的是说话者针对意图表述对象的分享和解释。例如：

Some books are to be tasted others to be swallowed，and some few to be chewed and digested. 有些书可浅尝辄止，有些书可囫囵吞枣，一些书籍需要慢慢地咀

嚼，慢慢地吸收。

在英语写作教学中，由于受到汉语语言表达模式的制约，许多学生使用了平行的语句来表达自己的观点，这与英语语言的表达模式相违背。因此，在写作课上，要注重英汉语的不同之处，使学生能更好地理解这种差别，从而培养英语思考能力。

（三）语篇差异对英语写作教学的影响

语篇的衔接手段有两种类型：词汇衔接和语法衔接。词汇重述、上义词、下义词、同义词、搭配等属于词汇衔接；照应、替代、省略、连接属于语法衔接。在词汇衔接层面，英汉语言并没有太大的区别，而在语法衔接方面，两者的差异较大，甚至会直接影响学生的写作。

1. 替代

替代是指针对语篇上文提及的内容，采取别的单词、语句代替，这种措施在语篇衔接处理当中是比较常见的。在英语语言表达当中，替代主要有三大方法，第一是名词性替代，第二是动词性替代，第三是分句性替代。在汉语语言表达过程中，人们不太喜欢采取替代形式，而是会用一个或几个单词来表达自己的意思，以此达到语句的衔接目的。此外，在汉语表达中，人们也常常会用到“的”这个字。

2. 省略

省略是指不提及那些可有可无的短语、文章内容等。在实际的英语语篇中，人们往往采取省略的方法达到语言凝练的作用。我们都知道，英语语法结构相对来说很严谨，所以无论是从形态还是从模式上来说，省略方法都不会造成歧义，所以在英语语句表达当中省略法比较常见，而汉语语篇中则不多。另外，英汉语篇针对省略成分的表现也不一样：英语语篇表达当中不会省略主语，汉语语篇表达当中除了不能省略首次出现的主语，后面出现的主语都能够省略。

3. 照应

照应是指当我们不能够针对语篇内的某词语做出解释的时候，往往能够基于该单词指代的对象和内容寻找答案，这往往代表该语篇中出现了某一照应形式。从根本上来说，照应其实对应的就是一大语义关系。在我们汉语语篇内容表达中，照应关系也比较常见。汉语表达当中的关系代词缺乏，但是英语表达中比较多，主要是指人称代词。所以在汉语语篇表达当中，往往要基于人称代词来阐释英语语篇内蕴含的照应关系。在实际的英汉语篇中，照应关系种类往往是一致的，但是两者实际使用频率很不一样。在英语照应当中，人称代词的使用频率高，这是因为英语行文强调避免重复，汉语表达中则常使用实称。

三、英语写作教学中文化意识培养的方法

在文化自信的视域下，为了更好地促进英语写作的学习，必须正确地选用教学手段。

（一）文化导入法

英语写作的目的在于培养和养成学生良好的阅读习惯。

1. 加强语言教学与文化教学的融合

由于英语书写与其所处的社会环境息息相关，所以当我们做英语写作时，应把写作与文化相结合，实现两者的协调统一，目的是巩固学生的英语基础，增强他们的知识素质，提高他们的文化素质。在教学过程中，教师不仅要教授外语和其本身所具有的民族文化，还要对其进行恰当的生活方式、思维方式和价值观念等方面的教育。

2. 培养学生的英语思维模式

中国人在汉语的背景下学英语，他们的学习局限于本族语言思维中，因而出现了写作中的“关注点不明确”“黏着性差”的现象。为了解决英语思考能力不足的问题，教师应着重比较中西两种不同的思考方式，让学生理解不同的英语思维方式，从而激发他们在英语教学中的学习热情，使学生在英语学习中更好地运用所学知识，解决实际问题，促进写作提升。

3. 开设文化选修课

开设文化选修课也算是有效的文化导入。文化课是一种将文化和书写技能结合到课堂上的课程，通过这种方式，可以拓宽学生的眼界、充实他们的

文化、发展他们的英语思考能力，从而促进写作风格的形成。

4. 渗透汉语文化

要提高英语写作水平，除了要学习英语文化知识外，还要学习汉语的文化知识。这就要求老师们要了解和掌握汉语的文化知识。把汉语文化知识融入课堂，不仅可以充实学生的文化内涵，而且可以激发他们的学习兴趣。中国文化就像一座巨大的金矿，它给老师们提供了源源不断的写作题材，也为学生们的英语写作增添了新的素材。笔者认为，在英语写作教学中，教师应根据学生的实际情况采取适当的策略，提高学生的英语作文水平。比如，在学习叙述体裁时，用叙事特点十分明显的中国神话传说来进行训练，使大学生们了解英文叙述的主要成分和书写的要点。在讲解风格的时候，可以通过讲解中国的传统节日、中国的书法、戏剧、古典文学、饮食文化等来进行，并引导学生发挥自己的主动性，对所讲解的主题信息进行整理，使他们感受到讲解文字的严谨和清晰。我们在学习议论文体裁相关内容的时候，往往能够将国内社会性新闻当成主要话题，由学生做出评议，指引大学生讨论议论文结构是否严谨、内容模式是否清晰。

总之，一切和中国发展有关的素材，无论是哪个体裁的，只要是真实的、规范的，都能被英文写作者和教学者选用，当成教学资源和材料。教师选出的教学材料可以被大学生模仿了解，也可以被大学生筛选，进而当成写作话题，起到练笔的效果。

（二）综合教学法

英语的四项基本技能是相互促进、相辅相成的，采用综合教学方法，不仅有利于培养和提升英语专业学习者的学习水平，而且有利于促进他们的全面发展。因此，在英语写作教学中，教师要合理运用综合教学法，提高学生的英语写作水平，促进学生英语综合素养的提高。

1. 听写结合

听是语言的输入，能为英文创作提供充足的材料，加速写作的产出。特别是老师可以采取听、写结合教学的方法。

（1）边听边写。边听边写的方式运用效果较好，老师宣读，学生们做笔记，或者由学生们自己去听。具体内容可以是一篇文章，也可以是一篇经过改编的短文。

（2）听后笔述或复述。老师可以采取听后笔述或复述的方式进行听写，即老师以比较缓慢的速度诵读或播放听写资料，诵读或播放三遍。在此期间，学生只能听，不能写。在听写过程中，不需要背诵课文，只要把所听到的主要意思说清楚即可。这样的口授方法能够对学习者的言语技能进行有效地锻炼和总结。

2. 说写结合

说与写是相辅相成的。采用“说”和“写”相结合的方法，不仅可以提高英语听力水平，还可以激发学生对写作的兴趣。培养他们的自信，明确他们的写作目标和思维，使学生的写作能力得到进一步的提升。教师可采用以下方式来展开教学。

（1）改写对话。在课堂上，有许多会话相关的课文，老师可以要求大学生们把其中的几个会话转换成一段文字。在修改会话时，要注意时态、语态、人称等方面的改变，并且要尽可能地运用所学到的新词和新句。完成之后，教师要选出几个，让大家看一看。

（2）课堂讨论。在课堂上，老师可以把文章的主题写在黑板上，通过分组讨论的形式，使学生对所学内容有更深入的理解，激发学生的思维活动能力，提高他们的语言表达意愿。然后每组成员均需完成一篇文章写作。最后，各组选出一名代表，将自己的作品呈现出来。

3. 读写结合

读是写作素材来源的一个重要方式，而写可以让阅读能力得到深化和强化。作为一种输出性的行为，英语读写学习是必不可少的。然而，很多人在读的时候，只能看懂一些东西，很难从中汲取到对作文有益的材料。因此，在教学过程中，教师要引导学生体验“遣词造句”的创作手法，并养成做笔记的好习惯。通过这种方式，不但使学生的阅读水平得到了提升，而且使他们的写作水平得到了进一步的提升。

第三节　英语翻译教学中文化意识的培养

翻译是语言与语言之间的转化，它在国家间的相互理解与交流中扮演着举足轻重的角色。但是，由于不同的语言交际是以不同的文化为基础的，因此，在不同的文化领域中，不同的语言表达都是以不同的方式进行的。在英语翻译教学中，教师应充分考虑到语言表达中“文化”的作用，并在教学过程中加强对学生的文化素质教育。而在文化自信视域下，这种文化知识不仅包括英语文化知识，还包括汉语文化知识，因为翻译是双向的，只有在掌握了英汉两种语言的基础上，才能真正地提高翻译水平。本节将对文化自信视域下英语翻译教学中文化意识培养的路径进行探究。

一、英语翻译教学的现状与原则

（一）英语翻译教学的现状

1. 理论与实践脱节

理论来自实践，而只有将理论与现实联系起来，才能提高翻译的质量和效果。所以，在英语翻译教学中，除了传授基础的翻译知识与技巧外，还要引导学生积极参与实际的翻译活动，通过实际操作检验学生的知识理解能力。然而，就当前而言，国内许多高校的翻译教学存在着理论与实际脱节的现象，只讲理论，致使学生掌握了大量的理论知识，并不能实际操作。

2. 教学策略不佳

在英语翻译教学中，有人把翻译当成一种帮助他们了解并强化语言知识的一种方法，只重视语言格式和翻译知识学习，却忽视对翻译技能的培养。在实践中，老师只会着重指出那些反复出现的关键字、句式问题，而缺少系统性的培训。教师对自己的授课也缺乏整体规划，往往是能讲则讲，不能讲就不讲。在这种情况下，学生很难获得所需要的信息，也很难获得有效的翻译技能与策略。

3. 教师素质有待提升

英语译员的培养与其自身的素质密切相关。然而，当前我国的英语教学质量普遍偏低，许多英语老师的英语能力还有待提高。比如许多译者缺乏实践的经历，没有形成科学规范的教学方法。此外，由于许多老师对翻译的重视程度较低，缺乏对译文的深入研究，无法更好地指导学生。许多老师都是非专业的，没有足够的基本知识，所以在教学中很难实施。

（二）英语翻译教学的原则

1. 循序渐进原则

在教学过程中，翻译教学不能过于仓促，要逐步进行、由简入繁。就课文的内容而言，应从学生最为熟知的部分入手，由简单到复杂。这样，学生们就更容易建立起信心，对翻译的兴趣也会更大，最后自然会提升。

2. 授业育人原则

在英语教学中，道德建设是一项十分必要的工作，它不仅要培养有一定专业技能、道德修养的人才，还要求学生有一定的审美品位。所以，从翻译教育的角度来讲，除了教授翻译技巧之外，更应该将大量的人文科学与科学技术相结合，让培训成为一种乐趣。在进行翻译教学时，教师要对学生的心理、喜好和需求有一个全面的了解，不仅要让学生的求知欲得到满足，心理上也要得到满足，把学习和技能的传授与学生的成长相结合。如此，学生们就能快乐地学习，在学习中得到良好的发展。

3. 题材丰富原则

现代社会发展对应用型和复合型的译者提出了更高的要求。所以，要使训练内容多元化、体系化，以适应翻译不同题材文章的需要，注重对不同文体的训练。从语篇类型上看，应包括广告语篇、新闻语篇、法律语篇、影视语篇、科技语篇、文学语篇等。此外，教师要将学生们在学习中碰到的问题加以归纳、概括。当某些类型的翻译问题经常发生时，老师应对这些问题进行处理，以使学生能够更好地完成翻译训练任务。

4. 实践原则

在英语教学中，教师应尽可能地为学生创造翻译的实践机会。比如，让学生去一些翻译公司实习。译本的质量归根结底在于译本的读者对译本的评价，这就使得翻译教学不再是一种封闭的学科。所以，在从事翻译职业前，必须要有一次社会实习的机会，使其在毕业后能够更好地适应新的工作环境。

二、文化因素对英语翻译教学的影响

翻译不仅是一种语言的转化，而且是一种不同文化间的信息交换。所以，在英语翻译中，英、汉两种语言之间的文化差异在一定程度上决定了译者能否成功地进行翻译。所以，在英语教学过程中，应该充分考虑不同文化因素对翻译的作用。

（一）思维方式差异对英语翻译教学的影响

在英、汉两种语言中，在思想方法上存在着明显的不同：英语语言以抽象性的思想为优势，以抽象的观念去表现具体的东西；而中国人却是以“以物代物”“以物代人”。这就要求我们按照目标语言的思想方式来修改源语。

（二）风俗习惯差异对英语翻译教学的影响

习俗是中西文化的直接反映，而民族的地理位置、政治、经济、文化环境等因素也会影响习俗的形成。西方的饮食理念研究者认为，维持生命、维持健康是其首要目标，而不是寻欢作乐。从食物的角度来看，西方人经常吃面包，中国人主要吃大米和面条。例如，英文表述当中有 a piece of cake 短语，如果我们单纯译为“一块蛋糕”，读者往往会觉得疑惑，不了解其中的意义，这是由于蛋糕并不是我国人常用的主食之一。但是，我们译为“小菜一碟”的话，则很快会被我国读者了解。同理，汉语表述中有“画饼充馍”一说，译者在翻译时应当译为 draw a cake and call it a dinner，不然很难被西方读者理解。

（三）审美心理差异对英语翻译教学的影响

审美是指人对一件东西的美与丑所做出的一种判断，它是人的一种主观的心理过程。由于人们的时代背景、社会环境、地域环境不同，因此人们在审美心理方面，就会产生一些客观的差异。英语中的“一词多义”现象非常普遍，许多词汇往往有多种意义，由于语境的不同，这种意义就会出现一定程度的矛盾与冲突，这体现了人们对语言的审美心理。例如，在我国，“芳芳”通常是一个人名，也可以指代比较美丽的青春少女。但是，对于西方人来说，他们在听到 Fang Fang 这个称呼时，很可能产生害怕的感觉，这是由于在英语表述中，Fang 和一些词汇比较像，如 sharp tooth of a dog，其含义是指“狼牙”。很明显，西方人一听到这个名字，就会下意识的不舒服。可以看出，译者在进行英汉互译时，要充分考虑到两种文化所产生的美学心态差异。同时，在英语教学中，还要注意培养学生对中西审美心理的不同认知，防止出现翻译失误。

三、英语翻译教学中文化意识培养的方法

在文化自信视域下，英语教师在教学中应该注重文化素养的培养，从而增强学生的文化意识、提高翻译水平和跨文化交流的能力。具体而言，教师可采用以下几种方法开展翻译教学。

（一）文化导入法

由于翻译和文化有着密切的联系，所以在翻译教育中，必须将英汉文化的一些知识引入学生的英语学习中，从而提高他们的文化素质，为实际的翻译工作开展打下坚实的基础。

1. 比较法

比较法是指通过对比、剖析英汉两种不同的文化，把英语应用技能与跨文化技能相联系，让学生既学会了所学的外语文化知识，又学会了其他文化，进而养成跨文化交际的意识。比如，当我们处理与“狗”相关的语句时，我们需要从英汉两种语言中来比较“狗”涉及的不同表达。在西方人眼中，狗是最好的伙伴，带有“狗”的词语往往是褒义。然而，在中国，“犬”多是贬义的，与之有关的词也多为贬义词。如果不了解英汉之间的文化差异，很可能会根据汉语的语言进行翻译，从而出现错误。

2. 专题讲座法

专题讲座法就是不定期邀请一些专家或外教开展关于西方文化的专题讲

座，总结分析英语教学中存在的问题。专题讲座的特色和优点是：时间上集中，信息丰富，能够为学生解答有针对性的文化问题，这对学生全面了解和增强英汉文化敏感度有很大的帮助。

3. 课外补充法

尽管在课堂上，学生们可以很好地学到翻译知识，提高自己的翻译能力，但是，课堂上的时间终归是有限的，学生们很难对翻译知识进行充分的理解和应用。在这种情况下，老师可以在课余时间里指导学生进行自主学习，同时也可以鼓励他们在课外多读一些英美原著，多看一些英美的原声影片，或者在网上查询其他学习材料。这种方法既可以促进学生的主动学习，又有助于培养学生的思维创新能力，分析、解决问题的技能，进而使学生在英语的译介应用中获得更好的效果。

（二）文化翻译策略

翻译属于一种在不同语言之间进行转化的过程，是一种文化的主要承载物。所以，在翻译时，教师必须进行多种不同的文化翻译策略分析，以使他们能够更好地理解和把握翻译中的文化因素，从而防止出现错误翻译。

1. 归化策略

归化策略是一种常见的翻译策略，它以目标语言为核心，提倡以目标语言取代与目标语言不同的因素，使其易于理解。在使用归化策略时，译者往往以目标语为主要内容，使用最自然、最流利的母语。这样的翻译方法能让译文更具有传神的效果。当译文中没有合适的词语时，采用归化策略可以有效地克服两种语言差异带来的矛盾。

2. 异化策略

异化策略与归化策略是相对而言的，是指在翻译过程中，我们要尽可能地保持源语的原意，尽可能地接近原文本的意思。在译文中，译者要尽可能地尊重原文的文化背景，而在译文中运用“异化”的方法，则可以有效地传达源语的文化，保持“异域感”。例如：

As the last straw breaks the laden camel's back，this piece of underground information crushed the sinking spirits of Mr.Dombey. 正如压垮负重骆驼脊梁的最

后一根稻草，这则秘密的讯息，把董贝先生低沉的情绪压到了最低点。

上例将原文中的习语 the last straw breaks the laden camel's back 进行了文化异化翻译，汉语的读者不但能完全明白，而且也能明白英语原来还有这种表达。再如：

The town's last remaining cinema went west last year and it's now a bingo palace，这个城镇留存的最后一个电影院去年也倒闭了，现在它成了一个宾戈娱乐场。

在英语表达中，bingo 是西方国家为结识新朋友而设计的一种派对游戏。在翻译过程中，可以将它加以异化，运用音意结合方法翻译为“宾戈娱乐场”。

3. 归化与异化互补策略

归化策略与异化策略是相对应的翻译策略，两者都有各自的用途。但是在译文中，采取单一的译法往往难以取得理想的效果，要做到二者相辅相成、相得益彰。实际上，归化策略和异化策略两者都有自己的长处，可以互补。这就要求译者在特定的语言环境中对英汉两种语言进行综合应用，并要做到两者互补，取得最佳的效果。例如：

I gave my youth to the sea and I came home and gave her（my wife）my old age. 我把青春献给了海洋，等我回到家中见到妻子的时候，已经是白发苍苍。

4. 文化调停策略

文化调停策略是翻译者通过归化或异化处理都不能根治问题之后所选择的一种方法。文化调停，意味着可以将其中的一些文化因素省略掉，不做翻译，或者把所有文化因素省略掉，直接对内在含义进行翻译。“拜天地”是中国婚姻习俗中的一种特殊现象，而“天”与“地”蕴含着丰富的文化意蕴。“拜天地”在中国人眼里被称为结婚仪式。然而，若采用了“异化”的方法，读者就会难以领会原文的真实意思，因此将“拜不成天地”译成 refuse to bow to heaven and earth. 显然不合理，而采用文化调停策略进行翻译，如译文所示，就将原作的意象进行省略，而直接翻译出原作的深层含义，这样，译文在保持了民族的文化特征的同时，又能更好地为读者所理解。

5. 文化对应策略

文化对应策略是指采用目标语文化中知名的事件、人物等，对源语文化中的内容进行解析与诠释。例如，“梁山伯与祝英台”在汉语文化中是广为熟知的，但是在西方人眼中并不知道二人到底是谁，如果将其翻译成“罗密欧与朱丽叶”，那么西方人就知道什么意思了。同样，“济公”与“罗宾汉”的互换也是如此。例如：

Ji Gong Robin Hood in China robbed the rich and helped the poor. 济公劫富济贫，深受穷苦人民爱戴。

这是浙江兰溪的济公纪念馆中的一句话，在对这句话进行翻译时，如果将其译为 JiGong，Robin Hood in China. 就很容易被目的语读者理解，这就是采用了文化对应策略。这一方法可使译文读者真正了解原文的含义，并得到与原文读者一样的情感。读者可以更好地融入原著，去探索原著的奥秘。总之，在当今这个不断变化、发展、新问题层出不穷的时期，英语教师和学生要不断改进阅读、写作、翻译等教学方法，把知识和文化有机地融合在一起。

第八章　文化自信视域下英语教学中的教师信念培养

第一节　教师信念概述

教师信念分析的兴起和人们认知理论观念的产生关联性很大。与以往的行为主义教学观念不一样，认知理论研究者认为，教学是相对来说很复杂的认知过程，其虽然是指话语和活动等行为过程，但是实际的教学行为表现的是计划和决策，思维发挥了很大的作用，要想了解教学过程，必须先了解教师的个人认知。

教师信念不仅有理性的，也有非理性的，是指教师在长时间的教学活动开展中积累的内容，不仅包括教学态度和观念，还包括教学设想等。教师信念体系涉及教师的职业素养、语言文化知识、课堂教学情况和学习者情况等，在所有教学活动开展当中，教师信念都是非常重要的，具有渗透性价值。外语教师自身的信念、假想和认知相互促进，最终影响教师的教学效果。越来越多的学者相信，教师的信念会对教师的教育方式和教学结果产生直接的影响。

教师信念受到当地文化、社会及教育制度等因素的影响，难以测度。人们经常根据他们的行为来推论他们的信念，但这并不意味教师表达出来的信念就是正确的，由于在实际生活中表达出来的信念与研究得出的信念之间存在着巨大的差异，因此教师在早期的求学过程中，教师观念已基本确立，且不太容易变化。该经历，我们也可以称为“学徒式观察”（apprenticeship of observation）。我们在总结归纳信念这个概念多年来，有多种提法，但归根结底，教师的信念必须通过持续培训和终身学习、反省来实现。

一、教师信念的内涵

（一）信念的内涵

信念（belief）是一个很复杂的概念。总结20年来学者对信念的理解，有如下不同的提法。

1. 大英百科全书针对信念一词做出界定：信念代表的接受或者认可某主动行为和想法的态度，往往不需足够多的智力知识来增强该主动行为的真实性和有效性。信念的内涵是指针对那些无法充分肯定的事物，我们做出认可和接受。

2. 在牛津英文词典中，涉及信念的解释主要有五种：①信念属于一大心理作用、条件或习惯，是针对人物的信赖和确定的过程，也可以叫作信念、诚信。②信念代表的是从心理角度入手，确定某命题、表述是具备实时真实性的，不管是针对权威还是针对证据。信念是指对某项叙述的完全肯定或接纳，不必再做观察、验证。③信念是指我们认可的事物，我们称之为真的命题或相关的命题。很早的时候，信念一词多半代表的是宗教上的教条或信念，晚近信念代表的是一种意见、主张。④信念是我们对于认可的教条或规约的一种完整性的陈述。⑤信念是接近于彻底相信和认可的预想、希望或期望（anticipation，ex-pectation）。

3. 信念代表的是人们针对某些人、事物、建议的态度倾向。

4. 信念代表的是主体针对自然和社会的某一理论观念、思想情感没有疑问的看法。

5. 对自己日常生活中需要遵循的准则和信念很认可，确保这种信念是比较稳定的。信念往往是将理想当成核心的，因为人们以正面的心态对待现实，以理性的、独立的、对自己的责任负责的方式逐渐产生了信念。信念往往与情绪、意愿相结合，作为人的生命态度，指导人的行为。

6. 信念代表的是针对某事物的坚信不疑，主要的基点是信任，从信任发展为有信心，最后形成信念。我们可以看到，信念是一种判断、一种意义、一种选择、一种人格、一种过程。人们对信念的理解角度不同，对信念的含义也有各自的表达方式，但是他们都认为信念是一个人对自己所生活的文化背景下的价值理念的坚定和心理认同。其主要特性包括：①信念从属于思想领域，是指我们感觉到的一些事物。信念不是真实存在的，是从属于思想情感的；②信念从属于人们的行为倾向；③无论是信念的形成、变化还是终结，都会具备较强的有序性、层次性，不同影响因素之间也具有一定的整合性，最终达到结构功能优化的目的；④主客体之间交叉发挥作用，往往是认识和信念形成的前提；⑤信念具有一定的动态性，主要表现在两大层面。第一，宏观上具有时代性，人们必须做到继往开来，不断地推陈出新。第二，微观上体现在社会生活不断改变的过程中。如果说信念是一种虚无缥缈的东西，那么“信心”就是一种非常实在的观念，在任何时候都能引导我们行动。

（二）教师信念的内涵

关于教师信念的定义，也有不同的表述。

1. 教师信念是教育者始终信奉的教育思想和建议。由于教育者各自所处于的时期、社会位置、所拥有的哲理观念等都不同，所以他们所持有的教育观不尽相同。如柏拉图强调教育所发挥的社会性作用和价值；亚里士多德强调通过教育可以确保儿童的成长发育和全面发展；夸美纽斯提出教育可以激发人的自然禀赋；卢梭则强调个人主义教育理论的作用；凯兴斯泰纳强的国家主义教育理论的作用；等等。

2. 教师信念是指在教学过程中，对一些理论、观点和看法的判断。

3. 教师信念可以说极具特殊性，具有激励和引导作用，属于一大个体知识载体，是教师结合学生学习情况、课堂活动组织情况、教材内容等要素而做出的内隐的假定。

4. 教师信念是指教师在实际的教学情境和发展过程中，针对教师教学、学生学习、课程实施等多个方面所提出的能信以为真的观念，它包含了教师在教育中的实际生活经历，并形成了一个对教师思维和行动具有指导作用的有机体系。赵昌木认为，教师信念指的是一种由老师本人所肯定和相信的关于人、自然、社会、教育科学的思想，它是老师的精神境界，是老师深层次的内容，是老师进行教育活动的内在指引。

5. 一些学者和研究人员针对信念相关资料做出了具体评析，通过信念和其他概念的对比性维度分析，从信念结构模式、确认情况和内容成分等多个方面界定了教师信念这一概念：教师信念是教师从学生时期开始，以情节方式一组组储存起来的个人信息库（结构方式），作为教学实践的参考架构。这些信息包括了个人经验或事件、教师对教育所持的确信程度、没有共识的假设和理想（确认程度），以及认知、情感、评价、行为（内涵）。应当说，这个定义对信念的不同层面的共性进行了综合考察，有助于我们深入探讨信念是怎样对师生的行为产生作用的。

笔者结合相关学者们的分析，对“教师信念”做出如下定义：教师信念是教师在教学环境和教学过程中，对教学工作、教师角色、课程、学生学习等相关要素所持的看法。教师信念的范畴包括了教师的教育、教学实践经验和生活经验，它组成了一个相互联系的体系，进而指导教师的思维发展和行动。

二、教师信念的结构和作用

（一）教师信念的结构

针对教师信念结构和体系的分析，如今还存有很多建议和观点。

1. 教师信念的存在主要是为了指引教师的教学方法运用和信念形成，或者是形成和个体教学有关的信念。我们可以将教师信念分为 5 个领域，并说明这 5 个领域是存在密切相关性的，主要包括：①针对学习者和学习的信念；②和教学活动开展有关的信念；③和学科实施有关的信念：④和教学模式和方法有关的信念；⑤和自我价值实现、教师角色扮演相关的信念。

2. 泰勒把教师的理论根源分类为几大信念：①基于教学目的形成的信念；②规范教学行为的信念；③实现有效学习目标的信念；④探索改进和优化教学效果的信念；⑤自我信念。

3. 教师信念主要有 4 种，第一种是教师的效能感，第二种是教师的归因风格，第三种是教师对学生的管理，第四种是和教师工作负担相关的信念。

4. 一些学者认为，教师在自己的职业发展和日常生活当中形成的信念比较多，这些信念之间相互联系，最终会融合成一个协调统一、体现“个人价值”的信念系统。涉及教师教学生活的信念比较多，不仅有关于教学目标实现的信念、组织开展教学活动的信念、教师教学角色扮演的信念、教学模式创新的信念，还有教师认知方面的信念和效能感提升方面的信念等。

我们认为，仅仅关注教学领域里的教师信念是不够的，应该建立内涵丰富的多角度教师信念。这种教师信念主要包括：①关于学校愿景的信念，具体包括：关于学校愿景内容的信念、关于学校愿景内容之间相互关系的信念、关于学校愿景取向的信念、关于学校愿景定位方式的信念。②关于学校教育活动的信念，具体包括：关于学校教育目的的信念、关于学校教育结构的信念、关于课程与教学的信念、关于学校德育的信念、关于学校科研活动的信念、关于学校管理与评价的信念。③教师关于自我的信念，具体包括：关于职业目标与价值的信念、关于教师职业能力的信念、关于教师职业效能的信念、关于教师专业发展的信念、关于教师人际关系的信念、关于教师分类及归因的信念、关于教师角色与形象的信念。④关于学生的信念，具体包括：关于学生人性的信念、关于学生问题归因的信念、关于学生差异的信念。⑤关于学校变革与发展的信念，具体包括：关于学校变革动力的信念、关于学校变革方向的信念、关于学校变革过程的信念、关于学校变革责任的信念、关于学校变革条件的信念、关于学校变革路径的信念。可以看出，教师信念其实是关于教育各个方面的子信念的集合，任何一个子信念的改变都会触动教师信念的变化。

（二）教师信念的作用

教师信念对教学的各个方面都有影响，尤其是对课堂教学的影响。在教育实践中，教师信念对教育活动有着重要的影响和推动作用。一种信念，一定要以教学行为的形式体现，以教学设计行为、教学组织行为、教学运作行为呈现，在教学过程、教学环节、教学细节等方面，在师生关系、课堂赏罚、突发事件等方面，都有具体的表现。一个相对成熟的教师，其教学行为往往有其自身的信念支持，并在整体上维持统一、一致的方向。把注意力集中在课堂教学这一特殊的时间和空间上，我们相信，在师生之间的交互过程中，老师的观念是主导、影响和支配学生心态和行为的主要因素，它对学生的学习方式、学习水平和学习状态起到了决定性的作用，也对课堂的主要进程、课堂气氛和故事主线起到了决定性的作用，还对具体的课堂规则、秩序和文化发展起到了决定性的作用。在众多错综复杂的课堂教学现象中，教师信念是支配课堂教学运行的无形“手”，也是其灵魂与核心。

1. 教师信念对课堂教学的影响表现为预置作用

预置作用主要包括两大表现形态，第一是文化积淀型预置。具体是指文化与传统成为民族和种群的一种遗传基因，对我们关于教育教学的理念进行了先天性的文化预设和规范，稳定而连续地影响着我们对教育和教学所形成的基本价值判断和价值选择，潜在地、内隐地、下意识地左右和影响着我们每一个人（包括教师群体）的认知判断、情感意向和行为选择。第二是时代特征型的预置。所谓时代特征型的预置，指在某种特定主流文化和主流思潮的影响下，将能够体现特定时代精神和观念的教学主张，借助于行政、制度、传媒等方式，强势灌输、传播和生成，从而导致一种普遍流行的“大众话语”，在人们的潜意识中成为一种不证自明的“前提性”公理，在相当普遍的范围内影响和规范着多数人（包括教师群体）的认知判断、情感意向和行为选择，影响和规范着学校教育实践和教学实践，成为一种先于真实的课堂教学情景存在，又现实地影响课堂教学情境。“时代精神”是每一个时代的灵魂和特点，既是人们的创造性表现，又是人们自然的个性本质。教师信念的预先设定功能，就是在由文化传统和时代精神这一纵一横组成的坐标中，把人限定在一定的时间和空间里，让每个人都被烙上自己的文化和时代的印记，让每个人都不能脱离自己的文化和时代的预设和写作。这是一个不受个体意愿影响的前提，它是一种超脱于学校教育、超脱于个人、超脱于集体、超脱于特定课堂教学环境的东西。但是，这种“预设”的功能必须通过“标准”“主导”和“引导”等手段，在教师自主的教育活动中实现。

2. 教师信念对课堂教学的影响表现为标准作用的发挥

“信念”的“准则”功能，实际上是一种认知视角和对教育进行评判的方法。教师信念是对教育的一种根本性认知。认识的视角是多样的，每个视角都可以为理解、阐释和描述教育提出一种不同的认识。在同一个认识视角下，往往有许多层面的差别，因此，获得的认识程度、深刻程度、洞察力也会有很大的差别。因而，在教学观念上，教师所能呈现出的认知视角与认知层次也不尽相同。这种认知的视角层次是我们对教学进行理解、解释与描述，以及对教学进行鉴别与评判的一个基础架构与评估准则。我们对教学进行识别、判断和评价，只能根据我们的认知视野所达到的范围、程度和水平来实现。在经济学研究领域中，“路径依赖”，往往也能产生相似的功能与作用。而所谓的教师信念标准价值，往往是教师信念下的认知功能所决定的。但是，不同的认识视野和水平，与对教学活动与教学现象的识别、判断和评价水平有着直接的联系，直接地指导、规范并影响着老师个人和团队对在教学过程中所发生的现象、行为和状态进行真与伪、是与非、好与坏、应当与否的价值选择和判断，与老师的教学认识与操作直接相关。老师要合理选择、取舍、组织教学行为，从而形成自身的教学情绪和行为驱动，指导教学策略和教学方法的选择，这些都体现在如何支配、操作和控制教学的总体运作上。因此，在不同的信念下，不同的教师会产生不同的认知和判断。在教育观念层面上，教师对教育的认识存在差别，进而造成了对教育的不同评价。在这种情况下，对教育的认知必然会产生一种新的影响。“师道”既是一种认知，又是一种规范，更是一种尺标。

3. 教师信念对课堂教学的影响表现为支配作用

在教学中，老师的信念起着主导的作用，也就是老师的主观意志，它指的是老师的一种选择，也是一种情感和行动驱动，它将会在课堂设计、操作和组织的各个环节中体现出来，从而深刻地改变着课堂教学的总体结果和整个教学过程。教师信念是一种观念和意识的表现，是一种超出教师个人本身的观念和灵魂，但是当它被内化并积累成一个教师个人的知识和信念之后，就会以老师个人的主观意愿形式表现出来。在实际的英语课堂教学当中，教师往往是主要的设计者、实践者，往往会融入课堂特定“语境”当中，所以基于教师自身展现主观意愿是必然的结果。也就是说，凡是涉及老师的课堂，老师的主体性就不可避免地体现出来。可能在某些老师信念的引导下，老师会自觉地去模糊自己的主观意志印记，寻求潜移默化的教育教学效果，但这可能会更加执着地表现出老师的主观意志，体现着老师的信念。在此基础上，人们提出了“以人为本”的教学理念。

在教师的主体性作用下，其思想观念由抽象的、观念的、内隐的形式转变为具体的、直观的、行为的形式，并在整个教育过程中得以反映。所以，在课堂教学中，教师的主体意识始终在很大的范围内反映了对教育的掌控与主导。我们可以说，在教学过程中，老师尝试着去掌控学生学习，但是，因为他们掌控技巧的不同，他们所能取得的实际掌控程度也会存在很大的差别。控制力的不同即教学新手、教学高手和教学专业的不同。老师所理解和相信的，与所能展现的，既有一个比较大的差别，又有十分显著的个性差异。在教师观念的主导下，对教育的控制可能会产生截然不同的效果。在对具有同样支配欲望、经验水平的老师进行对比时，我们会看到，由于老师观念的差异，呈现出截然不同的课堂控制类型和状态。根据教师观念的差异，对学生实施的控制模式有直接控制、间接控制和分层控制，控制的目标有全班控制、小组控制或个人控制；控制的程度分为强控制、中控制和弱控制；控制方式有以奖励为主、以惩罚为主。从根本上说，这是由教师信念决定的。教师信念的主导效应，主要体现在如下四个方面。

第一，在真正的课堂教学实施之前，教师的教学设计行为就对期望的教学情景和教学结果进行了定义和说明，而主导整个教师教学设计行为的，则是教师信念。

第二，教师的行为是有目标的、有计划的、有规则的、有规律的、有稳定性、连贯性的行为，而这种行为的选择、支配和调节，就是教师的信仰。

第三，教师无意识的、盲目的、随机的、偶然的行为，在相对清晰的教师信仰的有效、合理的控制之下会越来越少，直到完全消失。

第四，针对课堂上的意外事件，教师要用自己的智慧和技巧“临场发挥”。而在此过程中，教师的“临场发挥”是由教师的“信念”决定的。“信念”给了老师一种能影响整体教育水平、教育进程的合理权力。

4. 教师信念对课堂教学的影响表现为传导作用

教师信念对学生的影响，表现为师生互动和课堂气氛的效果。在具体、现实的课堂环境下，师生的行为一般都存在内在的一致性。教师对学生的行为起着主导作用，对学生的行为产生影响；教师行为是学生理解、掌握、追寻思想与情绪的重要途径，进而对自己的行为进行选择与控制。在教师观念的指导下，教师的行为将被其观念影响，从而引发、导致并形成学生相应的行为。在这些情况下，学生的行为存在着一种偏向，他们会去猜测老师的意愿，故意展现出老师想要的行为特点，进而得到老师的奖励。这说明，老师的行为具备的传递效应是十分清晰、有效的。

但是，在不同的老师理念指导下，老师的各种行为表现出了迥异的特点和种类。在老师主导的理念下，老师的授课方式不可避免地出现了“满堂灌”，久而久之，学生就会自然而然地形成被动、消极学习的习惯定势，而且短时间里不会改变。在“以人为本”的思想指导下，教师通常采用“启发式”的授课方法，从而使学生形成一种自主的、主动的、探究的学习模式，经过一段时间，学生会自动形成一种积极的学习模式，这种模式同样一时半会儿不会改变。因此，教师给予了他们充分的探究机会。这样，就能使学生在教学中更有参与感。将教学行为作为媒介，将教师信念传递到学生的身上，可以让他们感觉到教学就是这样，学习就是如此。在课堂教学中，老师的教学活动主要是面向学生开展，并对学生产生作用。所以，实质上，老师的行为呈现出了一种双向交互的特性，它总是会以一种或整体、或集体、或个人的方式，对学生及他们的行为产生了一定的影响，进而对他们之间的师生关系维护产生了直接的作用。可以说，教师如何待学生，学生就如何待教师；教师尊重学生，学生就尊重教师；教师冷淡和轻视学生，学生也会冷淡和轻视教师。在此过程中，师生关系不断地形成、构建、发展，而学生也将学会老师对师生关系问题的处理方法，并将其移植到新的情境。

师生关系的形成与建构是一种很明确的文化传播与生产的关系。通过师生关系这个媒介，老师将信仰传递到了学生的身上，让他们觉得，师生之间的关系就是如此，也理应如此。因此，在师生关系的一个特定层次上，我们应该用这种态度来指挥自己的思维和行动。在教学过程中，教师的行为合理化，有利于形成一个合理化的课堂教学环境。教师人格特质的形成，除了与教师自身的性格因素有关外，还与教师对自己的认知、信仰有很大的关系。

不管教师自身的气质和修养如何，持有“行为控制”信念的教师，会采取“强控制”的课堂教学策略，营造出“理性化”的课堂教学氛围；追求“人格构建”的教师，往往会采取“弱控制”的课堂教学策略，营造出“情感化”的课堂教学环境氛围；追求“知识”的教师，整个课堂的教育活动也就会在“知识”这个层次上进行。

总而言之，教师信念有着许多不同的作用，它是教师工作研究的一个重要指示器，而信念在处理这些杂乱无章的事情方面起到了很大的作用，它可以让教师以简御繁，以个性化的方法来处理问题。在此基础上，相关学者提出了一种新的、有价值的、有意义的思想观念。

三、英语教师信念特征

1. 很多英语教师面对教与学的时候，所持有的信念都是比较相像的。英语教师普遍认可信念核心内容，例如，外国学者 Richards（1998）等人发现英语教师对英语课程的性质、社会作用、英汉对比理论和实践的相关性、教材的作用、教师角色等方面的看法比较一致。关于教师信念的核心问题体现在三大方面：第一是教和学的过程；第二是教师与学生；第三是教学理念、内容、模式。外国学者 Bums（1992）研究得出教师信念影响英语教学的五个要素：第一是语言本质；第二是口语和书面语的关系；第三是语言学习的本质和语言学习策略；第四是学习者的学习能力；第五是语言课堂的本质和教师扮演的角色。

2. 针对成功的课堂教学，以及同一个教学观，不同英语教师的理解和看法不一样。从课堂管理、课堂授课、提问技巧、语音品质及学生的表现等方面来看，课堂上的教师是决定课堂效果的重要因素。而以课为本的教育观强调课堂目标、计划、教材、任务种类以及教学内容等各个方面的创新。“学生为本”的教育思想，突出学生的主体地位，重视学生的学习需要，重视学生的参与，重视学生的兴趣激发，重视学生的互动。

3. 拥有不同教育观念和教育经历的老师，对相同的教育方式会产生不同的认识和接纳程度。如果一种新的教学方式与现有的理论或实践发生冲突，那么这种新的教学方式就会使教师很难适应。

第二节　英语教学中的教师信念培养价值

所有老师对于他们的工作、教授的学科知识、角色和职责都有自己的信仰。教师信念对教师教学的影响是最为重要的，它对学生的课堂组织、课堂活动安排都有重要影响。许多研究显示，信念对教师的影响较大，而对其教育实践的影响要大于对其知识的理解。

一、教师信念影响教师的教学行为

在教育实践中，教师拥有一个科学的观念，这对提高教育效率具有重大意义。外语教师的思维活动及其对教学活动的影响一直是外语教育界关注的焦点。教师根据自己的信念来决定教学目的、方法，并根据自身的教学理念来做出教学行为；教师的教学行为是一种对教师信念的行为实现，而教师在教学中的信念又会对教学方法产生很大的影响。所以，我们在学习别人的教育方式时，应该深入地研究他们的教学行为。

二、教师信念影响学习者的信念

教师对学习和教学的信念，不仅对教师的教育活动开展有影响，还会对教师的思维、行为等方面造成影响。前面已经说过，老师的信仰来自老师自己的教学经验，所以，学生时代的老师，他们的信念会影响到他们未来的发展。

三、教师信念影响自身的学习和发展

教师信念既影响着教学工作，也影响着学生的思想信念，这对学生的学习和发展产生了一定的影响。在教育实践中，教师信念是教育实践活动的灵

魂，也是教育实践活动的动力。在一定意义上，教师的成长既是对某种信念的建立，也是对它的改变、舍弃和坚持。正确、理性的信念是教师健康发展、不断提高自身素质的关键。

第三节　英语教学中的教师信念培养现状和问题

一、信念问题一：重知识、轻技能和重技能、轻知识

语言基础知识包括的内容很多，不仅有语音、词汇，还有语法、功能和话题，以及相关的规则、定义、概念和用法。语言技能设计的内容有四个，即听、说、读、写，听和读属于输入性技能，说和写属于输出性技能。无论是重知识、轻技能的教学模式，还是重技能、轻知识的教学模式，都是不可行的。在英语教育中，语言知识与语言能力是相互促进、相互融合的，二者密不可分，教师往往偏重于词汇和语法知识的讲授，常常忽视了交际的作用。其结果是，在学了多年的英语知识之后，学生们依然无法用英语与人交流和沟通。而只关注听说读写技能的培养，会使学生忽略语言自身的魅力，忽略英语视作文化的载体功能。将语言技能与语言知识结合，才能改变这种低效的教学现状。

从语言教学观来看，目前，我国高校英语教育者已由过去只注重语言知识教授，转变为注重语言知识与技巧的结合，注重学生在学习过程中的知识运用，从而达到提高学生交流水平的目的。抛弃了英语教学中过分强调语言的“工具化”和“知识化”的问题，在“工具”与“人文”相结合的语言观念的指引下，用“以教师为中心”的教学方式，实现了以人为本的理念转变，注重以“人”为主体，注重与“人”的互动。这一方法使以教师为中心、以知识传授为目标的教育观发生了重大变化，突出了语言学习的社会性和在社交活动中学习的新观念。它把教育的范围扩大到文化知识层次，注重语言的整体和知识与技术之间的关系，使其转变为语言综合素质，提高文化素质，

培养跨文化和交流能力。要想将所学到的语言知识转换成听、说、读、写等方面的能力，就必须在教室里设计并布置许多仿真或近似现实的语言交流情景，让学生在这样的情景中学习英语，并培养他们的综合应用能力。

二、信念问题二：英语只是一种交流工具

从问卷调查中可以发现，许多教师都把英语学习当作一种沟通的手段，非专业对口的人不必进行英语学习。然而，仅仅将英语当成一种纯粹的沟通手段，学生们的学习效率就会大打折扣。我们的学生从初中三年级开始就学英语，甚至现在小学就开始了，一直到大学至少学了10年的英语，但仍然是“哑巴英语”，甚至还没有达到可以沟通、阅读的程度。在教育中，如果仅仅注重将语言作为交流的手段，而忽视了对语言的思考，则会导致学生交流和思考能力的分离。另外，要注意不要将英语中的直观反应视为英语思考。没有经历过英语思考的人，大部分情况下只能将所听到的内容翻译为他们自己的语言，然后储存在他们的脑海中。在说出自己的想法之前，先在脑海中寻找自己的本族语言，再将其翻译为英语。这样无法做到真正意义上的交流。大都是中式英语。

现代语言观特别注重对知识本质的关注，注重让学生积极主动、富有个性地去感受知识的创造，并完成自我价值构建。其实，英语思考，最重要的特征就是以一种富有创意的方式，或者说以一种灵活的方式来表达一个人的真实想法，而不是单纯的口头交流。前者是内在的“才能”，后者是外在的“术”。交流与思考是相互联系、相互促进的。由此可见，英语不完全是一种工具，应该把它当作一种与个人生活相伴而生的文化和观念来加以认识和运用。因此，在这种情况下，我们的语言教学可以说是一门艺术。不熟悉英语语言的学习者，就不能对英语文化进行准确的了解，也不能对其进行有效的应用。在课堂上，教师讲授英语文化知识，要符合实际，符合知识结构发展规律，符合学生的认识程度，调动学生对英语文化学习的兴趣。拓宽他们的眼界，增强他们对不同民族的认识，为培养他们的跨文化交流能力奠定坚实的基础。

所以，学习英语，就要将其视为一种文化、一种观念，这样才能加深对英语的了解和掌握，使用起来也会更有弹性。学生可以在阅读过程中积累英语词汇，提高自己的语感，还可以从英美两个民族的语言中了解更多西方文化。对英语国家的文化进行接触和了解，有助于人们更好地理解和运用英语，更好地了解自己的文化，从而促进世界意识的形成。培养学生跨文化交流的能力，并逐渐拓展其文化知识的内涵与领域。

三、信念问题三：教师是主动建构者还是被动接受者?

在老师看来，与其所从事的教育行为相比，学生所起的作用到底是什么?在课堂上，教师应做“被动接受者”，还是“积极构建”者?在调查数据显示中，许多老师觉得现在的学生缺乏学习的积极性，往往是“临阵磨枪”，临考前背背单词，上个四六级冲刺班，考过四六级就算是完成任务了，很少去看与英语有关的书籍。实际上，学生伴随着自我意识的形成并持续加强，他们本身就拥有了一种自尊和信心，在很多活动中，他们都展现出了渴望独立、自主选择、自我判断的态度。因此，在教学过程中，教师是促进学生发展的主体，应发挥其主体作用。我们深信，每一位学生都具有积极的求知欲望和发展精神。教师的职责是要增强学生发展的内部动力，也就是他们的主体意识，充分发挥他们的学习积极性，让他们在个性上保持自尊，在学习上保持自信，在挫折面前保持自强。老师要秉持“一切为了学生，为了一切学生”的理念，主动引导学生发掘自己的优点，并在恰当的时间给予他们鼓励，让他们有一种满足感，从而增强他们的自信心。在课堂上，老师的教法应当是指导学生认识并构建自己的知识体系。在课堂上，老师能够使用言语进行引导，创建情境，让学生感受学习，能够在课堂上调动起学生的相应情感。

第四节　英语教学中的教师信念培养策略

从教师信念方面来看，高校英语教师信念已经从陈旧取向转化为现代化进取取向，如今的现代化进取比较关注语言教学观的认同趋向性。因此，在英语学习过程中，教师不仅要重视学生英语文化知识学习，还要重视学生的技能掌握。这一特点体现在教学中，可知教师不仅要传授学生知识，还要以学生为中心传授其语言技巧。鼓励学生积极参与教学过程，这与大学英语课程改革中的观念基本一致。也就是说，高校英语教学者必须从“以自我为中心”，只传授语言知识和技巧，转向“以学生为中心”，既要传授语言知识和技巧，又要重视学生语言运用和独立学习能力的培养，同时还要培养学生终生学习的能力。

教师的课堂实践是建立在自信心基础上的，自信心也就是教师对教学和学习所持有的态度、价值、期望、教学方法和设想是正向积极的。教师的信念虽然是隐性的，无法用语言表述，却能对教师的观点、判断、决策产生作用，并指导教师做出特定行动。作为教育改革的直接执行者，教师对改革的成败起着举足轻重的作用。如果没有老师，没有老师的创新激情，没有老师的聪明才智，没有老师的人文素养，没有老师的善良心地，就不会有任何的变革。在教学过程中，教师应切实重视学生的成长，自觉指导学生学习，这是他们的职责与使命。要实现对教师信念的有效转换，必须对学习、教学进行再认识，对师生关系、教学任务进行再认识，把正确的教学理念付诸实践，改变和重构教师信念提供一些有效策略。

一、变革英语教师专业发展理念，成为主动的变革者

英语教师的职业成长不仅是一种社会性的成长，更是一种心理学上的成长。由于教育反思是一种社会性的活动，因此它要求师生间要公开沟通、对话，秉持勇于冒险、协作的精神。在这一过程中，教师的这种变化可以分为两种，一种是表面的变化，即教学技巧、教学方法、教学风格和策略的变化，另一种是深层次的变化，比如价值、信念、情感和伦理道德的变化。因此，大学英语老师必须通过不断学习来提高自身的英语水平，使学生对老师的教学和考核由“基本满意”上升到“很满意”。高校英语教师要顺应时代潮流，提高教学的创造性。教师要善于运用自主性来支持和加强自身自主学习的动

机，培养出自我激发和自我指导的能力。在不断的学习和探索中，提高自己的学习效率，提升英语教师职业素养。

二、进行批判性的教学反思，增强专业自主性

英语老师应该具有批判思维，如此，才能在职业实践中发现问题、解决问题，增强专业自主性。此外，这样的批判式教学反省，不但是一种技能，更是一种心理，一种让老师能够自主进行改进和提升的态度。在自己的教育过程中，要有一种开放而反思的心态。发现问题、分析问题、找到问题的答案都离不开批判思维。为此，高校英语老师应该充分利用批判性的思考方式，对自己的教育问题进行反省，找到学生的独立需求归宿，促进自己的职业发展。

三、培养英语教师的问题意识，激活探究式课堂

怎样使课堂上教师对学生的提问转化为真实自然的交流，这就特别考验一个老师的语言艺术和组织能力。教学之道，就是在适当的提问中，巧妙地指导学生回答。在教学过程中，教师要加强与学生的沟通，启发学生的思维。在英语学习过程中，老师的提问要能激发学生的学习兴趣，利用具有启发意义的、以现实场景为基础的问题，指导学生学习，在进行创造性问题解答的同时，还可以利用交互讨论、概念辩证分析等方法，对学生进行观察、探索，促进学生解决问题、归纳整合、交流表达等方面应用能力的提高。我们应该努力构建一个由老师和学生组成的学习共同体，老师知道怎么教，学生知道怎么学，使师生“双赢”。在建立学习共同体的过程中，老师必须学会和学生进行有效对话，要在相互尊重、信任和平等的基础上，通过谈话和聆听，实现师生之间的双向交流。

四、树立符合大学英语教学改革要求的教学观念，优化教学方式

在英语课程教学中，教师要根据新的课程理念，转变传统的授课方式，

以提高学生的求知欲和自主学习能力为主。教师要对教育教学方法进行优化，促进学生创造力和想象力的发展，培养他们的批判性思维能力和创新精神。加入开放的、以任务为基础的、探究式的教学，给他们表达观点的机会，培养他们的合作意识和沟通技能。在教学中，教师要根据教学目的、地域特点和学生的需求，积极主动、创造性地寻求可以推动学生全面发展的行之有效的教学方法，把自己打造成一名富有创造力的研究型教师。在教学过程中，人们的信息获取、信息交流、信息处理，态度和情绪的表达，都是在交流中进行的。这样不仅可以帮助学生明确学习目标，对学生问题进行综合处理，还可以帮助学生合理地展开学习，对拓展教育的思路、转变教育方法具有积极的意义。

由简单地对语言的构造和形态的要求转变为对语义和上下文关系的重视；将以讲解为主要内容的授课方式，转变成有学生参与的探究、实践性的教育方式，进而实现对学生的语言描绘、情感表达和社会能力的培育。

第九章　英语教学中“中国文化失语”现状和对策研究

第一节　中国文化与“文化失语”

目前，我们的英语教育侧重于英语文化知识的传授和学习，而汉语母语文化在英语教学中显然不受重视。也就是说，在教学过程中，教师和其他教育工作者对母语文化知识的掌握程度不够。另外，我们对语言在课堂上所起到的重要作用认识不足，英语教学只是单纯地照本宣科，而没有考虑到中国的实际情况。作为社会中流砥柱的学生，其对中国文化的认识和认同直接影响着中国文化软实力的构建与全面发展。在全球化大背景下，中西文化碰撞和交流，和教学、学习的作用密不可分。在此期间，学生要面对一定的文化困境和挑战，对“中国文化失语”现象的探索显得非常有必要。因此，我们要充分发挥英语教学的作用，加强文化素质培养，培养中国文化学习能力。在中西文化对比的基础上，使学生认识到中西文化的不同之处，并自觉营造合适的文化环境，进行交流和合作。这既可以提高自己的语言能力和文化素质，又可以提高自己的自信心和自豪感。本节针对中国文化与“中国文化失语”相关内容和问题做出研究。

一、中国文化概述

相对于现代的新文化形式，中国文化特别是中华传统文化，是由不同的历史发展过程所形成的，具有国家特色。中国的传统文化，在整个中国的发展历程中都是由各种不同的、带有鲜明民族特色的、不同类型、不同形式、不同种类的文化组成的。总的说来，中华传统文化特点主要表现在如下几个方面。

1. 世代相传，在不一样的年代出现了不一样的变化，但实质内容是不变的。

2. 民族特色是属于民族特有，和别的民族不一样。

3. 历史悠久，传承时间久远，影响力非常强大。

4. 内容博大精深，普及范畴大，而且非常有深度。

5. 能够融入人民群众的日常生活。

二、中国文化的特征

中华文化源远流长，在不断传承的过程中形成了自己的特点，并在国际社会的融合中不断地发挥自己的文化功能。下面从宏观视角出发对中国文化的特征进行探讨。

（一）重伦理与道德

我国文化是一个重视道德教育的文化，按照中国的传统理论，它也可以被称作“崇德型”的文化。这种以血缘为核心的父权制历来是中国文化的核心，对中国的政治、经济和思想体系发展有着深刻的影响。在家族和国家的统一思想之下，“天下如一家，中国如一人”，个体被包围在群体之中，因此中国人十分关注家庭成员之间的人伦关系。人伦关系的确立主要是为了明确个体在家庭中的责任与义务，如父母对子女的抚养义务、子女对父母的赡养义务等。这也是儒家倡导的“人道亲亲”。基于这一传统观念，能够引申出父亲关系、长幼关系、朋友关系等。当这种忠孝思想得到推广之后，人们就可以采用正确的方式处理人与人的关系、人与社会的关系。

（二）重和谐与融合

一直以来，中华民族具有一个非常突出的特征，那就是在中国文化形态中，人伦关系始终占据着一个不可替代的位置。这一关系可以让中国人和谐地凝聚在一起，发挥出强大的民族向心力。中国重和谐的特点首先表现在人与自然和谐相处，强调“天人协调”。《中庸》中提到的“与天地参”就是这个意思。在中国古代，无论是“天人协调”还是“天人合一”，都没有否定人类可以改变、调整、控制和引导大自然的能力。荀子就曾明确地提出“明于天人之分”和“制天命而用之”的说法。但是，肯定的同时，他们也认为人在自然这种整体环境中依旧处于一种辅助性地位，人既应在适当的条件下，运用科技，对自然进行一定的改造，还应适应自然，使其符合人们的具体需要。在做相应的改动时，要有针对性地进行调整，既不能大肆地破坏自然，又要保证自然界万物正常发展。所以，在我国以往的传统民族文化背景下，人们往往比较追崇“大乐与天地同和”“上下与天地同流”。

总而言之，中国的古代思想家都具有一个共同的特征，就是强调人与自然的和谐。除了这些，中国的传统文化还有一个非常显著的特点，那就是在人际关系方面，一直以来，中国的传统文化都极力主张“贵和尚中”，协调人际关系一直都被中国文化放在一个首要地位。社会中必须存在不同思想的正常交流，只有这样，人们才会为了达成一致想要进行沟通，在沟通的过程中达到一定的和谐；如果社会中不存在不同的思想，每件事物都是一味地趋同，那么对于社会而言，俨然失去了所谓的意义。

（三）重实际与稳定

几千年来，在黄河与长江的长期孕育下，华夏大地四季分明、土壤肥沃，如此得天独厚的条件，进一步为早期先民们的具体生存繁衍提供了优越的地理条件。在古代，因为条件、学识有限，生产资料和设备发展比较缓慢，导致了生产力的低下，但是，从整体来看，人口与土地的比例还是保持着一种相对适中的情形，只要不受到大自然灾害或是兵荒马乱的影响，每天日出而作、日落而息，他们就能一年又一年、一代又一代地过着平静、稳定的日子。基于此来看，老子提出的小国寡民理想、孟子提倡的仁政规划、陶渊明所憧憬的美丽田园并非空洞，而是实实在在地反映了农耕文明的生命理念。中国自古以来就是以农业为基础的，所以农业的发展速度总是和整个国家的政治、经济和文化生活息息相关。

（四）重理性与人文

从中国的历史发展来看，西周有“重民轻神”的思想，比起重视神的旨意，人们往往更在乎现实中的自身多一些。长久以来，“敬天保民”“明德慎罚”“民之所欲，天必从之”一直都是西周统治者信奉的信念。到了春秋战国时期，受西周的影响，理性主义和人文精神在进一步发展，其在本土文化中的统治地位也就毫无疑问确立了。具体来说，关于本土文化，人文是其活动领域和研究对象的主要目标，也正是有了明确的出发点，所以才能够始终做到坚持以人为本的人文主义立场。中国的儒家思想就是大力弘扬理性精神，无论是唯物论还是无神论，都极大地为人本主义、理性主义发展提供了强有力的支撑。中华传统文化之所以能在世界上独树一帜，很大程度上是由于中国文化具有很强的理性主义和人文主义的特色。

三、中国文化失语

“中国文化失语”这个定义是南京大学从丛教授之前提出的，并发表了《“中国文化失语”：我国英语教学的缺陷》一文。在该文中，从丛教授多次表示中国很多学生的英语水平很高，但不能与外国人打交道，也就是不能用英语和外国人沟通，没有把中国的传统东西完全地表达出来。中国文化失语的理论一经提出，就有不少学者对其进行了深入的探讨，并且取得了不少成果。比如在英语教学中引入了文化教学，然而大多数的学生仍然无法用英语准确地传达中国文化。我们在学习西方文化的同时，也要向世界推广中国的优秀传统文化。根据中国目前的形势，英语教育需要进行改革，如大学英语教材中补充中国文化内容，大学英语四、六级考试中增加关于中国文化的翻译写作等。

第二节　英语教学中“中国文化失语”的现状分析

一、英语文化与母语文化导入比例失衡

在英语课堂上，教师对英语文化的导入与母语文化的导入存在明显失衡。当教师给学生讲英语知识点时，他们通常要说很久，对中国文化的知识内容，却没什么投入，而且许多老师本身的中国文化知识就不多。所以，传播中国文化还存在很多困难。

二、英语学习过于功利性

很多学生学习英语具有明显的功利性，也就是说，英语的学习目的是要通过考试，或者考上大学，又或者是为了将来有个好工作。所以他们只重视英美的文化而忽略了中国的传统，这完全与学习英语的初衷相悖，很难实现向世界传播中国文化的目的。

三、母语文化表达能力薄弱

当前，许多学生的语言表达水平较低，有时甚至用汉语都无法说清楚中国文化，这是学生们学习时的一大缺陷。还有许多人是对自己国家文化不熟悉，那么就算英语再好，也不能用英语将其传播出去。比如太极、八卦、清明、重阳等的含义与意义，许多学生就会一头雾水。

第三节 英语教学中“中国文化失语”问题的成因

一、文化传播的根基——中国文化产业不足

（一）中国文化产业的特征

随着我国经济的快速发展，文化已经成了一个日益突出的行业，跻身新兴行业的队列。但中国的文化产业整体上仍处于起步阶段，无论从企业层面、中观行业层面，抑或是从国家层面，都处于从粗放式的竞争优势到精炼式的竞争优势转变的过程。

1. 总量规模持续增长

如今，我国文化产业经济不断发展，总量不断增加，从 2006 到 2012 年，我国文化产业增加值增长率以两位数的速度增长，都超过了国民经济增长率。虽然被金融危机所影响，但我国文化产业最后还是快速回归了常态。在中国，从事文化产业的人员每年都在增加，增加的幅度虽然不大，但总体上保持稳定。在我国，文化产业已是一个不可或缺的一部分。所以，增强我们在世界范围内的文化竞争力，对于推动我们国家快速发展具有十分重大的意义。

2. 贸易规模扩大

自 20 世纪 90 年代之后，我国文化贸易经济就得到了快速发展。从 2006 年到 2012 年，我国文化产品贸易总额增长迅速。中国的文化商品出口增长速度快于进口增长速度，而且其所占的份额也在不断增加。同时，外国文化商品在我国的市场中占据的位置也日益突出，对国内的文化消费造成了巨大的影响，对我们的文化发展构成了严峻的考验。

（二）中国文化产业的不足

1. 区域发展不平衡

不同地区在经济条件、资源条件等方面存在着巨大的差别，这对我国的

文化产业发展产生了巨大的影响。我国文化产业发展呈现出明显的区域失衡现象。从目前的情况来看，中国的文化贸易发展可以分为四个主要地区。一是环渤海区域，涉及的省市主要包括北京、天津、辽宁、河北和山东等。二是泛长三角地区，涉及的省市主要有上海、江苏、浙江、安徽、湖南和湖北等。三是泛珠三角地区，主要涉及的省市有广东、福建和广西等。四是内陆地区。可以这么说，环渤海区域能够从根本上促进我国文化贸易发展。在我国和东盟自由贸易区形成的前提下，泛珠三角地区也已经变成我国与东南亚展开文化贸易交际活动的一大基点。而我国内陆地区的文化产业经济发展并不是太快。

2. 产业链延伸不足

“微笑曲线”理论研究说明，在我国文化产业发展价值链中，知识创意与衍生品开发等工作比较重要，产生的附加值很大，而生产是附加值较低的部分。我国文化产业价值链包含的内容比较多，不仅有劳动密集型文化产品，还有资源密集型文化产品，这些产品易被其他产品代替，产生的利润也不大。

二、文化传播的教学实践忽视心理学理论，迁移得以产生

迁移（transfer）是指最初的行为模式对后来的学习新模式产生的作用和影响。基于心理学研究，知识迁移属于一大学习行为，基于这种学习行为，学生利用最初学到的技能和知识，决定自己后期的学习效果和训练成果。结合训练效果做出分类的话，迁移主要包括两种：第一种是积极迁移，第二种是消极迁移。积极迁移可以叫作“正迁移”，是一种学习对另一种学习的促进效果；消极迁移也可以叫作“负迁移”，会产生负面的效果。若能取得良好的教学成效，则能提高学生的学业成绩；相反，如果以前的经验妨碍了他们对新的知识的掌握，则会产生消极影响。负文化迁移是指因为文化差异而造成的一种文化干扰，这种影响反映的是人们在潜移默化中利用自己的文化规则和价值观，对自己的行动和思想进行引导，从而对他人进行评判，特别是对具有不同文化背景的人的行动和思想进行评判。

行为主义研究者相信，转移是一种习惯的产物，他们相信，一种外语的

习得是一种将旧习惯转化为新习惯的过程，因此他们建议，要想学会一种新语言，就必须忘记自己的本族语。母语文化迁移，会促使高校大学生把母语文化知识和准则套用相应的目标语文化规则，造成失误。英语教学中存在着“负迁移”现象，在考试制度的压迫下，学生与老师也往往忽略对“他文化”知识的传授。学生学习本族语言和本族语言的文化规则的同时，忽略了目标语的文化背景。我国英语界必须防止通过“已文化”来促进“他文化”，教师尽量为学生营造一个良好的英语环境，把重点放在目标语学习上。

三、文化传播的主体教师引导不足

（一）对“文化”概念的理解有误

英语教育既是一门语言教育，又是一门文化教育，所以把它引入英语教育就变得非常有意义。但是，根据对近些年文化教学的研究不难看出，大多数人在教学中注重语言知识学习，忽视文化教学。在英语教科书中，对目标语文化的论述较多，而对与本族语言有关的文化分析则较少见。当然，英语教学中重视目标语文化的教学是无可厚非的，然而，如果忽略了自己的语言文化，就会陷入一个英语文化就是目标语文化的错误境地。在 1996 年的全国外语教学会上，李岚清说：我们的学生学了多年的英语，但是连“What do you usually have for breakfast？”都很难回答上来。这是因为学生不知道如何用英语表达馒头、稀饭等。现在，很多学生一提到西方的情人节、圣诞节，就滔滔不绝，然而，说起中国的节庆，却让人摸不着头脑，不知该怎么用英语来表述。这就引发我们思考：英语文化的教育能否取得效果。很明显，外语的学习离不开母语的文化背景，我们是不是应当重新思考一下如何实现在教育中增加母语文化。

（二）对跨文化交际的理解具有片面性

在目前的英语教学中，学生对英语的基本知识已有了初步了解，其教学目标也不再局限于语言技能的训练，而应从文化层面上进行跨文化交流。当前，在英语教育过程中，人们越来越注重对“跨文化交流”的认识，但往往会忽略自己国家的文化，导致中国文化的“失语”。其实，所谓“文化交流”，就应该是不同文化之间的相互交流、相互吸收、相互传递的过程。所谓“一种跨文化交流”，并非一种“一边倒”的交流方式，而应该是一种“异质”的交流方式。

（三）教师欠缺本土文化修养

对于英语教学而言，教师始终是策划者与引导者，他们的文化素养在潜移默化中影响着学生。然而，在实际情况下，许多教师由于自身的文化背景和固有的思想观念等原因，民族文化意识不够强烈，在英语教学中难以有效地为学生提供合适的文化输入。显然，我们当前的教育体系使人们形成了一个定势：学英语就是学英语民族文化，但是汉语文化好像和英语的学习毫不相干。这显然本末倒置。束定芳先生表示，在经济全球化加速发展的今天，中国的学术和文化已被纳入国家的发展战略之中，同时也被纳入了人类和国际社会的大整合之中。所以，目前的英语教育应以“中国文化走向世界”为目标。

（四）对文化教学理解存在偏误

造成“中国文化失语”的一个主要因素就是对文化教学缺少认识。许多人只是把“文化”理解为“简单的英语语言”。当前，很多学者都在探讨怎样把英语文化引入英语课堂，但是很少讨论中国文化对英语课堂教学的影响，这样的“逆差”会使学生丧失中国文化价值观与美学观念，以及对中国文化基础知识的匮乏，甚至造成他们盲目追求英语学习，拒绝中国文化，造成中华文化的没落。不可否认，把英语文化作为英语教学的重点，是英语文化的重要组成部分。然而，仅仅将英语文化与英语教学结合起来，并不能成为一种成功的文化教学。

第四节　英语教学中“中国文化失语”的有效对策

“文化自信”的提出肯定了中国优秀的传统文化，在英语教学中，我们应加强对文化的关注，并引导学生坚持自己的文化立场和态度。那么，如何在跨文化交流中将我国文化正确地传播出去呢？本节就来具体分析文化自信视域下改变英语教学中“中国文化失语”的具体策略。

一、整合教学资源，建立教学团队

为了凸显英语的学科属性，一些学校开设了与中国文化相关的选修课程，如中国传统文化、中国思想史、中国传统经典导读等。这些课程的设置实际上是扩充学生的学习资源。此外，教师应该对资源进行整合，包含教材、参考书目、课程大纲等，以构建完备的教学体系。另外，在英语教学过程中，老师肩负着传授语言和文化的双重使命。因此，在英语课堂上，教师的跨文化交流能力将会对其教学质量产生很大的影响。教师要把中国文化的知识讲授给学生，不但要有深厚的文化底蕴，更要有文化修养和一定的教学技巧，使学生能将所学的文化知识融会贯通，在实际中灵活应用。同时，教师要具备用英语交流中国文化的能力，提升学生的学习兴趣，增强教学的实效性。在培养学生的跨文化交流能力的基础上，引导他们建立平等的文化沟通观念，并培养他们对外来文化的包容。教师要不断提高自己的专业技能，借此提升中国传统文化沟通与传承之力，通过对中西文化的深刻理解，拓宽学生对文化的研究范围，提升学生的整体素质，加强学生跨文化交际的能力。

二、优化教材内容，开发教学资源

为了保证我国的英语教学更符合学生的需要，很多学校引入原版教材，这些教材可以让学生直接感受英语文化，但是其中涉及的中国文化内容几乎没有或者很少。所以，很可能会造成中国文化的“失语症”。同时，英语教学中缺乏有关中国文化的阅读材料，这对培养学生跨文化的能力有很大的影响。基于这样的现状，有关部门应当有计划地编制有关中国文化的英文教科书，同时进行中西方文化对比教学，这样才能加深学生对中西方文化的了解与把握，发掘自身对本民族文化的认同感，增强传播本民族文化的意识。所以，在英语教科书中，引入英美两种文化的同时，也应该加入一些具有中国文化特点的短文，这样才能使教科书更具实用性。

另外，在学习过程中，学生在用英语描述中国的社会现实方面存在着一定的困难，这也是中国文化“失语”的一个突出表现。所以，在教材中，应该加入描述中国社会的英文。针对少数民族英语教学而言，可以将具有民族特色的英语表述融入教科书中。在英语课堂上，由于历来重视语言的单一性和其他一些原因，绝大部分都是以原文本形式来介绍异域文化的。如果统编教科书的内容不能短时间内发生变化，那么，在实际的教学过程中，教师应该在选择时适当地融入具有少数民族文化背景的文本，从而提高教科书的实用性。例如自己编写具有民族文化的英语课本或小册子，向学生们宣传民族文化知识。

三、注重平等意识，确立文化身份

在英语课堂上，教师必须加强对学生跨文化交流能力的训练。成功的跨文化交往意识，不但能够实现目标语言文化认同下的交流，而且能够充分地发展自己的主观精神，培养文化独立身份。与传统的交际观相比，中国目前对文化发展的要求已不是局限于单一地迎合目标语言的文化交流，而是更多地要将本土文化向外输出，这不仅是为了促进不同国家之间的文化交往，也是为了继承与发展中国传统文化。近些年，很多外国人士渴望了解中国文化，尤其是春节的到来，很多国家元首纷纷发来贺电与祝福，可以看出，中国的文化对世界发展的影响是很大的。这就需要有针对性地寻找出口的途径。那么，文化教学就充当了一个重要工具，而提升学生的跨文化交际意识是其中的捷径。除此之外，在英语教学中，应加强对英语学习者的文化观念教育，能够使其学会平等独立地于他人进行交流。因为不同文化之间是没有优劣之分的，客观地将母语文化展示出来，这样才能得到对方的尊重。在这一层面上，教师要引导学生在文化交往中培养平等的意识。

四、树立文化自信，传播中国文化

“文化自信”指的是对自己文化的一种信仰、一种信念，一种民族对自己的文化发展有着强烈的信心，是一种自豪感。基于当前的社会形势，学生应该树立文化自信，努力传播中国传统文化。教师应该通过课堂和课外两种形式的教学，有效地改善学生出现的“中国文化失语”状况，建立文化自信。

（一）利用课堂教学，补充中国文化知识

在英语课上，老师可以适当地加入中国文化的内容，让学生在学习英语的过程中充分认识自己的民族文化，从而提升自己的文化学习能力。例如，《大学英语》修订版第一册 *Sailing round the World* 讲述了 Francis Chichester 的环球航行。在讲授时，教师可以向学生讲解中国历史上类似的事件，如郑和下西洋、张骞出使西域的故事，这些都体现了中华民族的精神。教师合理融入母语文化背景知识，不仅可以提高学生对英语的理解能力，也能让他们更好地了解中国的历史文化，提升他们身为中国人的骄傲和民族的自信心。这种教学方式，可以扩大学生进行跨文化交流的语料库。

（二）开展课外活动，加强中国文化渗透

英语教学的课堂时间非常有限，学生的课余时间却很充裕，因此，在这种情况下，老师可以鼓励学生充分利用课余时间，通过多种途径进行学习。为了让学生多渠道、全方位地学习中国文化，老师可以引导他们在课余时间进行学习，比如，有些高校邀请专家和学者来做专题报告，并让学生主动参加相关活动，使他们更加全面地了解英语文化与中国文化。通过这些主题演讲，不仅可以拓宽大学生们的视野，还可以让大学生们更好地理解外国和中国的社会发展为何不同。另外，老师也可以在课余的时候指导他们多看汉译英的书籍，例如：

《吾国吾民》：*My Country, My People*；《生活的艺术》：*The Importance of Life*；《孔子的智慧》：*The Wisdom of Con fucius*.

五、改革评价体系，促进文化教学

大学英语教学离不开教师的考核，因此，教师的考核成了大学英语课堂上必不可少的一个“助力器”。教育评估就是依据教育目的，对教育的过程和成果做出有意义的评判，并为教育提供依据。从目前英语教育的现状来看，在教育评估中，却没有包含对中国文化知识的评估，这样一来，即使是拥有丰富的中国文化知识，在没有相应评估手段的情况下，学生们也不知道他们所掌握的文化知识是否达到了要求，老师也不能及时向他们反馈，这会使学生失去学习中国文化的动力。因此，在具体的教学过程中，教师要制定包括中国文化在内的教学评估方案，并保证其评估方法的多样化，还可以与学生合作，改进中国文化认知评估的各项标准，制定相应的中国文化认知教育方案。这既能为学生提供中国文化的知识，又能激发他们对中国文化的学习兴趣。

总之，在英语教学过程中，要强化对母语文化的教育，提高文化语言理解能力，对我国优秀传统文化进行传承与发展。在英语教学过程中，教师要使学生认识到母语文化的消极迁移，有针对性地降低这种消极迁移的影响，从而防止出现中国文化“失语”现象。

六、利用网络资源，实现文化传播

互联网平台是一个具有开放性和交互性的平台，它可以打破传统的教学方式，使中国教育的信息化发展成为可能。通过互联网，学生可以更好地了解中国文化，对中国文化提起的浓厚兴趣，激起情绪上的共鸣，从而改变“中国文化失语”现状。

（一）采用网络手段，落实文化教学

新的时代背景下，教师要充分运用网络资源，以现代媒体为媒介，把中国文化融入课堂教学之中。运用网络技术，可以帮助教师创造出一个真正的课堂情境，将声音、图像和动画相结合，优化了课堂教学直观效果，使课堂教学更加生动。另外，在网络环境下，学生可以轻易地了解到中国文化，这样不仅可以增强大学生们的分析与判断能力，还可以增强大学生们的语言交流水平，以及对不同国家间不同文化的了解。在文化教学的过程中，教师可以采取类实时播放式的形式，即“课堂示教模式”，利用电脑软件、各种音频、录像等媒介，把中国文化的知识传递给学生。

（二）通过协作方式，实现交互学习

要把中国文化知识渗透到英语教学中，必须对其进行合理的组织与安排。从建构主义的角度来看，英语教学中的重点是教师怎样把学生分成几个不同的小组，怎样让他们合作完成不同的学习任务。教师与学生之间的合作学习，可以形成一个学生与学生、学生与教师、学生与媒体之间的互动体系。在合作的过程中，教师要充分地调动学生的学习热情、发掘他们的智力、激发他们思考，使他们能够在整体上实现知识的构建。在具体的课堂教学中，老师根据中国文化相关话题，为大学生们布置和创造一些具有较强操作性的任务，并对任务实施内容提出明确的要求。然后教师对学生进行合理分组，使他们之间相互影响和沟通。最后实现知识的构建。对学生来说，要总结、归纳老师布置的任务，从而使自己更好地了解中国文化，提高自己的跨文化交流水平。

（三）创设真实情境，营造文化氛围

我们都知道，我们往往需要在固定的社会环境条件下运用语言文化。结合建构主义理论研究可知，人是知识海洋中的探究者，也是知识体系的有效建构者。这种所谓的知识体系建构，往往离不开人和环境的有效结合。我们建构意义体系，合理创设情境是基础，特别要做好真实情境创设工作。在英语教学中，教师要营造一个真实、有意义的学习环境，让学生在学习过程中更自然、更真实。同时，随着互联网技术的不断进步，人们对其认识也越来越深刻。鉴于互联网信息的巨大容量和快速传播的特点，可以将其应用到英语课堂上，也可以将其应用到文化教学中，从而在每一节课上为学生提供大量可利用的学习资源。同时，让学生通过目睹中国文化之美，加深对中国文化的认识；鼓励学生主动地了解中国的文化，在愉快学习中国文化的过程中，提高自己的跨文化交流能力。

七、强化少数民族英语教育，培育多元文化思维能力

在国家发展过程中，少数民族起着举足轻重的作用。将英语教育的文化传播到全国，是提高国家整体素养的一个行之有效的途径。少数民族英语教

学，往往要结合民汉双语发展背景，强调学生的三语学习。少数民族有自己独特的语言文化系统，与汉族大学生相比，他们还需要学习汉语文化知识，在英语教学中所涉及的不同的文化因素也要多得多。当今世界，不同国家、不同民族之间的交流与沟通已成为一种客观现象。如何使民族地区的大学生更好地适应这个多元化的世界，是我们的职责所在。所以，除了要养成好的学习习惯外，还应加强处理不同文化背景下文化冲突的能力，形成积极、健康的多文化思考模式。在英语教育中，因少数民族所处的文化环境的差异，我们应该采取多种策略来促进学生的语言表达，尤其要注意民族文化的引入，在树立自己的文化信心过程中，多向国外学习。民族文化的引入可以在充分发挥少数民族学生的多元文化思考能力优势的基础上，保持民族文化中的优良品质，从而更好地接纳异质文化，促进民族团结与和谐，推动不同国家的文化交流与发展。

八、利用所在民族文化资源，加强区域民族文化吸收

对学生而言，可以充分地运用自己所属的民族区域文化，提高当地民族文化的输入效率，不但让英语教学有了真正的机会，也让他们自己有了更多的动力、兴趣和信心，运用英语表达自己的民族文化优势，进行跨文化交流。由于学生的所学、所用都是与他们所处的生存情境密切相关的，因此，在他们所熟知的、具有乡土色彩的民族里，英语的运用会让他们产生亲近感和同情心。教师应引导学生走进少数民族的村镇、家庭，了解少数民族的日常生活，和民间习俗，积极参与到外籍教师队伍中，通过实战锻炼自身能力，增强英语的语言表达能力。

第十章　文化自信视域下英语教师专业能力和素质的发展

第一节　英语教师的角色定位

“角色”指的是一个人在一定生命过程中的一种行为方式。“教师”角色指的是教师在学校、课堂和其专业生命过程中所采用的一种行动方式，它将教师与其他专业人士区分开来。英语老师对于英语学科知识的认识和掌握，将会对其教育活动的开展有很大的帮助。特别是在当今世界文化一体化的今天，英语老师能不能调整好自己的位置，与时俱进？这值得我们探索。本节将对文化自信视域下英语教师的角色定位进行说明。

一、传统英语教师的角色

在传统的英语教学中，教师除了具有上述基本的角色特点外，还具有自身的特色。具体而言，主要有如下几点表现。

（一）教材的复制者

在英语教学中，老师的职责是把所学的内容完整地传授给学生。在英语老师们的心目中，教材是至理名言，教学大纲是唯一的真理，他们把教材当成了教学的源泉，常常是按照教材制定教学计划。教师能否把所学的知识正确地传递给学生，是衡量其教学水平的重要指标。在这种理念下，每个老师都是根据教材进行教学的，因此，老师也就自然而然地成了英语教材的“翻译家”。在英语的传统教学模式下，老师们通常会配备一套完整的教材和教参，而且会根据教材的要求安排每个课堂的活动，就连要说什么都会有一个清晰的定义。老师就像是流水线上的工人，重复着自己的课程，然后将自己的课程大纲复制给学生。

（二）知识的传授者

传统的教学理念下，许多老师抱着“教书匠”的观念，把注意力集中在了课本上，把时间都用在了知识和技能获取上。一些教师认为学生只是被动接收知识的容器，他们以教科书为工具，把知识传授给学生。很明显，老师就像是一个传声筒，而学生就是一个接收者，将教育视为传授知识的活动。这样一种只重视知识，忽视学生实际技能的教育方法，势必会造成教育内容单调、重复，进而制约老师们的创造力和研究精神，让他们的教育思想变得更加落后。在当前的新时代，随着信息化技术的飞速发展，教师在知识和技术上的“权威性”正面临着巨大的冲击。英语老师在新的教学情境中，会不会有新的认识？要分配新的职责吗？对自己的教学方法、角色观念有没有什么不适应？老师们怎样改变自己，以使自己更好地融入新的社会？这些问题表明，教师在传授知识方面的作用应当发生变化。

（三）课堂活动的组织者

每一种教育行为都有相应的教学活动，而以教学活动为主体的英语教学也不例外。在教学过程中，恰当地开展课堂活动，既可以推动教学进程，又可以改善教学效果。然而，在英语教学过程中，老师的组织方式非常简单，主要采用板书、录音、幻灯片等方式，虽然这些方式也可以帮助学生掌握基本的英语知识，但因为课堂活动太死板，无法使学生完全沉浸其中。因此，学生与教学活动之间存在割裂。即使偶尔有对白练习、英语辩论、戏剧演出，也都是有限度的，而电影配音、真人交谈则更不多见，没有一个良好的学习环境，很难取得良好的学习成果。

（四）独白者

就“独白”教学这一问题来说，主要表现为老师的行动忠于教学内容，却偏离了学生的本意。老师教学是为了学生，为了传授学科知识和整个高校的发展，所以要以“忠”为己任。这是一个老师必须具备的最根本的专业素养。在传统的课堂教学中，老师既是课堂的操控者，也是课堂的秩序维护者，英语课堂原本应是一个活泼的课堂，但到了这里，就成了文法课和翻译课了。若把英语课堂当作静态的既定任务，那么，课堂中的学生就会陷入一种消极的状态，从而丧失主动性，课堂中的教师就像是一个表演的“独角”，这样的教学方式，无疑会令师生心神疲惫。可以看出，尽管教师们已经做到了忠实于自己的教学，但这其实是一种知识性的独裁，学生被排斥在外。

二、文化自信视域下英语教师的角色

老师的身份充分体现了其职业行为准则及其所起的作用，其作用的最主要客体除了学生之外，也包括社会和文化发展。老师的身份体现了他对待社会、文化和学生的态度，在文化自信视域下，英语教师扮演着以下角色。

（一）语言知识的诠释者

英语教师作为英语知识的传授者，其授课的首要条件就是具备一定的英语知识。简而言之，就是要求英语老师系统全面地掌握英语的相关知识，并能根据知识去分析和解释各种语言现象。通常情况下，英语教师要学习的专业理论知识很多，不仅有教材知识，还有语境知识和操作知识。具体会涉及语音、语法、语篇等，英语教师要时刻对自己的外语水平和英语教学质量负责。

（二）学生学习的引导者

在英语教学过程中，老师起着引导作用。老师应针对不同的学生，制定切实可行的教学计划，为他们指明正确的教学方向。在实际的教学中，要引导学生向着既定的目标发展，即从不同的视角去指导，启发其思维。其中，老师的指导性行动主要包括如下内容。

1. 针对不同层次的学生，进行不同层次的教学，制定不同层次的教学目标。

2. 对其个体差异、个性特点和接收能力进行深入的认识和分析，并就其所能获得的最好的教学结果进行讨论，从而制定出符合自己实际的教学计划。

3. 帮助大学生们正确、高效地规划自己的学习时间，充分利用图书馆、因特网和课堂与大学生们进行的讨论。

4. 仔细观察并发现学生学习中存在的问题和困难，提供适时的支援与辅导，为他们提出建设性意见。

5. 注重培养学生良好的英语学习兴趣，提高他们的英语口语表达和交流的能力。

6. 让大学生们主动参与各种教学活动，激发他们的英语学习热情。

从上述内容可以发现，老师是一名引导者，其最大的作用是指导、组织有意义的教育活动，并对学生的学习情况进行监督，对相应的教学方式进行创新，指导学生寻求问题的解决办法，从而提高其自我认识和自我发展的能力。

（三）语言技能的传授者

作为一名英语教师，自然要掌握英语基本技能，英语技能通常包括五个方面：听、说、读、写、译。英语老师要想更好地完成自己的教学任务，就需要具备这五种能力，做到五种能力的有机统一，提高英语学习者的综合英语能力。

（四）教学活动的参与者

在英语教学中，教师始终是教育的核心与主导，老师把大量的时间用来给讲解知识，所以学生参加课堂活动的机会很少，学生的创新能力和想象能力的发展都受到限制。英语教育的变革和发展使英语教师从高高在上的“知识传授者”变成了“学习者”，师生构成了教育系统的主体，在教育系统中具有同等地位，平等地参与相关活动。

老师应该营造一种平等、民主的教学气氛，让自己和学生们一起，主动参加各项教学工作，教师应该是学生们的观察者、倾听者和交流者，双方是合作伙伴。通过这种协作，使学生消除紧张，学习动力将会越来越强。但是要注意，在教学实践中，学生在使用英语时，他们会下意识以教师为榜样，所以教师在教学活动中应对学生起到表率作用，引导学生的英语应用能力逐渐提高。

（五）教学方法的探求者

英语老师不能只采用单一的英语语言方式，而要做好语言方式的“发明者”和“设计者”，不断地进行语言方式的革新，让语言方式变得更加多元化和趣味化。相对于其他科目而言，英语科目的实践性非常强，所以它与教育方式的联系也更加紧密，包括教师如何分析语言知识、如何教学生掌握语言技能、如何安排教师的课堂活动，等等。最近几年，很多研究者在英语课堂上做了很多研究，并总结出了几种新的课堂教学模式，如文法—翻译模式、交际模式、任务模式、情境模式等，它们都各有利弊，英语老师应该结合自己的课堂教学实践和学习者的特点，选择合适的课堂教学模式。有时教师还需要采用多种教学手段，取得更好的教学效果。

（六）语言教学的研究者

英语老师不仅担负着教授和研究的职责，还肩负着教育和科研的重任。他们通过对语言教学理论和性质规律的理解，逐步建立起自己的教学观念，并将这一观念应用于实际工作中，从而取得了很好的教学结果。所以，英语老师在从事英语教育工作时，应加强英语教育理论学习，并把理论和实际联系起来，使之由理论转化为实际。

（七）文化的传播者

1. 多元文化的驾驭者

在多元文化发展的今天，英语老师的多元文化素养不仅关系到英语教学的质量，更关系到学生的学习效果。在英语教学中，作为一名跨文化教学者，必须具有跨文化教学的观念。在全球走向“地球村”的当下，文化冲突是不可避免的，加强不同文化间的相互了解是非常必要的。英语教师在进行英语教学时，应该树立起多文化教育观念。班克斯认为，教学材料的选用要慎重，不能有任何带有文化偏见和文化歧视的材料；选用一些视听资料、课外读物，补充课本内容，提高学生对其他民族的认识；选用某些看法上相一致的教科书，避免教科书自身有认识上的矛盾。除此之外，大学生来自四面八方，他们所处的文化背景也不尽相同，所使用的语言肯定也存在差异。所以，老师们在教学过程中，要充分考虑到不同学生的特点，可以用双语来进行转化，只有在这种情况下，老师们才可以在师生之间进行有效的沟通。

2. 本土知识的传播者

老师们除了要认识和理解其他民族的文化之外，还要对当地的文化有一个清晰的认识和掌握，努力成为当地文化研究方面的行家，去发掘当地文化背景下所包含的特点和思维模式。教师不仅是知识的引路人，也是文化的传承人，在自己的课堂上引入当地的文化，与学生进行公平的沟通，能够给英语课堂带来更加广泛的影响，也有利于建立和谐的师生关系。与其他人员相比，老师拥有更强的本地文化知识感知能力，更重视对本地文化知识的保存和发展。在英语课堂上，老师应该本着重视与尊重的态度，指导学生对比本地文化知识和书本知识，了解本地社会的发展，并让他们能够将本地文化知识与书本知识密切结合，进而创造出新的知识体系。

（八）现代技术的应用者

在网络和多媒体技术应用广泛的新时代，随着新的教学方式对英语教师的要求越来越高，英语教师的责任也越来越重。在英语翻转课堂中，教师要充分利用现代教育技术，提高学生的综合素质，转变传统的教学观念与方法，成为当代科技的实践者，以适应当今的教育需要。

第二节　英语教师的专业能力和素质要求

一、英语教师基本能力和素质

结合林崇德先生提出的“三层次、五成分”相关内容和教师素质观要求，我们可以从分析如今英语教师的情况入手，剖析英语教师素质的内涵和特点。

（一）职业理想

教师的职业精神实质是对教育工作有浓厚的热情和强烈的追求，是自己可持续发展的根本动因。在英语教育领域，教师的专业理念主要表现为主动性、事业心和责任感，这种高尚专业理念为其进行英语教育提供了一个良好的环境。

（二）知识水平

教师所具备的知识水平是教师开展教学工作的前提。林崇德（2005）从功能角度出发，将教师的知识结构划分为四大部分：本体性知识、文化知识、实践知识、条件性知识。本体性知识是教师特有的知识，如英语语言知识，这是获得良好教学效果的保障。但具备本体性知识只是教师教学的基本保证，不是唯一的，还需要具备其他层面的知识。文化知识对于教师教育效果而言十分重要，其与教师的本体性有着同等重要的作用。实践知识是指教师在具体的课堂中，面临有目的的行为所具有的课堂情境知识，这种知识是教师经验的积累，受个人经历的影响和制约。条件性知识是一个教师能否取得教学成功的关键，一般来说，教师的条件性知识可以划分为三种：学生的身心发展知识、学生成绩评估知识、教与学知识。

（三）教育观

教师的教育观是基于自己的心理基础，在自己的教育实践中对于教育现象的主观认识。一般而言，教育观包括知识观、教师观、学习观等。

（四）监督能力

教师的监督能力是指他们在教育中对自身进行主动计划、检查与反馈等，以确保可以成功地完成预期目标。主要包括课堂教学设计、课堂教学管理与指导、课堂教学信息的反馈等。而教育监督的功能，是指老师对自己的认识进行调整和掌控，同时也是老师思考和反思的表现。

（五）教学策略与行为

教学策略和行为就是指在课堂上，教师根据自己的实际情况采取相应的教学方式，以达到自己的教学目的。在英语教学过程中，老师的教学方法主要是针对不同的学生情况，设计出适合他们的课件，并利用互联网和多媒体技术，把自己的教育理念和他们的特点有机地结合起来，使他们自己的教育理念得到更好的体现。

二、文化自信视域下英语教师应具备的素质

（一）解读多元文化的能力

在文化自信视域下，教师需要具备对多元文化进行正确解读的能力，具体而言表现为如下三点。

首先，多元文化是一种历史事实。文化具有差异性与多样性，这是人类文化从诞生开始就体现出的一种客观存在。就历史角度而言，多元文化的差异性与多样性是一个不争的事实。就宏观的世界历史而言，早期有古希腊文化，中国有春秋战国文化、隋唐文化、明清文化等。这些都可以说明历史时期不同，文化自然也不同。因此，多元文化是一种历史事实，指的是在一个地域、社会、区域等特定存在、相互关联的却又具有独立文化特征的几种文化。其次，多元文化是一种政治诉求。多元文化不仅是一种事实存在，还是一种价值存在，是人们在文化上所秉持观念的展现。多元文化源自不同族群在争取平等的经济、文化权益斗争，是一种对经济、文化等平等的追求。多元文化不限于文化层面，而是包含了不同民族、不同族群的经济、社会等多种概念。最后，多元文化是一种思维方式。从哲学的角度而言，多元文化体现的是一种思维方式，对多元文化的理解就是对多元文化差异性、多样性的承认，并且要意识到，各种不同的文化是公平的，并且相互间会有直接或间接的作用。

与此相对应的认知，就是对于客观世界的认知，我们不应该局限于某一层次，而应该多层次地去理解、掌握。多元文化的思想突破了以往一元化的思维模式。多元文化既是一个历史事实，也是一个政治诉求，更是一个思想方法。教师应当对多元文化展开正确的解释，从多种角度去尊重、学习和理解不同的文化，不能无条件地全盘接受社会的主流文化，也不能对其他文化一概否定，而是要用一种批判性的态度去对待。在对多元文化进行解读时，

应当坚持平等、公平、多元的观念和原则。

（二）师德素质

师德对于英语教师来说是必不可少的素养，也为英语教师提供了一个良好的教学要求。教师的道德主要表现为：爱学生，忠于事业，执着于教学，有崇高的人格。同时，老师的道德水平也对学生的心理健康产生了很大的影响。作为一名优秀的英语教师，必须在自己的职业生涯中有自己的追求。可以说，英语老师首先要懂得奉献，体现公正精神，有责任感，这样才能真正做到“以人为本”。

（三）以学生为中心的教学意识

在目前的英语教育模式下，由于不同的地理位置和成长背景，使得不同的学习者在不同的学习方式和思维方式上存在着一定的差别。如果老师一视同仁地对待每一个学生，就会降低他们的学习热情和主动性，从而使教学结果变得很差。为此，在英语课堂上，教师应“以学生为本”，从“主宰”向“辅助性”转变，并在“平等、公平”的基础上转变。在英语教学中，教师应根据学生的文化特点，采用有针对性的教学方法，发挥他们的主观能动性，展现他们的个性，使他们在一个多样化的学习环境中更好地学习英语。

（四）心理素质

人的精神品质是人的个性、情感、意志的综合体现。社会的发展、科技的进步，给英语教师带来了很大的压力，这就要求教师在学习和生活的各个方面都要改善自己的精神状态。英语教师要想增强自身的心理素质，不仅要从性格和态度上进行改善，还要从情感和意志力上进行强化。

1. 性格

在课堂教学中，老师的个性会对课堂气氛、学生的学习热情等产生重要的作用。一般来说，由外向、充满激情的老师来举办的班级会比较欢快，在这样的氛围中，大学生们的积极性会比较高，且比较有效。但若由一个性格内向、保守的老师来举办，课堂气氛也许就调动不起来，这样很大概率会影响到学生的积极性。所以，英语教师应该性格开朗、活泼、沉着、冷静，使得课堂教学气氛活跃、井然有序。

2. 情感

教师是为学生服务的，所以教师应热爱教育事业，甘愿为学生付出。英语老师担负着指导学生健康发展的重任，因此，他们要有很强的责任感。老师要以诚恳的心态对待每个同学，赞扬、激励、引导，或剖析问题，对自己的学生一视同仁，多花些心思去关注他们的个性特征，对他们进行关怀，与他们形成一种和谐的关系，而不是用分数来衡量学生的优劣。

3. 意志

在实际操作中，老师会碰到很多问题，其中不乏难题，因此，要有勇气和自信去克服这些难题。由于英语教学是一个长期的工作，因此老师们必须具有坚韧不拔的毅力。

（五）驾驭教材的素质

教学的进行有赖于教科书，而英语教科书又是开展教学活动的基础，是最重要的教学工具。因此，英语教学者要有两方面的能力：一是利用教材，二是评估教材。

1. 对教材的使用能力

（1）补充或删减教材内容

英语老师在选用教科书时，应当能够依据具体的教学条件，适时地对其进行增删，使之更加接近学生的生活，更符合他们的需求。所谓增删，并非随意，而是在不影响教科书体系的情况下进行。英语老师应在有需要的情况下和同学商量，以确定部分的内容是添加还是删除。

（2）扩展教学内容或者活动步骤

在教科书中，并非每一种教学活动的难易程度都符合学生的实际情况，如果不符合，将会造成较差的教学效果。所以，在英语课堂上，有针对性地设置、修改教学活动是非常有意义的。如果一位老师觉得教科书中的活动设计过于简单，就可以对这些活动范围进行相应的扩展，比如除了阅读理解之外，还可以进行词汇训练、展开讨论或争论，以及作文训练等。假如教师认为英语教科书上所讲的知识太深奥，可以通过适当的拓展练习，添加提示式的练习，减少作业的困难。

（3）调整教学方法

受客观环境的影响，学生英语能力的差异很大，加之教学环境的特殊性，英语教科书中推荐的教学方法并不适用于所有学生，也不适合教学实践。在这种情况下，要想取得较好的教学结果，教师可以针对不同学生的特点和不同的教学条件，做出相应的调整和改善。

（4）调整教学顺序

在英语教科书上，并不是所有的课程教学都是按照一定的逻辑顺序进行的，老师们可以根据自己的教学实践来进行相应的调整。因此，要使英语的学习动力得到充分的发挥，就必须把课堂上所讲的知识和实际生活相结合。此外，在授课时，老师还应注意与课程内容之间的联系，要坚持循序渐进的原则，切忌随意调整。

（5）对教材使用情况进行总结

在一次课程知识讲授结束后，老师应该对所运用的教科书做一个小结，以了解运用教科书的成效。英语老师在评价教科书的运用时应该注意以下几点：第一，老师与学生对这套教科书的满意度；第二，运用这套教科书，能否实现预期的目的；第三，运用这套教科书对英语学习有何帮助；第四，找出运用这套教科书的优缺点；第五，这套教科书有什么地方应该被修改。

2. 对教材的评价能力

在英语教学中，学生除了要用到英语课本外，还要用到辅助性的教材，因此，教师要有对教材进行评估的能力，并能为学生建议正确的辅助性的教材。英语教师的教材评价能力体现在如下几个方面。

（1）教学的指导思想

在对教科书进行评估时，首先要对教科书中所反映的教育指导理念进行评估，并对其领域的最新研究结果进行评估。其主要内容包括对语言的理解、对语言知识的学习。

（2）教材内容的选择与安排

课程的选取与编排，直接关系到老师要教授的是什么，学生要学习的是什么。在英语教育中，课本的选取和编排要以提高学生对各种外语的使用能力为标准。但英语语言技能的培养离不开语言基础知识和语言基础，离不开英语学习策略、情感态度、跨文化意识和语言运用的技巧等。这就要求英语教科书也要包括这些东西。在英语教学中，对教科书教学质量的评估，往往要根据它与语言学习的基本进程的关系。

（3）所采用的教学方法

英语教学方式是指老师怎样教、学生怎样学，是选择、安排教科书内容，设计教学活动的重要基础。所以，对教材进行评价时，首先要关注教材中所体现的先进方法。当然，教科书的编制应以某一种教学方式为主，并吸取其他方式之优点。

（4）教材的组成部分

一本英语教学材料是一种立体的教学材料，包括教师用的课本、学生用的课本、作业本、多媒体光盘、录影带、磁带、卡片、挂图等，每一种材料都有自己的重点和特点，共同形成了一个有机的体系。

（5）教材语言素材的真实性、地道性

英语教科书所选用的语料应与实际生活中所用的语料大体相符，并具有真实性和地道性。

（六）信息素质

在科学技术不断发展的今天，越来越多的人开始认识到一个国家和民族最大的竞争优势是高质量的人才竞争。在各种素质中，最不能忽略的就是信息素质。所以，世界各国的教育工作者都非常重视学生的信息素养培养，很多国家在对学生进行初级、中级阶段的素质教育时，都给予了足够的关注。但是，中国的信息素质教育却尚待完善，许多数据显示，我们的大学师资队伍的信息素质远远不能满足当前大学发展的需要，与世界先进水平还有相当大的距离。通过对国内高校英语教学现状的调研，我们发现目前高校英语教学中存在着以下四个问题。

1. 较低的信息占有率

在信息化的时代，各类超文字知识信息正在以多种媒介的形式传播到社会的各个地方，但是有些老师只是在纸质的文献中寻找材料，对使用互联网文献和数据库等了解不够。

2. 较差的信息鉴别能力

许多老师对网络上各种各样的信息感到十分迷惑。这倒不是说他们的技术水平有多低，主要是他们对于知识点的划分和搜索方式缺乏足够的认识，以至于他们完全无法判断哪些是自己所需要的。

3. 较弱的信息选择能力

有些老师由于对文献分类查找不熟悉，对同类的文章就没有了选择的机会，有的老师甚至不会给自己的文章分门别类。

4. 薄弱的信息利用能力

一方面，教师的资讯观念不强，对于资讯的渴求只限于自己所学的学科；另一方面，一些教师与学生进行交流的心理准备还不够充分，所以不能够及时做出正确反应，对于目前网络环境下的信息资源，不能很好地利用，更不能与日益丰富和复杂化的互联网信息检索工具相匹配。为了提升信息素质，教师应做到以下几点。

（1）教师应该针对信息、信息社会、教育信息化这三个概念做出合理的解释，不仅要了解教育信息化发展的立场，还要落实好大学生教育信息化发展的相关工作。

（2）老师应当意识到，在教育工作中获取信息的重要意义，比如可以解决学习、教育等方面的问题。老师应当明确自己的信息需求，通过各种方式迅速得到有用的信息。

（3）在教学过程中，教师能有效地进行知识吸收、储存、抽取和传递，并能对所搜集到的知识进行有效处理。

（4）教师能准确、有效地解读所学的知识，并能进行批判思维的运用与发展。

（5）教师可以对相关信息进行有效整合，有创意地运用资讯来解决问题。

（6）教师应具有良好的资讯伦理及资讯安全观念。

第三节 英语教师专业能力和素质的发展途径

一、教师专业化发展的意义

老师所做的教学工作，对从业人员的要求相对较高，他们要拥有自己独有的专业知识、技能和修养。教学活动属于一种较为复杂的、能够促进人的发展的过程，因此，这要求从业人员拥有比常人更加丰富、全面、多样的学科知识。此外，他们还必须理解系统的教学知识、技能和教学规律。在这一方面，老师必须具备对学习规律、社会发展规律的认知能力，并同时具备对多种主体和客体的教育条件的认知能力，并运用这些认知和规律设计出一套完整的教育课程。教师专业化发展已成为未来教师发展的必然趋势，而教师的在职培训无疑是提高其专业素质的重要途径。因此，应对未来教师素质进行研究，训练他们的教育能力，促进他们的职业素质发展。教师的专业化发展已经成为政府、学校、科研工作者共同关心的问题。教师专业发展的意义具体体现在以下几个方面。

（一）有利于人们重新审视教师的职业性质

提高师资队伍建设水平，有助于转变对师资队伍本质的理解。它可以使人认识到，在教学中，教学活动并不只是一个单纯的教学或培养的活动，更是一个由教师和学生组成的、相互影响的活动。

（二）有利于优化教师素质

老师影响着千千万万学子的前途，担负着启迪智慧、传承文明的重任。任何一个行业在社会中都有着其自身特点，而教师这个行业由于其自身的特殊性，其专业能力要求更高。一位合格的老师，除了具备现代教学应具备的基本素质外，还必须具备应有的职业精神。教师所肩负的任务，对教师的素质提出了更高的要求，包括思想政治素质、科学文化素质、教育理论素质、教育能力素质、身体素质和心理素质等。

（三）有利于推动社会进步

“师德”的形成和发展与时代的发展密不可分。按照社会学的观点，个人或团体的社会化是一种社会发展的必然趋势。不管是个人或团体，都受到了社会的冲击，都积极地参加了对这个团体的社会性创造，并由此构成了这个团体特有的文化个性和社会形态。可以看出，在受到社会因素影响时，老师也在对其发挥着作用，与其构成了一种与其相依附的关系，这一群体本身就具有了高等社会的特性，而且还将会随其不断发展。在此基础上，笔者提出了一种新的教育理念，即“以人为本”的教育理念。

二、英语教师专业能力发展的途径

（一）专业引领

目前，我们的英语教育正处于一个改革的过程中，而这些改革和创新的思想都需要有一批骨干和研究者来引领，以推动他们的职业发展。总体而言，教学专家、资深教师等能够在学生成长中发挥专业引导作用。一般的英语教师要从他们那里吸取有益的教训和经验，不断提高自身的素质和文化水平。

1. 专业引领的要求

（1）要充分调动专业人士和一般英语老师的主观能动性和主动性。每一个领导者，都有自己的侧重点。研究人员十分重视教学理论研究，因而在指导时也更加重视理论联系实际。而骨干教师则偏重于教学实务，因而对他们的指导也更加侧重于具体的操作。但不管采用何种方式，对领导者的要求都很高，不仅有理论上的指导，还要有实际行动上的建言。

（2）英语老师应确保教学内容、教学目标等是正确的，教学方式是合适的。英语老师的职业发展总体目标是要使自己掌握新的知识和信息，并根据新的知识和信息来提高自己的职业素养。由于英语教师的个人特点和职业发展程度有一定的差别，所以在实施职业引导时，要充分考虑到不同教师的特点；针对不同的老师，采取符合其自身特点的教育方法，使学科引导更具科学性和有效性。

2. 专业引领与英语教师专业能力发展

通过以上的研究，我们发现，在英语教师的职业素养方面，专业引导是十分必要的，其作用主要体现在以下三个方面。

（1）阐述教学理念。在相当大的范围内，英语教师的教学活动常常被教育思想左右，所以，在进行专业指导时，专家、骨干教师等要尽量指导英语教师了解和把握教育思想，可以通过讲课、汇报等方式进行。

（2）共同拟定教学方案。一般的英语教师在掌握了专业知识之后，就应该与专家和骨干教师一起讨论，在此过程中，专家和骨干教师不仅要起到引导作用，还要对普通英语教师提出意见，给予指导，这样才能使普通英语教师的课堂设计更加完美。在专家和骨干教师的带领下，一般英语教师都能根据自己的教学思想，制定出符合自己的教学计划，并把该计划应用到实际中去。

（3）指导教学实践尝试。在制定了一套教学计划后，接下来要做的就是将这套计划付诸实施，以此来检验这套计划。在验证过程中，要有专家和骨干教师的参与，并记录下他们在其中的表现，与实际的实践相比较，发现不足之处。下课后，专家、骨干教师和一般英语教师共同讨论，以进一步完善该课程，提高该课程的实用性和实践性。

（二）校本督导

校本督导的主体主要是学校成员，是一种自发和协作完成的指导任务，旨在从根本上完善教师发展体系，深化和落实教育实践工作。

1. 校本督导的内容

校本督导内容多元化，主要如下：

（1）英语教师专业发展。这是最为基本的一项工作，应重视对老师自身素质的不断提高和培养。

（2）英语教师个人发展。这就需要重视教师满意度和教师的稳定性，同时也要注意教师自身的身体素质、家庭素质和情感素质的提升。

（3）学校组织发展。学校的发展着重提高老师的生命品质、达成学校的发展目标，改善学习型组织气氛。英语教师的专业发展、个体发展，以及学校的组织发展，都是相互交叉、动态互动的，并不是孤立的。教师的个体发展和学校的组织发展是教师的职业支撑和保证。

2. 校本督导的方式

教师在选择和应用督导方式的过程中，必须严密结合个人教学情况。

（1）常规督导。常规督导可以算得上是一种常见的督导方式。在这种方式运用下，高校主观教育管理和行政工作者，以及高校的一些主任会组织听课，在全程观看教师的教学之后，提出建议，指出需要完善的地方。

（2）自我督导。自我督导是指教师结合个人制定的专业发展职业机会，自己主动完成和实现这个计划目标，促进自我能力和素质发展。自我督导的方法比较多，不仅包括开展座谈会、科研会，还包括组织学生评估自我教学情况，以及阅读一些科研报告和文章。

（3）同伴督导。同伴督导往往是在多个英语教师之间实施的模式之一。可以采取的方法有：专题讨论与研究、经验分享、互相听课等，这样可以提升教师的教育水平和文化素养。

（4）教学督导。教学督导是指督导者针对被督导的教师而开展一种帮扶活动，最终目的是增强教师的专业教学素质和技能。这种督导模式是面对面实施的，主要措施包括诊断性督导、对新教师进行咨询活动、应用微格教学技术等。诊断性督导这一手段相对来说比较常用。诊断性督导的帮助对象主要是一些新进教师、没有丰富教课经验的教师以及一些存在教学问题的教师。

（三）教学反思

老师虽然一生都在做教案，但也未必会成为一位好老师，而只要懂得主动做三年的反省，就有很大概率成为一位好老师。许多教学研究表明，在英语教学中，教师的自我反省是提高其自身素质的一种有效方法。

1. 教师反思的定义

反思，可以说是一种思考过程，但又和通常的思考有很大不同。通常的思考是针对工作对象的思考方式，比如教师对班级状况的掌握、对学生成绩波动情况的研究；反思则是针对思考主体的思考过程，主要针对的主体自身以及一些活动开展结果，是二阶思考模式。教学反思指的是，教师将自己的教学活动过程作为一个思索的目标，从而对自己的某种教学理念、教学行为、决策以及教学成果展开一系列的检查和分析。这是教师提高自身认识，提高自身素质的一种手段。我们要想有效分析教学反思的含义，必须思考这两个点：一是教学反思针对的是课堂内的教学活动，“台上一分钟，台下十年功”，教师在课堂有良好的表现，离不开他们课堂外的长时期锻炼；二是教学反思不是指简单的就事论事，对教师的教育活动进行反省是远远不够的，因为教师的思维方式影响着教师的行动，所以教师的教育活动开展所依据的理论和观念也是反省的主要对象。

2. 教师反思的特点

其一，有效的反思具备自觉性的特点，它并不是一种非自发的过程。如果教师在无意识的情况下，没有认真思考自己的教育观念，没有认真检查自己的教育行动，这种老师即使有很高的才能，也只是称职的老师，不会是出色的老师。

其二，有效的反思具备较强的主动性。当一个人的思维处于一种被束缚的状态时，就会产生一种被束缚的感觉，他的灵感和智慧也会受到束缚，如果“他”是老师，那么他的命令和任务只能让大部分学生陷入僵化的状态，并不能得到启发，他的教学也没有任何意义。

其三，严密围绕问题的反思才是真正有效和有意义的。不是照本宣科地重温前一节课的内容，而是一种有效的反思。老师的品质也包含提问的能力，一位好的老师要有强烈的问题意识，对课堂教学具有敏锐的洞察力和感知力，能够从人们习以为常的教育实践中发现宝贵的问题。

其四，有效的反思具备一定的深度。反思其实就是一个人对以往的教育经验的重新理解。反思的价值是建立在理解的深度上的，理解没有深度，反思就没有价值。敷衍了事、机械的回顾没有任何意义。真正的反思是一种学习、一种探究、一种思考、一种获得。有效的反思可以直达人心，重塑教育观念，从根本上改变教师的教学行为。

3. 教学反思与英语教师专业能力发展

要想培养出一个有反思性思维的学生，教师就必须要先学会反思，做一个善于自我调整的老师。

（1）促进教师反思性思维的培养

杜威是教育史上第一位论说反思性思维培养的教育家。他认为，培养反思性思维应成为教育的中心目的，“学习就要学会思维”；具备了反思性思维的能力，就能够“将经验到的模糊、疑难、矛盾和某种纷乱的情境转化为清晰、连贯、确定和和谐的情境”，实现有效学习。为此，杜威提出“从做中学”和“从经验中学”的新教育理念。杜威提倡在培养开放性、专心和责任心这些个人品质和特质的基础上，辅以逻辑方法来培养反思。杜威在反思性思维培养方面所做的具有开创性的贡献使他成为教育界公认的“反思鼻祖”，他把后来学者们的研究引入两个更具体的领域：反思性教学是培养反思性思维的教学论和教学模型研究；反思性教育则比较宽泛，旨在探讨以培养反思性思维为目的的整个教育设计，反思性教学是其中的一部分。

（2）满足教师职业化、专业化发展的需求

唐纳德·舍恩把反思性思维第一次真正、卓有成效地贯彻到了教师教育领域。不过，他并不是就教师教育谈反思性思维的培养，而是从专业教育与反思性思维培养这样一个角度切入的，教师教育是其中的一个组成部分。舍恩认为，专业教育培养的是实践者，对实践者的教育不能与实践相分离，要与实践相结合，而与实践相结合的最关键的一点就是让他们能够在实践中挖掘新知识。其实现的方法就是让他们在行动中进行持续的反思。行动中的反思往往具备隐秘性，我们很难感觉到它的存在，但是可以发现其影响。在实践活动中，教师应从发展学生的反省思考精神着手，使学生在实践活动中认识并适应新的认识，从而获得可持续的成长。反思性思维能力的培育，并不在于理论层次，而在于实际运用技巧。换言之，针对反思的能力，只能培养，不能传授。

（四）文化培训

为了培养高素质的师资专业人才队伍，提高他们的跨文化素质，高校必须从不同的角度对他们进行文化素质的培养。

1. 培训的内容

英语老师要做一个称职的老师，就必须要有很高的素质和很强的学习能力，而要做到这一点，就必须对教师进行多种文化课专业知识技能训练。分类标准要求不一样，培训内容和过程也不一样，不仅可以分为岗前培训与在岗培训，还可以分为针对教学方法的培训与针对教材运用方法的培训，另外还包括长期培训与短期培训等。对老师的训练要有系统和规律，单靠一两次训练是不行的。所以，要把文化教学当作评估的一个要素，给老师们一个可以运用在不同教育体系中的文化教学训练架构，给老师们的教育训练一些借鉴。从整体上看，对英语教师进行英语文化教育训练的方式主要有以下两类。

（1）文化能力培训

个人文化能力包含如下三个层面：文化知识、文化意识、文化行为。据此，文化能力培训的目的可不仅是引导学生掌握理论文化知识。还能从根本上增强教师的语言文化意识和跨文化交际敏感性。在对教师展开专业文化教学培训之后，英语教师就将获得这几种能力：①意识到文化在个人和社会中扮演着非常关键的角色，特别是意识到文化在跨文化交流中的作用。②乐于理解各种文化，与来自各种文化背景的人进行交流。③具有捕捉、鉴赏、理解文化差异的能力。④能反省自己所说、所做、所为，积累跨文化交流经验等。⑤能对自身的多个不同文化间的敏感度问题进行综合剖析。⑥可以充分利用其文化教育的作用，并有意识、有系统地进行英语跨文化教育。

最后，通过对学生进行文化活动的调节，促进学生的跨文化交流。要培养英语老师的文化素养，必须培养他们的几大技能：①在不同的文化背景下，不断地改变自己的交流方法，并运用多种策略、多种手段来展开交流；②让教师与不同文化背景的人相处融洽；③让老师参加文化研究与学习，对新的文化群体进行分析和了解。

（2）文化教学培训

对教师展开文化教学培训工作，目标包括：①制定和明晰文化教学的目标；②合理规划设计文化教学大纲；③合理选用文化教学方法，高效使用；④加强对教材内容的剖析与科学利用，基于教材增加辅助材料；⑤有效布置与安排英语文化学习任务；⑥科学选择英语文化学习的评价方法。文化教学和外语教育是紧密联系在一起的，在英语教师的文化教学中，必须把两者有机地结合起来。

2. 培训的方法

（1）文化意识的培训方法

文化、文化差异、外语教学中的文化教学潜力，这些都是客观产生的，其中最重要的一点就是要使教师认识到这一问题，也就是要增强他们的文化敏感度，增强他们的文化教学意识。教师在教学中积累了丰富的文化体验，并通过长期的不断建构与修正，形成了教师自身的认同与人格特征。在日常的工作、生活中，当他们与别人沟通的时候，他们会不自觉地运用自己的文化参照。我们要让老师认识到文化参照系的重要性，而最好的办法就是运用文化碰撞、关键事件、反省练习等多个跨文化的训练方式。

（2）文化知识的培训方法

文化知识课程是外语教师培训和讲授的一门必修课程。在文化人类学知识的学习中，如果我们能将这些理论的一部分应用到自己身上，就能对我们所要面对的不同的社会阶层有一个比较清楚的认识，也能对我们所要面对的社会阶层有一个比较全面而深刻的认识。外语教学研究者、文化学家、跨文化交际研究者、教师培训专家等应对文化人类学的研究结果进行甄选，选出教师所需的相关理论和资料，并将其纳入培训的范围。此外，对于外语教学中的师资培养，也应当重视并借鉴其相关的理论与实践。这两个主题对语言、文化、社会、交流等方面进行了详细的描述。

（3）文化能力的培训方法

在外语教学中，教师教学不仅涉及自身的认识心理，而且涉及教师行为和情感等方面。教师的文化素养是一个相对复杂的问题，其培养方式主要包括以下两个方面。

其一，跨文化交际能力培训。文化碰撞是跨文化交流的开始，其目标是通过情感和心理的碰撞，使教师能够清楚地理解和掌握文化的冲突。培训者向教师介绍跨文化交际的困难，然后再帮助教师解决这些困难。具体来说，主要有四种方法。①可以给教师提供跨文化交际实践的机会，如到外国人家做客、到外企见习等。②可以通过观察跨文化交际的成败案例，汲取经验，避免进入交际误区。③可以通过讲座等活动，让教师不断了解跨文化的本质，弄清文化冲撞为何产生，进而调整自身的心态。④可以让所有教师分享自身的跨文化经历。在整个培训过程中，培训者应该反复强调反思的重要性，受训者正是通过不断学习、不断体会、不断反思才能有效地增强自己的跨文化意识和跨文化交际能力。

其二，文化学习素质和深入探索素质的大力培养。教师对学生进行文化学习与探究能力的训练，目的就是要让学生学会一系列的文化语言学习方式，从而可以对所遭遇的新的文化现象与文化团体展开探究。而对于不同的民族来说，不同人的交流方式是不同的。对于陌生的环境，很多人会采取逃避的态度，而善于学习和勇于探索的人则会勇敢地去尝试和体验，并主动参与对那个环境的认识中。在与具有异域风情的人交往时，要具有包容和移情两种品质，如此，我们就可以有效地防止误解和冲突，使文化的学习与探究得以圆满地进行。

第十一章　文化自信视域下大学英语教材与教师教学评价的改革

第一节　大学英语教材的多维度开发

一、英语教材简述

当前在我国高校英语教育改革不断深入的背景下，如何编制英语教材已成为一个值得重视的问题。笔者认为，英语教科书资源的开发具有一定的特色。一方面，教材逐渐变得系统化、层次化、精细化和考试化。高校英语教材编写已经从以往的全国理工科常规英语教材，发展为现在独具特色的英语教材；从严密围绕大纲进行的教材编写，发展为基于其他相关教育政策和考试大纲的教材编写；从最初强调大学生阅读能力训练的教材，发展为多种能力分层培养的教材。以上这些更新与变化，和大学生英语学习需求、能力发展的变化密切相关。另一方面，高校英语教材无论是从内容，还是从题材和体裁上，都有了一定的创新性。经过数年的进步，高校英语教材的内涵越来越丰富，主题涉及内容也越来越广泛，类型也越来越多，已逐步覆盖到了日常的各种领域，并强调了教材的系统性、完整性和连贯性，强调了教材的层次和能力培养。

随着大学英语教学改革的深入，大学英语素质教育的深入开展，大学毕业生的英语能力也得到了进一步的提升，教育部颁布的《大学英语课程教学要求》对大学英语提出了“培养学生的英语综合应用能力”的教学目标。大学英语教育的变革，必然要求英语教育内容不断更新，教育体系不断完善。

二、文化自信视域下英语教材开发的主体与维度

（一）大学英语教材的开发主体

在这一过程中，作为主体的老师起着举足轻重的作用。同时，他们又是多元教学内容多元化的主要力量。在上课之前，英语老师尽管都有相应的教材，但教材内容繁多、零散，英语教师既要把教材加工成与学生紧密联系、具有可操作性的工作，又要鼓励并组织学生主动参加具体的教育活动，引导他们顺利地学习。大学英语老师是一门课程的开创者，他们必须在已有的课程中理解和发掘出课程创建者的思想和意图，并根据目前学生的实际情况，设计出适合他们实际情况的课程，提高自己的教学和操作技能。

（二）大学英语教材的开发维度

英语教师可以在语言层次、内容和语境层次、教学过程层次和课程管理层次等方面进行调整和更新。在此基础上，笔者提出了对教科书多维发展的借鉴，并将其归纳为以下几个方面。

1. 语言维度

语言可以说是教材内容的主要载体，其相关领域内容丰富，主要包括两种：语言内容与语言技能。语言内容涉及语音、词汇、语法、话语、语体等知识，语言技能涉及听、说、读、写、译等过程。这些内容融入教材当中，融于课文、练习中。所以，针对语言维度来说，要想进行大学英语教材的多维度开发，必须明晰下面这些问题。

（1）教材设计能不能满足学生的多元学习要求。

（2）教材是不是包括语音训练，比如针对连读等的技能训练。

（3）教材中是否有足够多的词汇，且难度是否合适。

（4）教材中词汇的呈现其实也是一种结构化的呈现，或者是任意模式和方法的呈现。

（5）教材中包括的语法项目有什么，有没有专门的语法练习内容。

（6）教材中是否包括听、说、读、写、译等项目，是否实现了不同项目的有效融合。

2. 内容维度

针对内容维度来说，大学英语教材多维度开发，必须分析内部是否存有情感、思想、观念文化等方面的内容。语言与情境往往不可分离，存在较强的关联性。如果教科书的编制者只是把语言当作一个抽象的体系来看待，就无法在特定的情境下提高学生的语言水平。因此，在教学过程中，需要体现出一些实际的语言应用内容，并且要渗透一些社会和文化方面的话题，从而使学生的语言应用能力得到真正的提高。

3. 结构维度

语言内容是在特定的结构下完成排列的，但是无论选择什么内容、采取什么模式进行排列，我们都必须联系学生的实际学习目标。虽然教材结构体系多元化，但是其往往要和实际情境、价值模块等融合在一起。这意味着，英语老师要根据他们的接受水平和认知能力，选取适当的教学材料，并在教学过程中，根据他们的实际需求，随时对材料的编排进行调节。知识获得的途径比较多，不仅包括知识呈现，还包括知识开发和获得，就算是学生当时掌握了，之后也可能会忘掉。在英语教学内容多元化发展的过程中，教师不仅要为学生提供语言知识和社会文化知识，更要为他们提供能力知识。英语教学之所以如此，是因为英语教学的根本目标是传授知识和技能。具体而言，英语老师应将听、说、读、写、译这五种能力融入教科书中，确保听力材料和口语材料的真实和恰当，阅读材料的正确性和充足性，写作和翻译材料的恰当性。

三、文化自信视域下大学英语教材的选用

（一）大学英语教材的选择

随着英语教育向“跨文化”转变，当今英语教育已把“跨文化”能力和“语言文化”能力放在同样的优先位置，因此，在英语教材的选用中，应该充分考虑这一点，并把这一点反映出来。在英语教学中，教师和管理人员在

选择教学材料时，要根据学生的实际情况，对其进行全面的评价和有效的教学。在英语教学中，教师应根据学生的学习动机、兴趣，以及他们的语言能力等因素来选用合适的教学材料；要注意其所涵盖文化内涵的广度与体系性，注意其所传达的文化讯息与题材的表达方式，注意其传达的进程；在使用教科书时，要注意实用性和可操作性；要加强对学生的文化认知，提高学生的跨文化交流能力，既要符合教学的要求，又要符合学习者的实际水平。

（二）大学英语教材的使用

在英语学习中，语言文化知识学习是一项非常重要的任务。在教学实践中，教师要充分发挥教学的主动性、灵活性和创造性。在进行教育实践时，老师们要将教科书作为主要的内容，并以其他的教育资料进行辅佐，还可以以现实的教育情况为依据，对教科书内容展开必要的增减、改动和替代，做到科学、有效地使用教科书，对教科书进行自主运用、灵活运用和创造性运用。借助教科书，可以构建出一个整体的课程架构，让学生在学习过程中更好地把握到自己需要的东西；利用其他教材，可以补充教科书的缺陷，对课本做适当的修改，可以更好地适应学习者的需求，并为实施多元化的课堂教学、应用新技术创造更大的发展空间。

为此，教师不仅要依据教学大纲、教学目标、学生需求使用核心教材，还要自主地、灵活地、有选择性地利用、整合其他各类课本内容和多媒体技术、网络资源、影视节目等课程资源，并按照学生的具体情况和教学需求对资源进行改编、加工等，以调动学生的学习热情，为学生创造训练的条件，以达到学生的需求。应当指出，在改版课本时，老师必须对课本及课堂情境有深入的了解，要对学生的学习动机、兴趣和学习方式等方面进行全面的认识。总之，教师在运用教科书时，不能拘泥于教科书，要立足于现实，对教学资源进行合理的筛选、整合和利用。

四、文化自信视域下大学英语教材的编写

文化自信视域下的大学英语教学已经针对教材开发有了新的规定和要求，不但要求教材必须契合外语教材的通用特点、编排准则，而且要求教材内容、

模块建设能满足大学生跨文化交际的根本需求。

（一）大学英语教材的基本特征和编写的基本原则

在文化自信视域下的高校英语课堂上，以高校英语教材为主体，既能使学生的优势得到充分发挥，又能使学生得到充分发展，而且还能满足学生的各种需要，在不知不觉中丰富了他们的文化知识，提高了他们的文化素质，培养了学生自主学习、高效运用语言、进行跨文化交流的能力。我们能够看出，将教材内容编写、更新和大学生跨文化交际能力、实践创新能力培养结合在一起非常必要。

具体来说，文化自信视域下的大学英语教材必须满足以下几点。第一，课程的内容和语言都要跟时代发展保持一致。第二，应对专业知识、学科知识与英语培训三者的联系进行整理，并正确地把握好三者的联系。第三，教学内容不应仅限于理论知识内容，还应注重学生的思维能力、欣赏和批评能力、文化素养和创造力培养。第四，课程设置应注重主题，有针对性、有实践性。第五，教科书要与多媒体、网络等先进的教育技术融合在一起，将它们充分地运用到实践中。对编写原则来说，大学英语教材编写不仅要严格遵循系统性原则、交际原则，还要严格遵循认知原则、文化原则和情感原则等。具体而言，高校英语教科书应该对英语的基础理论和基本语言技巧进行系统的阐述；高校英语课本内容的选取及训练内容的设置应体现出一定的可用性与实用性；大学英语教材中语言材料的编排和练习设计均要契合大学生英语学习的内在发展规律；高校英语教科书中选择的语料应能反映出流行的文化。

（二）大学英语教材的文化内容

文化自信视域下的大学英语教学实施，针对教材文化内容做出了相关规定。在我国目前的英语教学中，就如何提高教学质量等问题存在着较大的争议。在现实世界中，英语教科书应该是一种既能提高语言交流水平，又能使学生更好适应现实世界的语言交流载体，其中的文化知识应该符合其对语言交流水平的要求。笔者认为，高校英语教科书中所包含的文化性内涵，应当具有如下特点。

第一，大学英语教材中的文化内容必须具备较强的国际性，还要具有跨文化特征，本课程不仅要涉及英语民族的相关文化，更要涉及世界上的其他文化。在全球经济一体化、文化一体化的大环境下，英语作为一种被普遍采用的全球性的语言，学习英语的非英语母语的人自然很多，所以，高校英语教科书除了要包括英语民族的相关文化外，也要包括其他非英语民族相关的文化，即包括一些具有普遍性的文化内容。

第二，高校英语教科书中的文化内涵应该涵盖广泛，而且要多样化，要反映出人们自身的生活环境、生活方式、文化生活等方面，要反映出文化内涵的精髓，也就是文化的价值观念。笔者认为，针对英语教科书中所包含的文化性内涵，我们应该从如下几个角度加以阐述。首先，要使英语教学内容符合现实的需要，即要使英语教学内容与译语国家的文化、艺术和音乐相结合。其次，要体现出一定的社会性，即高校英语教学内容要体现出目标语言国家的风俗习惯、生活习惯和娱乐活动等特点。最后，要使英语课本具备一定的语义性，即要使英语课本反映出一种语言观念体系。

第三，要使英语教科书具备一定的社会语用性，即要使英语教科书反映出礼仪基本原理，使学生认识到社会地位和年龄等因素对其使用的各种语言形式的作用，使他们对各种形式的书面表达方式有所了解。此外，高校英语教科书中还应该包括有关本国的文化方面的内容，以增加大学生的本国语语言及文化方面的内容，让他们建立起对自己文化的信心。

（三）立体化的大学英语教材建设

编制"三维"的高校英语教科书，是为了使教科书内容更加丰富，而且要做到文本与多媒体和网络相结合。也就是说，无论是教材、教辅，还是学习资源，都必须确保多样化，不仅要有印刷版，还要附有光盘，实现网上版本更新和网络链接，为大学生自主扩展和练习英语提供可能。目前，高校英语教学内容已从单一的书本内容向多元的方向发展。伴随着现代信息技术的应用，立体化的教科书可以为学生们带来更多的语言知识和文化内容，还可以将大量的资源、实例、评论和研究展现出来，这些都可以对学生进行知识建构起到很好的作用。在网络教学中，文本、视频等材料可以帮助我们更好地理解一些有关文化的主题。因此，我们应该充分利用高校英语教学中的各种辅助材料，建立一个立体的教学材料资源数据库。

目前，高校英语教科书的理念和内容已经有了很大的变化，教学辅助资料也越来越多，涉及的领域也越来越广，教学方式也越来越活泼，受到了广大师生的欢迎。因此，笔者认为，在高校英语教学中，教师应重视对学生进行“立体”教学，以提高学生的跨文化交流能力。高校英语教材的构建是促进跨文化交流的有效途径之一，笔者将通过对高校英语教学中英语电影的运用来阐述高校英语立体教材构建对于促进高校学生跨文化交流的效果。目前，我们国家的英语学习者缺少良好的英语学习氛围，缺少去英语国家生活、学习和旅游的机遇，英语影视材料代替了这些现实生活经验，让他们看到了一个蕴含着大量的人文信息的英语世界，打开了他们对英语的认识之门。与之相较，传统教材所能提供的资源、课时、空间都受到了限制。英语影片不仅可以吸引学生的注意力，激发他们的学习兴趣，而且可以激发他们的多种情感。通过对高校英语课程的改革探索，可以发现与教材内容相联系的英文影视作品的选取及播放，对提高大学生的跨文化交流能力及语言表达水平具有重要意义。在英语教学中，教师可以通过播放视频的方式，使学生在不同的语言环境中体验不同的文化。同时，老师还可以根据教材中所学到的文化知识与价值观念，探讨电影中的文化偏见，从而使学生进一步认识到文化的重要性，引导学生建构多样化的文化体系。

第二节　大学英语教师教学评价的多元化发展

一、英语教学评价简述

在漫长的发展历程中，教学评估者已经建立起较为完备的评估制度，并且有许多为人所熟悉的理念。为使读者更好地理解教育评估，笔者将对教育评估的有关概念及理论依据做出剖析。

（一）教学评价的相关概念解析

教学评价是实现教育目标的重要保证，它的内容和方法将会对学生的学习和发展产生很大的影响。在英语教育中，教学对提高教师的授课水平和学习积极性起到了十分关键的作用。教学评价到底是什么概念呢？下面做出具体简述。

1. 评价、评估与测试

很多人一提到评价，就将其与评估、测试等同起来，其实三者有着一定的区别与联系。简单来说，测试为评估与评价提供依据，评估为评价提供数据，评价是对教与学效果的整体评估。三者的关系可以表示为图 11–1（黎茂昌、潘景丽，2011）。

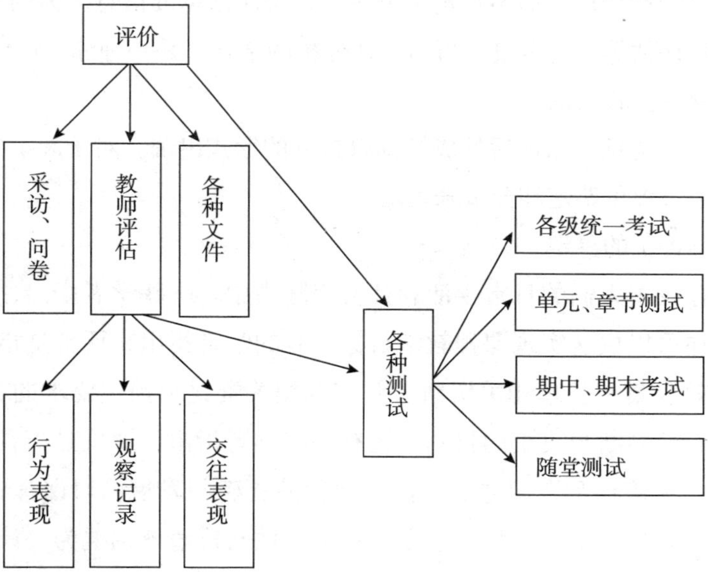

图 11–1　评价、评估与测试的关系

从图 11–1 中可知，三者有着紧密的联系，又有着明显的区别。就关系层面来说，三者体现了一种包含与层级的关系。测试充当其他二者的支撑信息。三者的区别具体表现为如下三个层面。

（1）目的层面

三者的目的都不一样。从某种意义上讲，测试的目的是满足家长、学校的需求，他们需要了解孩子的学习状况。现在依然如此。评价的目的是为教师和学生提供成长的依据，比如了解学习效果、学习过程中遇到的问题等。评价可以帮助教师提升自己的教育质量，也可以帮助学生提升自己的学习效率。评估可以帮助政府决策，优化教育资源分配。可以看出，这三者的目的是不一样的，从而造成了实施规模和采取的方法也是不一样的。

（2）数据信息层面

测试所收集的数据一般是学生的试卷信息，反映的也是学生的语言水平。从学生的语言运用能力层面来说，有些部分是无法用测试来评判的。评估可以划分为终结性评估与形成性评估两大类，前者依据的是测试，后者依据的是教与学的过程，注重学生对任务的完成、概念的理解等层面。当然，其依据更多的是定性分析，而不是定量分析。评价所依据的信息多为问卷、访谈、测试、教师评估等，是定量分析与定性分析的结合，是一种综合性评估。

（3）展示方式层面

考试形式常见，而最后的成绩则以打分的形式出现。对于展示方式评价，更多的是通过评价鉴定和分级来呈现。

2. 教学评价的界定

评价存在于人们的日常生活和社会交际当中。一些学者指出，通过有效评估，往往可以快速实现课程教学目标。有的学者指出，评价是指采取多种方法，有效收集和整理相关资料，并实现相关资料和预定要求的有效对比，最后达到有效判断与决策的目的。还有一些学者指出，评价是指在收集、综合、分析相关信息和资源之后，促进课程的更新与发展，对课程试试效度、参与者态度做出评定。然而，很多人却把评估与价值评判混为一谈。在英语教学中，评估是一种对是否获得某种技能、是否达到了课程目的、是否通过老师的教和同学的学来达到预期目的的一种评判方法。

3. 教学评价的划分

因为高校教师评价的方式和内容存在着很大的差别，所以，高校教师评价的分类也是各不相同的。

（1）过程性评价与目标达成评价

过程性评价，也就是对学生的学习活动展开一系列的评估与判定，其目的是发现问题，评估学生的学习行为是否与他们的学习目的一致，并且被用来判定他们是否能够实现自己的学习目标。评价的内容比较多，不仅有学习策略、阶段性成果，还有学习方式和模式等。目标达成评价不但是针对课堂教学目标达成效果的评价，还是针对单元学习目标实现效果的评价，也可以是针对学期教与学目标实现效果的评价，其包含理解类、知识类与应用类三种目标达成评价方式。理解类目标评价方式主要包括解释与转化两种，通常采取阅读理解、听力理解等方式，或者合理选择阅读文本、听力文本，实现不同文本的匹配等。知识类目标评价方式是指对知识掌握情况的评价方式，还会进行再次确认，通常来说的选择、填空都属于这类评价方式。应用类目标评价方式是指采取输出表达的方法，要求学生结合阅读与听力材料做出转述或表达。

（2）表现性评价与真实性评价

表现性评价是指让学生执行一件或多件工作时，展示自己所学的知识和技巧，并以此来评估自己取得的成绩。绩效评估，简言之，是指对学习过程中所取得的成绩的一种评估。作为一种发展性评价，其核心是通过学生执行实际任务的情况评估，将其所掌握的知识与技能展示出来，以推动自身学习能力的进一步发展。通常来说，表现性评价的特征如下：第一，表现性评价融入教学过程，必须和课程教学相融合；第二，表现性评价强调学生知识素质与技能的提升，不是对知识与技能的再次确认过程；第三，通常来说的情境都是很真实的，可以解决学生学习中的问题；第四，学生需要完成的任务枯燥、复杂，要求学生实现不同学科知识与技能的融合；第五，表现性评价注重对学生发散性思维能力的培养，也认可不同的学生得到相应不同的答案；第六，表现性评价是形成性评价与终结性评价的结合体。综合来说，表现性评价可以更真实、更直观地评估学生的学习过程和学习成果，可以很好地展现学生的书面表达能力、口头表达能力和想象力、应变能力等，因而适合英语教育。

所谓真实性评价，是以实际的情境为基础，对学生的行为展开评估，它是在要求学生完成了实际的工作后，对自己所学的知识与技能的掌握与应用情况进行的评价。与表现性评价相比，真实性评价更注重的是一种真实性，也就是任务的真实性。在通常情况下，它的任务都是与人们在现实中所面临的问题有关的。真实性评价往往含有表现性评价的一些特点和属性，属于表现性评价的核心目标。真实性评价要求评价从属于教学过程，所以其往往具备形成性评价的内容和特点。同时，真实性评价强调任务整体性与情境性，会影响终结性测试结果，所以其也含有终结性评价的内容和特点。总之，真实性评价是多元评价手段和措施的融合，是不同有效评价措施的结合。

（3）形成性评价与终结性评价

所谓形成性评价，是指教师在教与学的过程中，对信息进行收集、整理，从而促进教师的教与学的发展。通常情况下，形成性评价是指在教学过程中，通过师生之间的互动，获取反馈信息，改善教学，使其成为一种能够让学生真正掌握学习方法的体系评价方法。总体而言，形成性的评估有以下一些特征：其一，常常是教学活动的一部分，也是教学活动的一种表现形式；其二，等级划分不是主要的目标，指导、诊断、促进学生学习才是主要的目标；其三，在学习过程中，学生常常起着主要的作用；其四，评价的依据和前提是不同情境下学生的具体行为表现；其五，通过对学生的反馈，老师可以判断他们的学习效果是否符合他们的期望。

所谓终结性评价，是对老师和学生的学习结果进行的一种评价，它是指在教育活动结束之后，对教育和学习目标的实现及完成情况进行的评价。所以，其也可以被叫作“总结性评价”。根据这一概念，我们可以发现，在教学活动完成后，通常会有一个最终的评估，那就是终结性评估。所以，这种评估方法在一定程度上可以与前面所述的目标契合，形成一种目标达成评价。

（二）英语教学评价理论基础解析

1. 英语教学评价的功能

英语评估可以帮助学生持续地提高自己的成绩和促进自我发展，这样，才能让学生对自己有一个真实的了解，进而提高自己的综合能力。此外，英语教学评估还可以为教师提供反馈，让教师的教育品质持续提升。总的来说，英语课程教学评估的作用主要体现在以下方面。

（1）导向与促进

对英语教育进行评估，对英语教育目标实现起到促进作用。我们知道，英语评估，既要评估学生的知识面，也要评估他们的学习态度和发展潜力等，唯有进行全面的评估，才能使他们在英语学习过程中始终处于一种积极向上的状态，并最终发展出一种高效的学习方法。英语的教学评估要符合英语的教育目的，它需要学生根据目的制定自己的学习方案，并对自己的学习方式和效果进行检查，只有在这种情况下，他们的潜能和学习积极性才会被激发，从而改善他们的学习效果。所以，英语课堂评估可以起到引导学生学习的效果。英语教学评价者的评价内容不仅包括学生的学习表现、学生的最终成绩，还包括学生的学习态度和思想情感等，要激发学生的学习动机，可以对他们的教学过程进行合理的规划，让他们逐渐产生信心与成就感，同时也可以提高他们的合作精神。我们要将评价与教育过程有效结合，学校和老师应该创设宽松、开放的评价环境，对学生的学习活动和结果进行评价，构建相关的文件包等。高校应给予老师和学生激励，最终达到评价的多样化目的。

（2）诊断与鉴定

英语课堂评估是指从总体上对学生的学习进行评估。高校通常会利用评价量表等对老师的教授情况、学生的学习情况进行检测，让老师、学生了解自己教育和学习情况。此外，还要对学生的学习是否有偏差进行判定，并从中找到问题，并进行改进。

（3）反馈与调节

教师和学生采用了问卷、访谈等方式，了解教学和学习中的优势和劣势，并对教学和学习过程中的得失展开评估。通过评价对教学过程的科学反馈，使学生对教学和学习的理解更加全面、客观，从而为下一步教学计划的制定和实施提供依据。

（4）展示与激励

英语教育评估注重对学生的学习进程进行评估，使学生了解自己在学业上的成就，并不断自我激励，取得更大的成就。同时，老师也要对学生进行恰当的引导，使他们有一种紧张感，以便更好地集中精力进行英语知识学习。这样的正面和负面激励都能提高学生的学习主动性和积极性。

2. 英语教学评价的原则

在评估英语课程实施情况时，应遵循一些基本的准则，以便更好地为评估工作开展提供参考。在此基础上，老师可以根据这些评估准则采取适合于自己的评估手段和方法。

（1）主体性原则

所谓主体性原则，就是指英语教育评估者在评估教育对象时，必须从对象自身的角度出发，也就是对教育评估对象的再评估。在英语教学中，学生占主导地位，而传统的教学评价只把教师视为中心，视为教学的主体。由于是知识的灌入者，而学生只是被动地接受知识，所以在评价时，应更多地关注老师，而且评价的重点也应更多地放在老师本身。当代教育关注“高效性”，和“以人为本”的教育理念相契合，所以教学评价的对象不再是教师，而是为学生，对学生学习内容和方法的评估，应当由过去的单一评估转变为多样化评估，比如可以对学生的学习动机、学习兴趣等方面进行评估。在这种情况下，教学评估的主体就可以转移到学生身上了，在这里，并不意味着不能对老师进行评估，而是将对老师的评估作为一个切入点，为学生提供更多的有利于学习的情境，而且，对于老师的评估也是在综合学生的情况下实现的。所以，主体性的理论研究就是要把学生当作是自己的评价对象。也就是说，在评价的过程中，要把学生的发展放在第一位，在不损害学生自我尊严的情况下，让学生的主观能动性得到最大程度的体现，让学生的良好心理状态得到最大程度的调整。

（2）过程性原则

英语课程的评估要遵循过程化原则，具体表现在两个方面：其一，全程性，即教师应将评估贯穿于整个教学活动中；其二，动态性，就是要对这一过程进行识别、诊断、调节等，从而掌握这一过程的整体走向。英语教学评估注重过程评估，它能激发学生的学习热情，使他们在英语中更好地发挥自己的作用。

（3）多元化原则

英语教育的评估要遵循多元化原则，而多元化的评估可以从三个方面反映出来。其一，评价的对象应该是多元化的，也就是说，除了教师之外，还包括了家长和学生，营造出一种宽松开放的评价气氛，从而激励老师、家长和学生参与。其二，要有多元化的评估模式，也就是要注重学生的学习进程评估，要根据学生的具体情况，采用自评、互评等评估模式。其三，评估的方法要有多种，可以通过老师的观察评估，也可以采用学生的量表等评估。在教学过程中，教师要根据学生的学习特点和学习策略，采取适当的评估方法，使自己的评估方法更加符合自己的特点，让每个同学都能感受到成功的快乐。

（4）实效性原则

英语教学评估注重实效，也就是从实际的教育意义和评估行动等方面进行评估，并在特定的评估过程中充分发挥评估的实际作用。英语课程评估的有效性，不需要烦琐的流程，但要确保评估的时间和品质，所以评估的内容和方法的设置不能偏离英语课程的目的，要注重评估后的真实结果分析。

（5）发展性原则

英语教学评估要着眼于学生的成长，重视培养学生的自信心，及时发现学生在成长中存在的问题，并给予反馈，以促进学生的成长和发展。针对发展性原则，往往涉及几大内容。其一，发展性原则要求英语评价应以学生的发展为中心，注重对他们的自信心培养，对他们的发展进行评价。其二，发展性原则下，英语评估的目标是提高学生的能力。也就是说，任何技术、任何方法，在任何对学生的发展有益的方面，都可以使用。其三，发展性原则，要求英语评估者要抓住并重视每个人的人格特征和其原本的基本情况，使每个学生都能得到最好的发展。唯有如此，教师们才可以更好地引导他们认识自己原来的基础、认知水平等，从而找到自己发展中的不足之处，做出相应的改进和调节，获得自己的最佳教学效果，让自己的教学达到最佳状态。另外，发展性原则也要求重视学生的学习态度和情感等方面，有助于学生正确价值观念的建立。

二、文化自信视域下英语教学评价多元化的必要性

（一）传统教学评价落后于前沿理论

在目前的情况下，我们的教育体制在各个领域都进行了变革，并获得了很大的成功，这就使得我们的传统教学评估跟不上目前的教学体制发展。具体体现为：重视结果、轻视过程；重视定量、轻视定性；重视教师、轻视学生。

1. 重结果、轻过程

在以往的英语教学过程中，教师往往采取终结性评价方式对学生的整体情况做出评价，不经常采取形成性评价措施。基于终结性评价，在教学实践中，老师们常常只是注重成绩评估，而不能真正掌握学生在教学中的表现。也就是说，老师们只能通过期中、期末考试来对所学的东西和教学目的进行理解，但是对他们在教学中所做事情的反馈却一无所知。除此之外，期中、期末考试题目的设置受到限制，老师们也不可能将一个学期中所讲授的全部内容都放在考试题目中，因此他们所选取的考试题目可能会带有片面性和偶然性，这些都会严重影响到他们的总体教学效果。

2. 重定量、轻定性

在以往的英语教学评价过程中，教师单纯关注定量评价学生，没有从定性层面入手评价学生的总体情况。虽然定量评价也有价值和优势，比如可以精确地反映出评估对象的学习结果，对评价结果展开统计与分析。但是，在学生的学习过程中，教师却不能进行定量的内容评估，不然就无法实现合理评价的目标。因此，要全面地对学生进行评价，就不能只采用定量评价方法，而是要将定量评价与定性评价相结合。但是，目前高校英语教学对质的评估还没有给予足够的关注，这一点还有待老师们进一步努力。

3. 重教师、轻学生

在传统的教育评估模式下，教师是教育的主导者，是不可缺少的一环，对学生来说，老师们总是身居高位，在学习过程中自己常常处于被动或被忽视的状态，这给学生的自主性发展带来了很大的影响。

（二）传统教学评价难以适应时代发展

在英语教育发展历程中，教师长期以来一直沿用着“应试”的模式，而对其进行评估的目标也非常清晰，就是要筛选出优秀的人才。而对老师和大学生们进行评估，则是通过测试来评估他们的表现。但是，随着时间的推移和经济的不断发展，全球经济一体化的趋势越来越明显，不同民族之间的文化也在不断发生着变化。同时，伴随着科学技术的飞速发展，人们已经迈入了一个信息化的社会，在这样的社会背景下，考试的弊端也越来越明显。由于对英语考试成绩的不恰当评估，造成了评估的片面性，只关注了学生在学习过程中的认识发展，而忽略了智能发展。其实，英语教学中的非智能性因素，如兴趣、态度、情绪、习惯等，在很大程度上都对其有很大的作用。单纯重视英语学习，忽视英语技巧的掌握，很可能会造成学生虽然记得基础单词，却不会运用这些单词进行交际。因此，有必要对英语课程的考核方式进行一次变革。

三、文化自信视域下英语教学评价多元化的体现

英语课程的评估体现了高校英语课程教学的目的和内容，而英语课程的文化评估也必将体现出高校学生的学习目的。在我国高校英语教育实践中，高校学生中普遍存在着“文化评估”这一现象，因为一是缺少一整套既与学生实际的语言学习有关，也不利于学生对语言学习过程进行考察和研究的方案；二是高校英语教学的传统评估方式和思路都比较落后，急需进行更新。基于这些问题的存在，对文化自信视域下的大学英语教学评价的内容进行分析显得尤为重要。

（一）评价文化意识

在英语课堂上，加强对不同民族的语言交际效果评价，有助于不同民族人的语言交际。在高校英语教育评估中，对学生的文化意识进行评价是必不可少的。

（二）评价文化知识

从“文化信心”角度出发，对高校英语教育中的“文化能力”进行评估，并提出相应的对策很重要。具体要评价的，一是交流中的人对社会理论和文化的认识。二是交流中的人的基本交际原则遵循情况，如一些有关交流的基本规则。

（三）评价文化技能

在文化自信视域中，除文化认知和文化意识外，文化技能的评估也是英语教育评估中的一个重要方面。具体来说，一是要评价了解和解释中英文化的能力，二是要评价新信息的发现和应用能力。

四、文化自信视域下英语教学评价方法创新的表现

（一）文化意识评价的方法

对文化意识的评价主要可以采用以下几种方法。

1.“社会距离”量表

从文化自信的角度来看，由于不同的民族有着不同的文化背景，因此，人们的社会和心理上的差距也就不可避免地表现出来。我们可以通过社会距离量表测试人们的社会心理距离。

2. 问卷评价

在文化自信视角下，以问卷调查为一种常见的方法，其目的是考察大学生的自尊水平。总体而言，调查的形式分为两种：一种是口语型，另一种是书面型，被试者在“同意”和“不同意”两种情况下接受调查和评价。

3. 单一文化态度评价

单一文化态度评价最早是由格赖斯提出的，被试者被问到的问题都是需要有不同态度的问题，被试者必须基于自己的条件做出判断。

（二）文化知识与技能评价方法

1. 语言和社会变量的相互作用

年龄、性别等因素都会对人的言谈和行动产生影响。因此，在跨文化交

际的过程中，交际双方都必须掌握好这些因素，以达到有效、顺畅的目的。所以，对学生的语言和社交因素进行评估，是高校英语教学评估的一种重要手段。

2. 对文化观点的评价

在对现有观念进行评估和修正的过程中，要对英语民族的文化进行总结和分析。在评估一种文化观念时，通常有以下几种方式。

题目：评价 10 个用英语给出的对德国文化做出的概括，得出以下结论。

（1）可能正确。

（2）可能错误。

（3）我不知道其是否正确。

对于可能错误的概括，找出对错误进行驳斥的理论依据。对于不确定是否正确的概括，给出自我认知的附加信息，在添加这些信息后得出结论。

要求：针对 10 个概括，必须于评价时给出。答题时间是 45 分钟。

评分标准：必须答对 80% 或 80% 以上的题目。

在文化自信视域下，大学英语教学评价形式可以是填空、判断、选择，也可以是主观题，不过不管怎么说，最终的目标还是要测试学生对文化的理解程度，只有这样，才能起到最好的评价效果。

（三）网络系统文化评价法

英语文化的评价系统在互联网的作用下不断地完善和发展。目前，以互联网为基础的英语教学质量评估体系主要包括以下内容。

1. 网络实时评价系统

网络实时评价系统借助互联网的通讯方式，利用文字、图像、音频、视频等载体，展开彼此之间的交流，并在交流的过程中完成对目标的具体评估。通过该评估体系，学生能够在不受时间、空间等因素的制约下获得教师的有效反馈。该体系能够有效地对学生的学习进行监控和管理，从而改善教学的效果。

2. 网络考试系统

网络考试系统主要包括针对学生的考试系统、题库系统、自动批阅系统等。学生可以自主这一系统，从题库中查找试题作答，作答结束后会有结果，系统针对学生的回答情况加以评判。教师通过这种系统进行阶段性测试或者综合性测试，学生自由控制题型、时间等。网络考试系统往往会自动生成答案，显示最终的评估报告，对学生的各个方面的情况进行汇报。

3. 网络答疑系统

网络答疑系统涉及的内容和模式主要包括在线讨论、互动交流。如今，大多数外语教学网站中都融入了在线互动讨论区，学生可以自主发帖，表达自己的想法，也可以回帖，和别的学生即时交流。基于网络答疑系统，教师可以即时记录学生提出的问题，对该体系中存在的难点进行剖析，发现问题，并及时地做出相应的调整与修正。利用该软件中的搜寻引擎，可以让大学生们利用关键词掌握搜寻等技巧，迅速找到问题的解答方案。

4. 网络多媒体考试系统

网络多媒体考试系统是在优化和完善网络在线考试系统的基础上创新出来的一大系统。将音频、视频、图片、漫画等多种媒体资料加入传统的文字测试中，通过使用虚拟的技术构建出一个真实的测试场景，很适用于英语网上测试。多媒体网络化测试系统运用实现了全方位、多样化的考核目标。

参考文献

[1] 左兵 . 基于扎根理论的大学教师信念形成的影响因素研究 [J] . 广东第二师范学院学报，2022，42 (04)：1–18.

[2] 戴晨丽 . 文化自信视域下的高职英语教学改革探究——基于《高职英语教学中大学生文化自信培育现状调查报告》[J] . 英语广场，2022 (17)：69–72.

[3] 陈国蕊 . 高校英语教师教学信念与教学实践研究 [J] . 大学，2022 (11)：14–17.

[4] 龚小凤 . 大学英语教师信念对教学计划决策的影响研究 [D] . 西南大学，2022.

[5] 闻茹，张冬花 . 文化自信视域下中华文化在高校大学英语教学中的摄取与融合研究 [J] . 海外英语，2022 (06)：147–149.

[6] 曹帅 . 生态文化视角下的高校大学英语教师信念构成及影响因素 [J] . 海外英语，2021 (24)：133–134.

[7] 高一波 . 新时代背景下教师教学信念取向现状与发展建议 [J] . 中国电化教育，2021 (12)：123–130+150.

[8] 王书艳 .POA 视域下应用型高校大学英语教学中文化自信的培育路径研究 [J] . 现代英语，2021 (23)：8–10.

[9] 赵洁 . 文化自信视域下中华文化融入大学英语教学中的策略探索 [J] . 学园，2021，14 (31)：17–19.

[10] 靳寒萍 . 文化自信视域下大学英语教学中双向文化导入研究 [J] . 财富时代，2021 (10)：85–86.

[11] 巫宜霖 . 文化自信背景下英语教学多维路径选择——评《文化自信视野下英语教学中文化意识培养路径研究》[J] . 中国高校科技，2021 (08)：105.

[12] 朱效惠，李丹，段杨杨 . 大学英语教师内容语言融合教学信念与教学实践研

究［J］.外语与外语教学，2021（04）：103–112+150.
［13］弋草.职前教师的师生角色信念及其影响因素研究［D］.青岛大学，2021.
［14］由建伟，李明明，史岚.翻译技术背景下英语教师信念探究［J］.上海翻译，2021（03）：44–49.
［15］马文利.影响职前英语教育硕士教师信念变化的实习因素研究［D］.苏州大学，2021.
［16］陈瑜.文化自信视域下高校英语教学中茶文化渗透探析［J］.福建茶叶，2021，43（05）：106–107.
［17］张艳，高云柱.文化自信视域下中华水文化在大学英语教学中的导入——评《中华水文化概论》［J］.灌溉排水学报，2021，40（05）：158.
［18］张乐.大学英语教师培养学生文化意识的信念研究［D］.西安外国语大学，2021.
［19］苏秋军.高校英语教师知识可视化信念特征与实践探究［D］.上海外国语大学，2021.
［20］唐中姣.信息化背景下大学英语教师信念的个案研究［D］.鲁东大学，2021.
［21］韩雪童.困境中的坚守：乡村教师教学信念生成机制的叙事研究［D］.华中师范大学，2021.
［22］马玥.国内外英语教师信念研究综述［J］.英语教师，2021，21（08）：8–12.
［23］王姣莉.教师信念及其影响因素研究述评［J］.洛阳师范学院学报，2021，40（03）：66–69.
［24］巩湘红，李娇.多媒体信息背景下大学英语教师信念的转变和应对［J］.海外英语，2021（05）：7–8.
［25］沈群.基于信念的英语跨文化教学实践分析［J］.电子技术，2020，49（10）：47–49.
［26］高玉娟，周钰佩.新世纪以来国内关于大学英语教师研究的主题与趋势——基于文献计量学视角［J］.山东外语教学，2020，41（03）：109–120.
［27］王莲.大学英语课程改革中的教师能动性研究［D］.上海外国语大学，2020.
［28］陈丽平.初中英语教师文化意识教学信念研究［D］.曲阜师范大学，2020.

［29］蒋艺．智慧教育背景下大学英语教师信念及其教学行为的关系研究［D］．山东师范大学，2020.

［30］混合型大学英语教学改革中“教师信念”问题的研究［C］//.劳动保障研究会议论文集（四），2020：59–61.

［31］张华南．情境研究范式下英语职前教师信念发展探究［J］．英语教师，2020，20（08）：116–119.

［32］李正丽．新课标背景下大学英语教师阅读教学信念与教学行为关系个案研究［D］．西南大学，2020.

［33］刘柯利．大学英语教师跨文化教学信念研究［D］．长江大学，2020.

［34］许纯洁．我国教师教育信念研究：主题、趋势与反思——基于知识图谱的分析［J］．当代教育与文化，2020，12（01）：74–82.

［35］贺文权．遭遇模仿和获得承认［D］．东北师范大学，2020.

［36］何湘君．英语阅读课堂中的教师信念与教学实践［J］．语言与文化研究，2019（01）：37–39.

［37］王迎霜，蔡文莹．英语教师信念因素研究［J］．英语广场，2019（09）：161–162.

［38］彭玲艺．我国教师教育信念研究回顾与展望的可视化分析［J］．教育现代化，2019，6（55）：107–110.

［39］于子帧．优秀大学英语教师信念及其特点的研究［D］．内蒙古师范大学，2019.

［40］刘稳亮．文化自信视野下英语教学中文化意识培养路径研究［M］．北京：中国书籍出版社，2020.06.

［41］秦盼泓．文化自信视域下大学英语教学的策略与路径［M］．北京：中国书籍出版社，2021.10.

［42］张雪莉．文化自信视角下英语教学中跨文化交际能力培养路径探索［M］．北京：九州出版社，2020.08.

［43］苏芹作．当代大学英语教育背景下中国 EFL 学习者文化自信培育研究［M］．北京：九州出版社，2021.05.

［44］李海超．探索与实践中国传统文化与大学英语教学的融合［M］．甘肃文化

出版社有限责任公司，2021.07.
［45］蔺蕴洲，史雨红．大学英语文化教学理论阐释及创新视角研究［M］．长春：吉林大学出版社，2020.06.
［46］王琳琳，穆海博，李晓婧．文化自信背景下大学英语教学中的中国传统文化渗透研究［M］．北京：中国纺织出版社，2019.12.
［47］刘文媛．跨文化交际视域下文化自信的培养［M］．天津大学出版社，2019.06.
［48］王心怡．大学英语教师对于培养学生批判性思维能力的信念研究［D］．曲阜师范大学，2019.
［49］李娇．大学英语教师培养学生跨文化意识的教学信念及其教学行为的研究［D］．内蒙古师范大学，2019.
［50］马金．培养学生批判性思维能力的大学英语教师信念研究［D］．聊城大学，2019.
［51］郭世琦．分析树立教师信念及教师信念的培养［J］．智库时代，2019（16）：77+79.
［52］黄淑贞．新时代高校青年教师理想信念教育常态化研究［J］．惠州学院学报，2022，42（05）：93–97.
［53］袁雪．高校英语教师教学信念对阅读词汇教学影响分析［J］．佳木斯大学社会科学学报，2022，40（04）：259–262.
［54］葛云．高校青年教师新时代理想信念现状分析及培育探究［J］．湖北开放职业学院学报，2022，35（14）：42–43.
［55］高敏，洪亚军．信念整合与文化自觉：高校师德师风建设的长效机制构建［J］．东莞理工学院学报，2022，29（04）：103–108.
［56］卢军坪．活动理论视角下的高校外语教师科研能动性叙事案例研究［D］．北京外国语大学，2022.
［57］宋春蕾，李锐，邵爱国．高校优秀教师理想信念的质性探究［J］．苏州科技大学学报（社会科学版），2022，39（01）：83–88.
［58］丁胜．疫情防控背景下高校青年教师理想信念教育再认识［J］．林区教学，2021（12）：13–16.